汽车性能剖析

及典型新能源汽车技术研究

刘海朝◎著

中国水利水电出版社
www.waterpub.com.cn
·北京·

内 容 提 要

本书首先从总体上对汽车的性能进行了剖析,然后探讨了几种典型的新能源汽车技术。本书主要对汽车动力性能、燃油经济性能、制动性能、操纵稳定性能等进行了分析。

本书在内容体系的构建上力求系统和完整,条理清晰,结构合理,兼顾理论性及实用性,是一本值得学习研究的著作。

本书可作为从事汽车领域的工程技术人员、管理人员和科研人员的参考书。

图书在版编目(CIP)数据

汽车性能剖析及典型新能源汽车技术研究 / 刘海朝
著. -- 北京 : 中国水利水电出版社, 2017.6(2022.9重印)
ISBN 978-7-5170-5602-7

Ⅰ. ①汽… Ⅱ. ①刘… Ⅲ. ①汽车-性能分析②新能
源-汽车-研究 Ⅳ. ①U472.32②U469.7

中国版本图书馆CIP数据核字(2017)第167434号

书 名	汽车性能剖析及典型新能源汽车技术研究 QICHE XINGNENG POUXI JI DIANXING XINNENGYUAN QICHE JISHU YANJIU	
作 者	刘海朝 著	
出版发行	中国水利水电出版社	
	(北京市海淀区玉渊潭南路1号D座 100038)	
	网址:www.waterpub.com.cn	
	E-mail:sales@waterpub.com.cn	
	电话:(010)68367658(营销中心)	
经 售	北京科水图书销售中心(零售)	
	电话:(010)88383994、63202643、68545874	
	全国各地新华书店和相关出版物销售网点	
排 版	北京亚吉飞数码科技有限公司	
印 刷	天津光之彩印刷有限公司	
规 格	170mm×240mm 16开本 18.25印张 237千字	
版 次	2018年1月第1版 2022年9月第2次印刷	
印 数	2001—3001册	
定 价	64.00元	

前　言

近年来,随着科学技术和社会经济的飞速发展,汽车的产销量也获得了快速增长,汽车产业已成为许多国家的支柱产业。汽车工业的发展水平在很大程度上体现了一个国家的综合实力。中国是汽车消费大国,因此努力提高汽车科技发展水平、培养汽车专业人才、加快汽车产业发展,对促进国民经济的发展具有重要战略意义。

随着各国汽车工业几十年的飞速发展,全球的汽车保有量急剧增加,使得人们面临由此带来的石油短缺和环境破坏的挑战。为此,发展节能、低排放的新型车辆的任务极为迫切。近十几年以来,纯电动汽车、混合动力汽车、燃料电池汽车、代用燃料汽车等新能源汽车受到极大关注,各国投入巨大的人力和资金对它们进行研发和推广。

本书前5章分别介绍了汽车各主要使用性能:动力性、燃油经济性、制动性、操纵稳定性和通过性,分章节介绍了各使用性能的评价指标与评价方法,建立了有关的动力学方程,分析了汽车及其部件的结构形式与结构参数对各使用性能的影响;第6章介绍了纯电动汽车的结构与原理、关键技术及充电技术;第7章介绍了混合动力汽车的结构与原理、动力系统设计及能量管理;第8章介绍了燃料电池及代用燃料汽车的基础知识。

本书在撰写中特别注意两点:一是通俗易懂,深入浅出,从最基础的知识开始讲起,而且尽量避免繁杂的理论公式推导,以讲清楚知识点为原则;二是注意向读者介绍各种技术的研究发展前沿的信息,让读者在系统学习掌握新能源汽车各种技术原理的同时,也可以了解各类技术的研究现状和发展方向。

本书是结合作者多年的教学实践和相关科研成果而撰写的,

凝聚了作者的智慧、经验和心血。在撰写过程中,作者参考了大量的书籍、专著和相关资料,在此向这些专家、编辑及文献原作者一并表示衷心的感谢。由于作者水平所限以及时间仓促,书中不当之处在所难免,敬请读者指正。

作 者
2017 年 5 月

目　录

第1章　汽车性能之动力性能分析

汽车的动力性是汽车性能中最重要、最基本的性能之一，作为一种交通运输工具，汽车的动力性决定了汽车的运输效率。本章在汽车动力性的评价指标和汽车行驶时受力分析的基础上，分析各种因素对汽车动力性的影响。

1.1　汽车动力性的评价指标

1.1.1　最高车速

最高车速是指在水平良好的路面上汽车能达到的最高行驶车速。此时变速器处于最高挡，发动机供油量达到最高，即油门踏板踩到底时所能达到的最高行驶速度。

在进行动力性评价指标试验的时候，各国规定的载荷质量是不一样的，如我国为满载，德国为半载。美国环境保护局（EPA）规定，相关汽车试验中轿车的载荷质量为 2 名体重 68kg 的乘员。

1.1.2　加速时间

汽车加速能力常用汽车加速过程中的加速度 $a(\text{m/s}^2)$、加速时间 $t(\text{s})$ 和加速距离 $s(\text{m})$ 来评价。其中加速时间又分为原地起步加速时间和超车加速时间。

各个国家对原地起步加速时间的单位也不相同，我国常用 $0 \sim 100\text{km/h}$，或 $0 \sim 400\text{m}$ 所需时间来表明原地起步加速能力，美国常用 $0 \sim 60\text{mile/h}(0 \sim 96.6\text{km/h})$，或 $0 \sim 1/4\text{mile}(0 \sim 402.5\text{m})$ 所需的时间来表明原地起步加速能力。表 1-1 所示为常见轿车的

原地起步加速时间和最高车速。

表 1-1 常见轿车原地起步加速时间和最高车速

车辆	发动机排量/L	整备质量/kg	变速器类型	官方百公里加速时间/s	最高车速/(km/h)
比亚迪 F0	1.0	870	5 挡手动	14	151
大众 Polo	1.4	1060	5 挡手动	12.2	182
斯柯达明锐	1.6	1210	5 挡手动	11.2	190
奥迪 Q3	2.0T	1520	6 挡双离合	9.3	201
别克君威	2.4	1625	6 挡手自一体	9.5	210
宝马 X5	3.0T	2240	8 挡手自一体	6.9	230
保时捷 911	3.4T	1560	7 挡双离合	5	280
布加迪威航	8.0T	1888	7 挡手自一体	2.5	407

超车加速时间是指用最高挡或次高挡内某一较低车速全力加速至某一高速所需的时间。如图 1-1 所示是汽车的加速过程曲线。

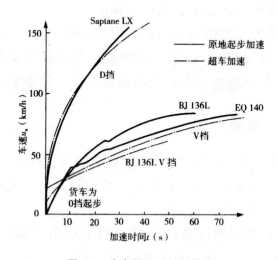

图 1-1 汽车的加速过程曲线

1.1.3 最大爬坡度

汽车的爬坡能力常用满载时汽车在良好路面上的最大爬坡度来表示,最大爬坡度是指汽车满载时以Ⅰ档在良好路面所能爬上的坡度。

爬坡度可用角度 α 表示,也常用每百米水平距离内坡道的升高 h 与百米之比值 i 来表示,即

$$i = \frac{h}{100} \times 100\% \tag{1-1}$$

显然,汽车爬过最大坡道时,必须将加速踏板踩到底,变速器挂入最低挡位(Ⅰ挡),而且汽车只能在最大坡道上等速行驶。

最大爬坡度用符号 i_{max} 来表示,它是汽车能爬过的最大坡道角度 α_{max} 的正切值,它代表了汽车的极限爬坡能力,即

$$i_{max} = \tan\alpha_{max} \tag{1-2}$$

各种车辆的爬坡能力不同。货车在各种路面上行驶,要求具有足够的爬坡能力,一般 i_{max} 为 30% 左右。轿车主要行驶在良好路面上,而且轿车的发动机功率较大,车速高,加速快,爬坡能力也强,一般不强调它的爬坡能力。越野车要在坏路或无路条件下行驶,因而爬坡能力是一个很重要的指标,它的最大爬坡度可达60% 即 31° 左右,如图 1-2 所示。军用车辆的适应条件和环境较之公路车辆更为复杂,对其动力性的要求通常是在一定的坡道上要达到一定的速度。

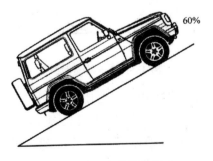

图 1-2 越野车的爬坡能力

应该注意的是,上述三方面的指标可通过试验室内的台架试验或路测测得,在路测中应在无风或微风条件下测得。

1.2 汽车的驱动力与行驶阻力

1.2.1 汽车的驱动力

1. 驱动力的产生

汽车发动机产生的转矩,经过传动系传至驱动轮上。此时作用于驱动轮上的转矩 T_t 产生一对地面的圆周力 F_0,地面对驱动轮的反作用力 F_t(方向与 F_0 相反)即是驱动汽车的外力,此外力称为汽车的驱动力,如图 1-3 所示。其数值为

$$F_t = \frac{T_t}{r} \tag{1-3}$$

式中,T_t 为作用于驱动轮上的转矩;r 为车轮半径。

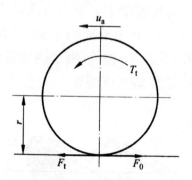

图 1-3 汽车的驱动力

作用于驱动轮上的转矩 T_t 是由发动机产生的转矩经传动系传至车轮上的。若令 T_{tq} 表示发动机转矩,i_g 表示变速器的传动比,i_0 表示主减速器的传动比,η_T 表示传动系的机械效率,则有

$$T_t = T_{tq} i_g i_0 \eta_T \tag{1-4}$$

对于装有分动器、轮边减速器、液力传动装置的汽车,上式应

计入相应的传动比和机械效率。因此驱动力为

$$F_t = \frac{T_{tq} i_g i_0 \eta_T}{r} \qquad (1-5)$$

2. 影响驱动力的因素

(1)发动机的转速特性

发动机的有效功率 P_e、转矩 T_{tq} 和燃油消耗率 b 随转速变化的关系称为发动机的转速特性,表示上述关系的曲线称为发动机特性曲线。日本 JIS 规定,1985 年以后生产的汽车均应给出净功率,即使用外特性功率。在加速过程的不稳定工况下,发动机所能提供的功率比稳定工况时要稍有下降,电喷汽油机比化油器汽油机要下降得更少些。

发动机的外特性表示发动机所能达到的最高性能。根据外特性可以找出发动机最大功率、最大转矩及其相应转速的数值。部分负荷特性曲线位于外特性曲线之下,有无限多条。汽车用发动机经常处于部分负荷下工作,所以它对汽车使用的燃油经济性有重要影响。

如图 1-4 所示为一汽油发动机外特性中的功率与转矩曲线。

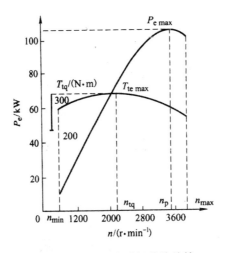

图 1-4　某汽油发动机的外特性

柴油机燃料供给系通常装有调速器,如图 1-5 所示为某装有

全程调速器的柴油机外特性曲线。如图 1-6 所示为某汽油发动机的外特性和部分负荷速度特性的功率与转矩曲线。

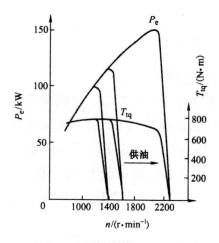

图 1-5　某柴油发动机的外特性

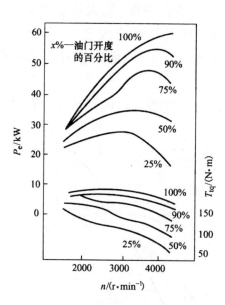

图 1-6　某汽油发动机的外特性和部分负荷特性中的功率和转矩曲线

如图 1-7 所示是汽车发动机的外特性和使用外特性中的功率与转矩曲线。为了便于计算,常采用多项式来描述由试验台测得的、接近于抛物线的发动机转矩曲线。即

$$T_{tq} = a_0 + a_1 n + a_2 n^2 + \cdots + a_k n^k$$

式中,系数 a_0、a_1、a_2、$\cdots$、a_k 可由最小二乘法来确定;拟合阶数 k 随特性曲线而异,一般在 2、3、4、5 中选取。

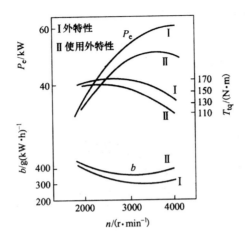

图 1-7　某发动机的外特性和使用外特性中的功率和转矩曲线

发动机转矩可由如下五次多项式来表示

$$T_{tq} = -54.306 - 16.061\left(\frac{n}{1000}\right) + 648.981\left(\frac{n}{1000}\right)^2 -$$

$$530.080\left(\frac{n}{1000}\right)^3 + 162.878\left(\frac{n}{1000}\right)^4 - 17.887\left(\frac{n}{1000}\right)^5$$

式中,T_{tq} 为发动机转矩,N·m;n 为发动机转速,r/min。

(2)传动系的机械效率

输入传动系的功率 P_{in} 经传动系传至驱动轮的过程中,为了克服传动系各部件中的摩擦,消耗了一部分功率。如以 P_T 代表传动系中损耗的功率,则传动系的机械效率为

$$\eta_T = \frac{P_{in} - P_T}{P_{in}} \tag{1-6}$$

在等速行驶情况下,$P_{in} = P_e$,故

$$\eta_T = \frac{P_e - P_T}{P_e} = 1 - \frac{P_T}{P_e} \tag{1-7}$$

对变速器的所有挡位来说,挡位越高,传动效率也越高,一般直接挡的传动效率最高,这是因为其他啮合的齿轮不传递转矩,使机械损失减小。同一挡位且传递转矩不变时,转速越高效率越

低。同一挡位且转速不变时,机械效率随传递转矩的增加而有所提高,如图1-8所示。而就汽车的使用过程来说,新车走合期结束后的传动效率最高,此后随行驶里程的增加而缓慢下降;当各部件磨损至配合间隙超过允许值后,机械效率急剧下降,经大修后可以得到提高,但因汽车修理后的技术状况不及出厂新车,故其机械效率也不及新车。

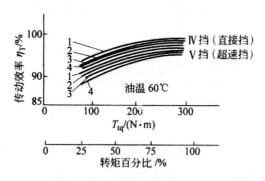

图1-8 解放牌4t载货汽车CA10B变速器在Ⅳ挡、Ⅴ挡工作时的传动效率

1—1200r/min;2—1600r/min;3—1900r/min;4—2200r/min

（3）车轮的半径

汽车的车轮上一般都装用充气轮胎,这种轮胎使车轮在各个方向——径向、横向及切线方向都有弹性。因此,汽车轮胎在它所受到的各种力的作用下,由于弹性变形而引起车轮半径变化。

①自由半径。这是车轮在无负荷情况下的半径,用 r_0 表示。这个半径的大小只与轮胎的充气压力有关,通常是指轮胎在标准充气压力下的半径。

②静力半径。车轮不转动且只有垂直负荷作用在车轮上,在这种情况下,车轮轴线至支承面间的距离称为车轮的静力半径,用 r_s 表示。显然,轮胎的充气压力越高,承受的负荷越小,则该半径越大。若轮胎的充气压力和负荷都达到额定值,则该半径可认为是一定值。

③动力半径。汽车在行驶时,车轮在垂直负荷和圆周力的作用下,车轮轴线至支承面间的距离称为车轮的动力半径,用 r_g 代表。车轮的动力半径不是一个常数,它随车轮的行驶条件而改

变。轮胎的充气压力越高,垂直负荷越小,则该半径越大。作用在车轮上的圆周力也对车轮动力半径产生影响,实验证明,车轮上的圆周力增加,车轮的动力半径减小,而且轮胎圆周方向的弹性越大,动力半径减小得越多。当车轮的转速增加时,作用在轮胎外层的离心力会使车轮的动力半径增加;而且,轮胎内压越低,保护层越厚,在车轮转速升高时车轮动力半径的增加越明显。

　　④滚动半径。这是一个假想的刚性车轮的半径,用 r_r 代表。假想条件为:车轮不滑转,也不滑移,只做纯滚动,并且具有与实际车轮相同的角速度及线速度,因此,车轮滚动半径可由下式确定

$$r_r = \frac{S}{2\pi n_w} \qquad\qquad (1\text{-}8)$$

式中,S 为轮心行走的距离,m;n_w 为在 S 距离内车轮的转数。滚动半径由试验测得,也可以作近似估算。

　　车轮的滚动半径也取决于影响动力半径的那些因素,而且对车轮滚动半径影响最大的是作用在车轮上的力矩或圆周力。

　　滚动圆周可用下式计算

$$C_R = Fd \qquad\qquad (1\text{-}9)$$

式中,d 为 ETRTO 会员生产轮胎的自由直径;F 为计算常数,子午线轮胎 $F = 3.05$,斜交轮胎 $F = 2.99$。

　　以上系指在最大载荷、规定气压与车速在 60km/h 时的滚动圆周,故滚动半径为

$$r_r = \frac{Fd}{2\pi} \qquad\qquad (1\text{-}10)$$

　　弹性车轮在刚性路面上滚动,并受切向力作用时,由于驱动力和制动力引起的轮胎变形不同,驱动力作用下的滚动半径减小,制动力作用下的滚动半径增大。

　　显然,对汽车作动力学分析时,应该用静力半径 r_s;而作运动学分析时,应该用滚动半径 r_r。但一般不计它们的差别,统称为车轮半径 r,即认为

$$r_s \approx r_r \approx r$$

部分国产汽车轮胎的有关数据如表 1-2 和表 1-3 所示。

表 1-2 国产汽车轮胎静力半径

国产汽车类型	轮胎规格	胎面花纹	轮胎充气后		轮胎负荷下的静力半径/mm
			外直径/mm	断面宽/mm	
载货汽车、客车用	12.00—20	普通、混合	1120±8	310±5	525±5
	12.00—20	越野	1130±8	310±5	528±5
	11.00—20	普通、混合	1080±8	290±5	513±5
	10.00—20	普通、混合	1058±8	278±5	497±5
	9.00—20	越野	1024±5	260±5 250±5	480±5
	9.00—20	普通、混合	1018±5	260±5 250±5	478±5
	8.25—20	越野	975±5	235±5 225±5	462±5
	8.25—20	普通、混合	970±5	235±5 225±5	460±5
	7.50—20	越野	945±5	215±5 205±5	450±5
	7.50—20	普通、混合	940±5	215±5 250±5	488±5
轻型载货汽车用	7.50—16	普通	810±5	205±5	—
	7.00—16	普通	775±5	195±5	—
	6.50—16	越野	760±5	177±5	—
轿车用	6.50—16	普通	755±5	177±5	—
	6.00—16	普通	725±5	164±4	—
	6.70—13	普通	655±5	170±4	—

表 1-3　部分国产汽车轮胎的自由半径和滚动半径

车型	装用轮胎规格	轮胎充气压力/kPa	自由半径/mm	滚动半径/mm
北京 BJ130	6.50—16	4.2×98	375±2.5	365
上海 SH130	7.50—16	5.0×98	410±2.5	395
跃进 MJ130	7.50—20	4.0×98	470±2.5	440
解放 CA10B	9.00—20	4.5×98	513±2.5	480
黄河 JN150	11.00—20	7.0×98	549±4.0	505

3. 汽车的驱动力图

一般用根据发动机外特性确定的驱动力与车速之间的函数关系曲线 F_t-u_a 来全面表示汽车的驱动力,称为汽车的驱动力图。发动机转速与汽车行驶速度之间的关系式为

$$u_a = 0.377 \frac{rn}{i_g i_0}$$

式中,u_a 为汽车的行驶速度,km/h;n 为发动机转速,r/min;r 为车轮半径,m;i_g 为变速器传动比;i_0 为主减速器传动比。

在某一确定的挡位下,即 i_g 为定值,由式 $F_t = \dfrac{T_{tq} i_g i_0}{r} \eta_T$ 求出对应于不同发动机转速的 F_t 值。再由 u_a-n 的对应关系,求出该发动机转速下的 u_a 值,在 F_t-u_a 坐标系内找出对应点,将各点连接成光滑曲线,就得到汽车在该挡位下的驱动力曲线。汽车挡位不同,其驱动力曲线也不一样。如图 1-9 所示是一具有五挡变速器的客车驱动力图。

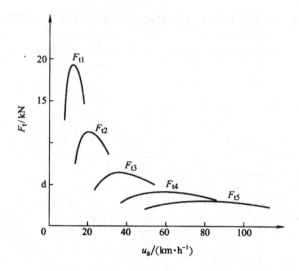

图 1-9　具有五挡变速器的客车驱动力图

1.2.2　汽车的行驶阻力

汽车行驶的总阻力为

$$\sum F = F_f + F_w + F_i + F_j$$

式中,F_f 为滚动阻力;F_w 为汽车受到的空气阻力;F_i 为坡度阻力;F_j 为加速阻力。

1.滚动阻力

汽车在水平道路上等速行驶时必须克服来自地面的滚动阻力 F_f,当汽车在松软路面上行驶时,F_f 显著增大,轮胎各组成部分之间也产生摩擦阻力。此外,胎面与路面接触部位的相对滑移引起的摩擦阻力,以及悬架弹簧变形时,悬架机构各零件之间的摩擦阻力都要消耗能量。

轮胎在硬路面上受径向载荷时的变形曲线如图 1-10 所示。

当汽车处于静止状态时,车轮在地面上受到沿地面向上的反作用力,该作用力的分力方向的分布沿法向反作用力前后对称,如图 1-11 所示是车轮滚动时受到的法向反作用力示意图。

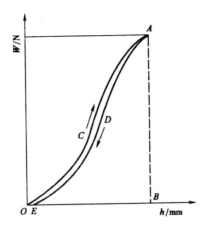

图 1-10　轮胎的径向变形曲线

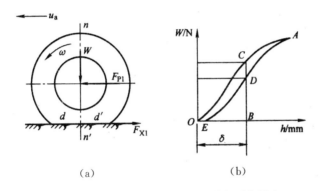

（a）　　　　　　　　　（b）

图 1-11　弹性车轮滚动时的地面法向反作用力

如图 1-12 和图 1-13 所示分别是从动车轮和驱动车轮在硬路面上滚动时的受力情况。

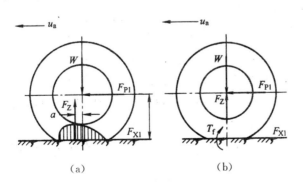

（a）　　　　　　　　　（b）

图 1-12　从动车轮在硬路面上滚动时的受力情况

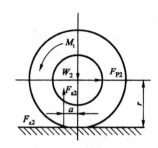

图 1-13　驱动车轮在硬路面上滚动时的受力情况

图中，F_{x2} 为路面给驱动车轮的切向反作用力，M_t 为驱动力矩，W_2 为驱动轮上的垂直载荷，F_{z2} 为路面给驱动车轮的法向反作用力，其数值为

$$F_{x2} = \frac{M_t - F_{z2}a}{r} = \frac{M_t}{r} - \frac{F_{z2}a}{r} = F_t - F_f \qquad (1-11)$$

车轮在硬路面上的滚动损失绝大部分是轮胎变形的能量损失，即表现为弹性迟滞损失的轮胎橡胶、帘布等材料内的分子摩擦损失，以及内胎与外胎、轮胎与轮辋、橡胶与帘布层等轮胎各组成物间的机械摩擦损失。车轮滚动时，由于轮胎与路面间的摩擦而损失的能量一般比较小。

2. 空气阻力

汽车是在空气介质中行驶的。汽车相对于空气运动时，空气作用在汽车前部的压力称为空气阻力，用符号 F_w 表示。空气阻力由摩擦阻力、形状阻力、干扰阻力、内循环阻力和诱导阻力 5 部分组成。各种阻力的合力在汽车行驶方向上的分力即为空气阻力。通常将空气阻力的作用点称为风压中心。一般它与汽车的重心不重合。风压中心离地高度 h_w 对汽车高速行驶时的稳定性有很大影响。当汽车高速行驶时，h_w 愈高，汽车前轴负荷愈轻，严重时可能导致汽车失去操纵。

汽车行驶时，围绕汽车的空气形成空气流。空气沿车身表面流过，在汽车后面并不终止，而是形成涡流。地面附近的空气必须从车身底部和路面之间强制通过，因而产生阻力。汽车车身的流线型越好,环绕汽车的空气流线愈匀顺,产生的阻力也就愈小。如图 1-14 所示,在车身后部有明显的涡流区,在涡流区产生负压,而汽车正面是正压,由于压力差产生阻力,因这部分阻力和车身形状有关,故称为形状阻力,约占整个阻力的 58%。

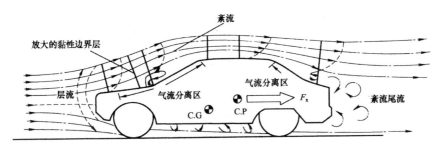

图 1-14　汽车表面气流

　　在汽车行驶范围内,空气阻力的数值通常都总结成与气流相对速度的动压力成正比例的形式,即

$$F_w = \frac{1}{2}C_D A \rho u_r^2 \tag{1-12}$$

式中,C_D 为空气阻力系数,为无因次系数,主要取决于车身形状,其物理意义是单位动压 $\left(\frac{1}{2}\rho u_r^2\right)$ 在每平方米迎风面积上产生的空气阻力;ρ 为空气密度;A 为迎风面积;u_r 为相对速度。

　　在无风条件下汽车的运动,u_r 即为汽车行驶速度 u_a。如 u_r 以 km/h、A 以 m² 计,则空气阻力为

$$F_w = \frac{C_D A \rho u_a^2}{21.15} \tag{1-13}$$

　　空气阻力表达式表明,空气阻力是与 C_D 及 A 值成正比的。迎风面积 A 常用汽车的轮距 B 与汽车高度 H_a 之乘积近似表示,即

$$A = BH_a \tag{1-14}$$

　　对小客车而言,此近似值通常较实测值大 5%～10%,对货车则又常小 5%～10%。要想降低汽车的空气阻力,就必须减少汽车的迎风面积和 C_D 值,对于固定的车型,A 值不易进一步减小,所以只能通过降低 C_D 值来实现。C_D 值的大小和汽车外形的关

系极大,即和车头与车尾的形状及其组合有很大关系。若车尾形状越细长,空气阻力系数越小(图 1-15)。当然要与较好的车头形状配合才能得到最低的 C_D 值。

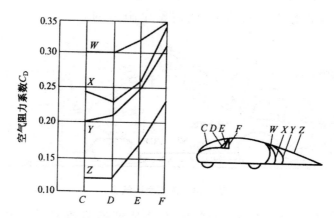

图 1-15　轿车模型的空气阻力系数 C_D(4 种车头和 4 种车尾的组合)

各种阻力中,形状阻力所占比例最大,车身外形是影响空气阻力诸因素中的主要因素。因此,改进车身的形状设计,是减小空气阻力的主要措施。由于车速不断提高,人们不仅对轿车而且对货车的形状也越来越重视。

在车身造型设计中主要采取下列措施来减小汽车空气阻力系数:

①光顺设计车身表面的曲线形状,消除汽车表面气流。

②调整迎风和背风的倾斜角度,使车头、前窗、后窗等造型的倾斜角度有效地减少阻力、升力的产生。

③减少凸起物,形成平滑表面,如门把手平滑化,窗玻璃、门玻璃尽量与框平齐,流水槽隐蔽式,车轮加外护罩,外后视镜加流线型护罩。

④设计空气动力附件,整理和引导气流流向,如增设前阻流板、后扰流板或气流导向槽等。

3.坡度阻力

汽车上坡行驶时,汽车重力在平行于路面方向上的分力,称为汽车的上坡阻力,用 F_i 表示,如图 1-16 所示。

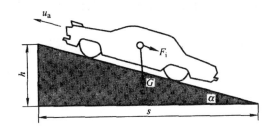

图 1-16　汽车的上坡阻力

F_i 与汽车重力 G 及坡度角 α 的关系为

$$F_i = G\sin\alpha$$

道路坡度常用坡高与底长之比的百分数来表示,即

$$i = \frac{h}{s} \times 100\% = \tan\alpha$$

当 $\alpha < 10° \sim 15°$ 时,可以认为

$$\sin\alpha \approx \tan\alpha = i$$

故

$$F_i \approx Gi$$

当坡度较大时,由此近似计算 F_i 值的误差较大。此时,需要按式 $F_i = G\sin\alpha$ 计算 F_i。

由于上坡阻力与滚动阻力均属于与道路有关的阻力,而且均与车重成正比,故有时把这两种阻力合在一起称为道路阻力,用 F_ψ 表示,即

$$F_\psi = F_f + F_i \qquad (1\text{-}15)$$

在坡路上

$$F_f = fG\cos\alpha$$

所以

$$F_\psi = G(f\cos\alpha + \sin\alpha) \qquad (1\text{-}16)$$

令

$$f\cos\alpha + \sin\alpha = \psi$$

ψ 称为道路阻力系数,表示单位车重的道路阻力。当 α 较小时,$\psi \approx f + i$ 则

$$F_\psi = G\psi \qquad (1\text{-}17)$$

值得注意的是,当汽车下坡时,F_i 为负值,即变行驶阻力为下坡助力。

4. 加速阻力

汽车加速时的阻力为

$$F_j = F_{j1} + F_{j2} = \delta m \frac{du}{dt}$$

式中,F_{j1} 为汽车平移质量在加速过程中产生的惯性力;F_{j2} 为汽车旋转质量的惯性力;δ 为汽车旋转质量换算系数;m 为汽车质量(kg);$\frac{du}{dt}$ 为汽车行驶加速度(m/s²)。

加速时,汽车平移质量惯性力为

$$F_{j1} = m \frac{du}{dt}$$

汽车上的旋转部件包括发动机的飞轮带离合器、变速器轴及齿轮、万向节及传动轴、主减速器、半轴及车轮等。一般进行汽车动力性计算时,汽车的旋转质量只考虑发动机飞轮和车轮,其他旋转质量的影响都很小。

如果以 I_f 和 $\sum I_w$ 分别表示发动机飞轮转动惯量及所有车轮转动惯量之和;$\frac{d\omega_e}{dt}$ 和 $\frac{d\omega}{dt}$ 分别表示发动机飞轮和车轮的角加速度,那么,汽车加速时,发动机飞轮与全部车轮产生的惯性力偶矩分别为 $I_f \frac{d\omega_e}{dt}$ 和 $\sum I_w \frac{d\omega}{dt}$,它们转化到车轮边缘的力之和为

$$F_{j2} = \frac{I_f \frac{d\omega_e}{dt} i_g i_0 \eta_T + \sum I_w \frac{d\omega}{dt}}{r} \qquad (1\text{-}18)$$

由于

$$\frac{d\omega_e}{dt} = \frac{d\omega}{dt} i_g i_0$$

$$\frac{d\omega}{dt} = \frac{1}{r} \frac{du}{dt}$$

则

$$F_{j2} = \frac{I_f i_g^2 i_0^2 \eta_T + \sum I_w}{r^2} \frac{du}{dt} \qquad (1\text{-}19)$$

加速总阻力为

$$F_j = F_{j1} + F_{j2} = \left(m + \frac{I_f i_g^2 i_0^2 \eta_T + \sum I_w}{r^2} \right) \frac{du}{dt} = \delta m \frac{du}{dt}$$

$$(1\text{-}20)$$

式中

$$\delta = 1 + \frac{I_f i_g^2 i_0^2 \eta_T + \sum I_w}{mr^2}$$

δ 的数值可根据试验测出旋转部件的转动惯量后进行计算而得到，主要与车型有关。在进行动力性初步计算时，由于一般汽车满载时 $\dfrac{I_f i_0^2 \eta_T}{mr^2}$ 和 $\dfrac{\sum I_w}{mr^2}$ 为 0.03～0.05，取其平均值，则 δ 值可用下式计算

$$\delta \approx 1.04 + 0.04 i_g^2$$

1.2.3　汽车行驶方程

根据前面对汽车行驶阻力的分析，可以得到汽车行驶方程式为
$$F_t = F_f + F_w + F_i + F_j$$

或

$$\frac{T_{tq} i_g i_0 \eta_T}{r} = G\cos\alpha + \frac{C_D A u_a^2}{21.15} + G\sin\alpha + \delta m \frac{du}{dt}$$

考虑到实际上正常道路坡度角不大，$\cos\alpha \approx 1$，$\sin\alpha \approx i$，故常将上式写为

$$\frac{T_{tq} i_g i_0 \eta_T}{r} = Gf + \frac{C_D A u_a^2}{21.15} + Gi + \delta m \frac{du}{dt} \qquad (1\text{-}21)$$

此方程式适用于无风天气下车辆的行驶，方程式并未经过周密的推导。为此下面依据动力学中的功率方程，即汽车整体动能对时间的变化率等于所有作用力的功率，导出汽车旋转质量换算

系数 δ，并建立汽车行驶方程式。

当车速为 $u(\text{m/s})$ 时，汽车的动能为

$$E = \frac{1}{2}mu^2 + \frac{1}{2}\sum I_w \left(\frac{u}{r}\right)^2 + \frac{1}{2}I_f\left(\frac{i_g i_0 u}{r}\right)^2 \qquad (1\text{-}22)$$

汽车受到的外力的功率（N·m/s）为

$$P = -(F_f + F_w + F_i)u$$

汽车内力的功率（N·m/s），主要是发动机汽缸内气体推动活塞的功率，可写作

$$P_e = T_{tq}\omega_e$$

其中，ω_e 为发动机飞轮的角速度，$1/s$。这一驱动功率还可写作

$$P_e = \frac{T_{tq}i_g i_0}{r}u$$

若以 F_r 表示传动系内部各部分摩擦阻力转换到车轮周缘的（总）阻力，则传动系摩擦阻力的负功率即为

$$P_r = -F_r u$$

如图 1-17 所示是加速时传动系统的受力情况。汽车加速或无级变速器速比变化时，发动机的旋转惯性质量也相应有角加速度 $\dfrac{\mathrm{d}\omega_e}{\mathrm{d}t}$，它们之间的关系可由下式求得

$$\omega_e = i_g i_0 \omega = \frac{i_g i_0 u}{r} \qquad (1\text{-}23)$$

式中，ω 为车轮角速度，$1/s$；i_0 为主减速器传动比；i_g 为有级或无级式变速器的传动比。

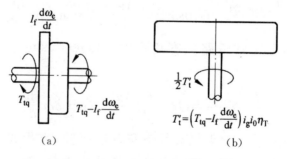

图 1-17 加速时传动系统的受力情况

（a）发动机飞轮受力图；（b）驱动轮受力图

无级式变速器传动比是随时间变化的,故

$$\frac{\mathrm{d}\omega_e}{\mathrm{d}t} = \frac{i_0}{r}\left(i_g \frac{\mathrm{d}u}{\mathrm{d}t} + u \frac{\mathrm{d}i_g}{\mathrm{d}t}\right)$$

忽略有级变速器齿轮或无级变速器旋转元件、传动轴与主减速器齿轮的转动惯量,加速时半轴施加于驱动轮的转矩 T_t' 为

$$T_t' = \left(T_{tq} - I_f \frac{\mathrm{d}\omega_e}{\mathrm{d}t}\right) i_g i_0 \eta_T \tag{1-24}$$

若设传动系无任何摩擦阻力,则施加于驱动轮的转矩为

$$T_t'' = \left(T_{tq} - I_f \frac{\mathrm{d}\omega_e}{\mathrm{d}t}\right) i_g i_0 \tag{1-25}$$

故传动系中各处摩擦转换到驱动轮处的摩擦阻力转矩为

$$T_r = T_t'' - T_t' = \left(T_{tq} - I_f \frac{\mathrm{d}\omega_e}{\mathrm{d}t}\right) i_g i_0 (1 - \eta_T) \tag{1-26}$$

显然,传动系中各处摩擦转换到车轮周缘的(总)摩擦阻力为

$$F_r = \frac{T_r}{r} = \frac{T_{tq} i_g i_0 (1 - \eta_T)}{r} - \frac{I_f i_g^2 i_0^2 (1 - \eta_T)}{r^2}\frac{\mathrm{d}u}{\mathrm{d}t} - \frac{I_f i_0^2 i_g u (1 - \eta_T)}{r^2}\frac{\mathrm{d}i_g}{\mathrm{d}t}$$

$$\tag{1-27}$$

所以传动系统中的摩擦损耗功率为

$$P_r = -\left[\frac{T_{tq} i_g i_0 (1 - \eta_T)}{r} - \frac{I_f i_g^2 i_0^2 (1 - \eta_T)}{r^2}\frac{\mathrm{d}u}{\mathrm{d}t} - \frac{I_f i_0^2 i_g u (1 - \eta_T)}{r^2}\frac{\mathrm{d}i_g}{\mathrm{d}t}\right]u$$

$$\tag{1-28}$$

依据动力学中的功率方程可列出下式

$$\frac{\mathrm{d}}{\mathrm{d}t}\left[\frac{1}{2}mu^2 + \frac{1}{2}\sum I_w \left(\frac{u}{r}\right)^2 + \frac{1}{2}I_f \left(\frac{i_g i_0 u}{r}\right)^2\right]$$

$$= \left[-F_f - F_w - F_i + \frac{T_{tq} i_g i_0}{r} - \frac{T_{tq} i_g i_0 (1 - \eta_T)}{r}\right.$$

$$\left. - \frac{I_f i_g^2 i_0^2 (1 - \eta_T)}{r^2}\frac{\mathrm{d}u}{\mathrm{d}t} - \frac{I_f i_0^2 i_g u (1 - \eta_T)}{r^2}\frac{\mathrm{d}i_g}{\mathrm{d}t}\right]u \tag{1-29}$$

从而

$$\left[m + \frac{\sum I_w}{r^2} + \frac{I_f i_g^2 i_0^2}{r^2}\right]u \frac{\mathrm{d}u}{\mathrm{d}t} + \frac{I_f i_0^2 i_g u^2}{r^2}\frac{\mathrm{d}i_g}{\mathrm{d}t}$$

$$= \left[F_t - F_f - F_w - F_i + \frac{I_f i_g^2 i_0^2 (1 - \eta_T)}{r^2} \frac{du}{dt} + \frac{I_f i_0^2 i_g u (1 - \eta_T)}{r^2} \frac{di_g}{dt} \right] u$$

$$(1\text{-}30)$$

因此得出汽车行驶方程式如下

$$F_t = F_f + F_w + F_i + \left(m + \frac{\sum I_w}{r^2} + \frac{I_f i_g^2 i_0^2 \eta_T}{r^2} \right) \frac{du}{dt} + \frac{I_f i_0^2 i_g \eta_T u}{r^2} \frac{di_g}{dt}$$

由此可知汽车的加速阻力为

$$F_j = \left(m + \frac{\sum I_w}{r^2} + \frac{I_f i_g^2 i_0^2 \eta_T}{r^2} \right) \frac{du}{dt} + \frac{I_f i_0^2 i_g \eta_T u}{r^2} \frac{di_g}{dt}$$

$$= \delta m \frac{du}{dt} + \frac{I_f i_0^2 i_g \eta_T u}{r^2} \frac{di_g}{dt}$$

$$(1\text{-}31)$$

式中，$\delta = 1 + \dfrac{\sum I_w}{mr^2} + \dfrac{I_f i_g^2 i_0^2 \eta_T}{mr^2}$。

例 1-1 一轿车的具体参数:总质量为 1600kg,空气阻力系数与迎风面积之积为 1.5m²,发动机的最大转矩为 140N·m,各挡的传动比为 3.85、2.13、1.33、1、0.86。主减速器的减速比为 4.08,传动效率为 0.9,车轮半径为 0.3m,滚动阻力系数为0.013。试计算汽车用直接挡以 70km/h 的速度匀速爬 4% 坡度时,求此时发动机的转速和输出转矩。

解:

$$F_t = F_f + F_w + F_i + F_j$$

匀速爬坡 $F_j = 0$

上式可写为

$$\frac{T_{tq} i_g i_0 \eta_T}{r} = fG\cos\alpha + \frac{C_D A u_a^2}{21.15} + G\sin\alpha$$

$$i = 4\%, \cos\alpha \approx 1, \sin\alpha \approx i$$

$$T_{tq} = \left(fG + \frac{C_D A u_a^2}{21.15} + Gi \right) \times r / (i_g i_0 \eta_T)$$

$$T_{tq} = \left(0.013 \times 1600 \times 9.8 + \frac{1.5 \times 70^2}{21.15} + 1600 \times 9.8 \times 0.04 \right)$$

$$\times \frac{0.3}{1 \times 4.08 \times 0.9}$$

$$= 1178.56 \times 0.3 / 3.672$$

$$= 96.29 (N \cdot m)$$

所以发动机此时的工作转速为 2525r/min，输出转矩为 96.29N·m。

1.3　汽车行驶的附着条件与汽车的附着率

1.3.1　汽车行驶的附着条件

地面对轮胎切向反作用力的极限值称为附着力 F_φ，在硬路面上它与驱动轮法向反作用力 F_z 成正比，常写成

$$F_{x\max} = F_\varphi = F_z \varphi \tag{1-32}$$

式中，φ 称为附着系数，它是由路面与轮胎决定的。由作用在驱动轮上的转矩引起的地面切向反作用力不能大于附着力，否则将发生驱动轮滑转现象，即对于后轮驱动的汽车

$$\frac{T_t - T_{f2}}{r} = F_{x2} \leqslant F_{z2} \varphi$$

这就是汽车行驶的附着条件。上式可写成

$$\frac{F_{x2}}{F_{z2}} \leqslant \varphi$$

式中，$\dfrac{F_{x2}}{F_{z2}}$ 称为后轮驱动汽车驱动轮的附着率 $C_{\varphi2}$，即

$$C_{\varphi2} \leqslant \varphi$$

可以由发动机、传动系的参数及汽车的行驶工况确定汽车驱动轮的附着率。

1.3.2 汽车的附着力与地面法向反作用力

汽车的附着力决定于附着系数以及地面作用于驱动轮的法向反作用力。附着系数主要取决于路面的种类和状况,行驶车速对附着系数也有影响。附着系数还受到车轮运动状况的影响。图 1-18 画出了汽车加速上坡时的受力图。图中,G 为汽车重力;α 为道路坡度角;h_g 为汽车质心高;F_w 为空气阻力;T_{f1}、T_{f2} 为作用在前、后轮上的滚动阻力偶矩;T_{je} 为作用在横置发动机飞轮上的惯性阻力偶矩;T_{jw1}、T_{jw2} 为作用在前、后车轮上的惯性阻力偶矩;F_{zw1}、F_{zw2} 为作用在车身上并位于前、后轮接地点上方的空气升力;F_{z1}、F_{z2} 为作用在前、后轮上的地面法向反作用力;F_{x1}、F_{x2} 为作用在前、后轮上的地面切向反作用力;L 为汽车轴距;a、b 为汽车质心至前、后轴之距离。

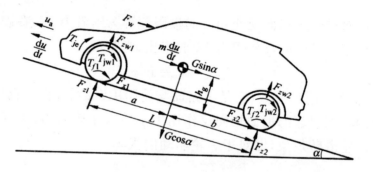

图 1-18　汽车加速上坡受力图

若将作用在汽车上的诸力对前、后轮与道路接触面中心取矩,则得

$$
\begin{cases}
F_{z1} = G\left(\dfrac{b}{L}\cos\alpha - \dfrac{h_g}{L}\sin\alpha\right) - \left(\dfrac{Gh_g}{g\,L} + \dfrac{\sum I_w}{Lr} \pm \dfrac{I_f i_g i_0}{Lr}\right)\dfrac{du}{dt} - F_{zw1} - G\dfrac{rf}{L}\cos\alpha \\[4mm]
F_{z2} = G\left(\dfrac{a}{L}\cos\alpha + \dfrac{h_g}{L}\sin\alpha\right) + \left(\dfrac{Gh_g}{g\,L} + \dfrac{\sum I_w}{Lr} \pm \dfrac{I_f i_g i_0}{Lr}\right)\dfrac{du}{dt} - F_{zw2} + G\dfrac{rf}{L}\cos\alpha
\end{cases}
$$

$$(1\text{-}33)$$

由于 F_w 与 F_{zw1}、F_{zw2} 均是在风洞试验中实测获得的,所以在式(1-33)中不能再计入 F_w 对前、后轮与道路接触面中心的矩。

从式(1-33)可以看出,前、后轮地面法向反作用力是由 4 个部分构成的。

(1)静态轴荷的法向反作用力

即汽车重力分配到前、后轴的分量产生的地面法向反作用力。它们分别为

$$F_{zs1} = G\left(\frac{b}{L}\cos\alpha - \frac{h_g}{L}\sin\alpha\right) \tag{1-34}$$

$$F_{zs2} = G\left(\frac{a}{L}\cos\alpha + \frac{h_g}{L}\sin\alpha\right) \tag{1-35}$$

(2)动态分量

即加速过程中产生的惯性力、惯性阻力偶矩造成的地面法向反作用力部分。它们分别为

$$F_{zd1} = -\frac{G}{g}\left(\frac{h_g}{L} + \frac{g}{G}\frac{\sum I_w}{Lr} \pm \frac{g}{G}\frac{I_f i_g i_0}{Lr}\right)\frac{du}{dt} \tag{1-36}$$

$$F_{zd2} = -\frac{G}{g}\left(\frac{h_g}{L} + \frac{g}{G}\frac{\sum I_w}{Lr} \pm \frac{g}{G}\frac{I_f i_g i_0}{Lr}\right)\frac{du}{dt} \tag{1-37}$$

(3)空气升力

由于流经汽车顶部与底部的空气流速不一样,产生了作用于汽车的空气升力。常将空气升力分解为作用于前轮接地点与后轮接地点的前、后空气升力。可用试验确定的前、后空气升力系数 C_{Lf}、C_{Lr}来计算前、后升力

$$F_{zw1} = \frac{1}{2}C_{Lf}A\rho u_r^2 \tag{1-38}$$

$$F_{zw2} = \frac{1}{2}C_{Lr}A\rho u_r^2 \tag{1-39}$$

式中,A 为迎风面积,即汽车行驶方向的投影面积。

图 1-19(a)给出了几种车身形式的前、后空气升力系数。图 1-19(b)和(c)给出了后轴和前轴升力系数的变化过程,总趋势是减小升力。

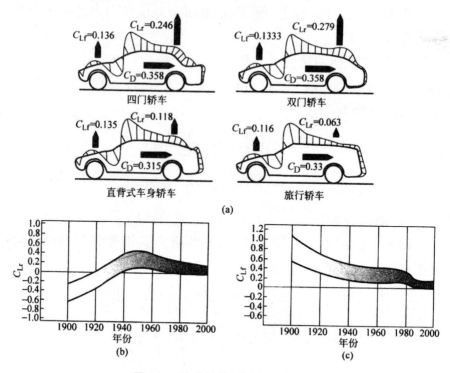

图 1-19 汽车的前、后空气升力系数

(a)一些轿车车身形式的前、后空气升力系数；

(b)后轴升力系数发展过程；(c)前轴升力系数发展过程

车身前部压低，尾部肥厚向上的楔形造型，可以降低空气升力。合适的前保险杠下面的阻风板与后行李箱盖上的后扰流板能进一步减小前、后空气升力，如图 1-20 所示。

（4）滚动阻力偶矩产生的部分

即式(1-33)中最后一项 $G\dfrac{rf}{L}\cos\alpha$。由于此项甚小，可以忽略不计。

汽车前后轮地面法向反作用力，忽略掉旋转质量惯性阻力偶矩与滚动阻力偶矩之后，便简化为

$$\begin{cases} F_{z1} = F_{zs1} - F_{zw1} - \dfrac{G h_g}{g\, L}\dfrac{\mathrm{d}u}{\mathrm{d}t} \\[3mm] F_{z2} = F_{zs2} - F_{zw2} + \dfrac{G h_g}{g\, L}\dfrac{\mathrm{d}u}{\mathrm{d}t} \end{cases} \tag{1-40}$$

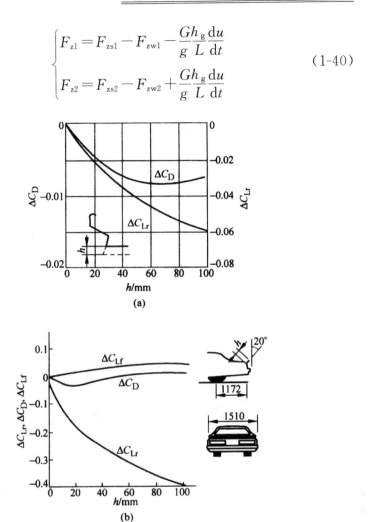

图 1-20　前阻风板、后扰流板对空气升力系数与空气阻力系数的影响

(a)前阻风板高度对 C_D、C_{Lf} 的影响；(b)后扰流板高度对 C_D、C_{Lf}、C_{Lr} 的影响

1.3.3　地面对驱动轮的切向反作用力

图 1-21 是前轮驱动汽车的从动轮、驱动轮与车身在加速过程中的受力图。图中 G_{w1}、G_{w2} 为驱动轮、从动轮的重力；m_1、m_2 为驱动轮、从动轮的质量；W_B 为车身重力；m_B 为车身质量；F_{p1}、F_{p2} 为驱动、从动轴作用于驱动、从动轮的平行于路面的力；T_t' 为半轴作用于驱动轮的转矩；T_{f1}、T_{f2} 为作用在前、后轮上的滚动阻力偶矩；

T_{jw1}、T_{jw2} 为作用在前、后轮上的惯性阻力偶矩;F_{z1}、F_{z2} 为作用在前、后轮上的地面法向反作用力;F_{x1}、F_{x2} 为作用在前、后轮上的地面切向反作用力;L 为汽车轴距;a'、b' 为汽车质心至前、后轴的距离。

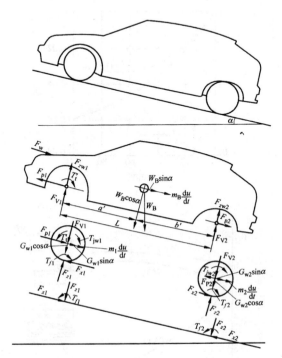

图 1-21 前轮驱动汽车在坡道上加速行驶时,从动轮、驱动轮与车身的受力

由从动轮受力图有

$$F_{p2} = m_2 \frac{\mathrm{d}u}{\mathrm{d}t} + G_{w2} \sin\alpha + F_{x2} \tag{1-41}$$

与

$$F_{x2} r = T_{f2} + T_{jw2} \tag{1-42}$$

即

$$F_{x2} = \frac{T_{f2}}{r} + \frac{T_{jw2}}{r} \tag{1-43}$$

T_{jw2} 的数值很小,可忽略不计,故

$$F_{x2} = F_{f2}$$

所以

$$F_{p2} = F_{f2} + G_{w2} \sin\alpha + m_2 \frac{\mathrm{d}u}{\mathrm{d}t} \tag{1-44}$$

由车身受力图有

$$F_{p1} = F_{p2} + F_{w} + W_{B} \sin\alpha + m_{B} \frac{\mathrm{d}u}{\mathrm{d}t} \tag{1-45}$$

$$= F_{f2} + F_{w} + (W_{B} + G_{w2}) \sin\alpha + (m_{B} + m_2) \frac{\mathrm{d}u}{\mathrm{d}t}$$

考虑驱动轮的受力平衡可得

$$F_{x1} = F_{p1} + G_{w1} \sin\alpha + m_1 \frac{\mathrm{d}u}{\mathrm{d}t} \tag{1-46}$$

代入 F_{p1} 得

$$F_{x1} = F_{f2} + F_{w} + G \sin\alpha + m \frac{\mathrm{d}u}{\mathrm{d}t}$$

$$= F_{f2} + F_{w} + F_{i} + F_{j}' \tag{1-47}$$

同理,对于后轮驱动汽车,地面作用于驱动轮的切向反作用力为

$$F_{x2} = F_{f1} + F_{w} + F_{i} + F_{j}' \tag{1-48}$$

注意此处的 F_{j}' 为 $m \dfrac{\mathrm{d}u}{\mathrm{d}t}$。

1.3.4　附着率

1. 加速、上坡行驶时的附着率

根据上面求得的前、后轴地面法向反作用力与驱动轮地面切向反作用力,可以确定前驱动轮或后驱动轮的附着率。

对于后轮驱动汽车,其后驱动轮的附着率为

$$C_{\varphi 2} = \frac{F_{x2}}{F_{z2}} = \frac{F_{f1} + F_{w} + F_{i} + F_{j}'}{F_{zs2} - F_{zw2} + \dfrac{Gh_{g}}{g}\dfrac{\mathrm{d}u}{L}\dfrac{}{\mathrm{d}t}} \tag{1-49}$$

在加速、上坡时,主要的行驶阻力为加速阻力与坡度阻力,空气阻力与滚动阻力可忽略不计,故后驱动轮的附着率简化为

$$C_{\varphi 2} = \frac{F_i + F_j'}{F_{zs2} + \dfrac{G h_g}{g} \dfrac{du}{L} \dfrac{du}{dt}} = \frac{i + \dfrac{1}{\cos\alpha} \dfrac{1}{g} \dfrac{du}{dt}}{\dfrac{a}{L} + \dfrac{h_g}{L}\left(i + \dfrac{1}{\cos\alpha} \dfrac{1}{g} \dfrac{du}{dt}\right)} \quad (1-50)$$

式中，$i + \dfrac{1}{\cos\alpha} \dfrac{1}{g} \dfrac{du}{dt}$ 可以理解为包含加速阻力在内的等效坡度，以 q 表示，则

$$C_{\varphi 2} = \frac{q}{\dfrac{a}{L} + \dfrac{h_g}{L} q} \quad (1-51)$$

由于 $G_{\varphi 2}$ 为加速、上坡行驶时要求的地面附着系数，故在一定附着系数 φ 的路面上行驶时，汽车能通过的（最大）等效坡度为

$$q = \frac{\dfrac{a}{L}}{\dfrac{1}{\varphi} - \dfrac{h_g}{L}} \quad (1-52)$$

同理可以求得前轮驱动汽车的前驱动轮附着率为

$$C_{\varphi 1} = \frac{q}{\dfrac{b}{L} - \dfrac{h_g}{L} q} \quad (1-53)$$

一定 φ 值路面上，能通过的等效坡度为

$$q = \frac{\dfrac{b}{L}}{\dfrac{1}{\varphi} + \dfrac{h_g}{L}} \quad (1-54)$$

对于四轮驱动汽车，前、后驱动力的分配是根据中央差速器的结构确定的。如令后轴的转矩分配系数为

$$\Psi = \frac{T_{t2}}{T_{t1} + T_{t2}} \quad (1-55)$$

式中，T_{t1} 为前驱动轴的驱动转矩；T_{t2} 为后驱动轴的驱动转矩。

如是前轮驱动的汽车，则 $\Psi = 0$；如是后轴驱动的汽车，则 $\Psi = 1$。四轮驱动汽车中，Audi 的 $\Psi = 0.5$，BMW325i 的 $\Psi = 0.63$，M. B. 4Matic 的 $\Psi = 0.65$。

根据 Ψ 值，在忽略滚动阻力、空气阻力与旋转质量的影响后，

可以确定前、后轮的切向反作用力为

$$F_{x1} = (1-\Psi)G\left(\sin\alpha + \frac{1}{g}\frac{\mathrm{d}u}{\mathrm{d}t}\right) \qquad (1\text{-}56)$$

$$F_{x2} = \Psi G\left(\sin\alpha + \frac{1}{g}\frac{\mathrm{d}u}{\mathrm{d}t}\right) \qquad (1\text{-}57)$$

故前、后驱动轮的附着率分别为

$$C_{\varphi 1} = \frac{(1-\Psi)q}{\dfrac{b}{L} - \dfrac{h_{\mathrm{g}}}{L}q} \qquad (1\text{-}58)$$

$$C_{\varphi 2} = \frac{\Psi q}{\dfrac{a}{L} + \dfrac{h_{\mathrm{g}}}{L}q} \qquad (1\text{-}59)$$

前、后驱动轮的附着率常不相等。如前驱动轮附着率较大，即一定等效坡度条件下，前驱动轮要求更大的地面附着系数，则在一定 φ 值路面上行驶时，前驱动轮的驱动力将先达到地面附着力而滑转。前驱动轮滑转后，前驱动力不再增加，故后驱动轮动力也保持在前轮刚开始滑转时它的数值而不再增加。即若 $C_{\varphi 1} >$ $C_{\varphi 2}$，在一定附着系数 φ 的路面上，该四轮驱动汽车能达到的等效坡度为

$$q = \frac{\dfrac{b}{L}}{\dfrac{1-\Psi}{\varphi} + \dfrac{h_{\mathrm{g}}}{L}} \qquad (1\text{-}60)$$

反之，若 $C_{\varphi 1} < C_{\varphi 2}$，则在一定附着系数 φ 的路面上能达到的等效坡度为

$$q = \frac{\dfrac{a}{L}}{\dfrac{\Psi}{\varphi} - \dfrac{h_{\mathrm{g}}}{L}} \qquad (1\text{-}61)$$

如果前、后驱动力的分配可以根据运动状况自动调节，而使前、后驱动力同时达到附着力的限值，则全部附着力均可转化为驱动力，有

$$\varphi G\cos\alpha = G\sin\alpha + \frac{G}{g}\frac{\mathrm{d}u}{\mathrm{d}t}$$

即

$$\varphi = q \qquad (1\text{-}62)$$

此时等效坡度等于地面附着系数。

图 1-22 给出了前轮驱动、后轮驱动和四轮驱动汽车的等效坡度与地面附着系数的关系曲线。正如所预期的一样,四轮驱动汽车的等效坡度,即加速度与上坡能力大大超过单轴驱动汽车。

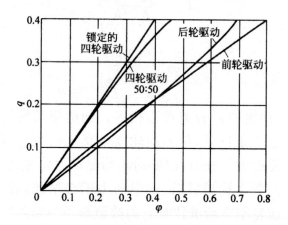

图 1-22　不同驱动形式汽车的等效坡度

(前轮驱动 $a/L=0.43$;后轮驱动 $a/L=0.49$;四轮驱动 $a/L=0.48$)

2.高速行驶时的附着率

汽车在良好道路上高速行驶时,道路的坡度与汽车加速度均小。令 $i=0$, $\dfrac{\mathrm{d}u}{\mathrm{d}t}=0$,则可求得高速行驶时,后轮驱动汽车的后驱动轮附着率为

$$C_{\varphi2} = \frac{F_{\mathrm{f1}} + F_{\mathrm{w}}}{F_{\mathrm{zs2}} - F_{\mathrm{zw2}}} \qquad (1\text{-}63)$$

图 1-23 给出了一紧凑型后轮驱动轿车后驱动轮地面切向反作用力、法向反作用力、附着率与车速的关系曲线。图中的法向反作用力与附着率是按三种空气升力系数求得的,即空气升力系数为 0.28、0.15 与 0。

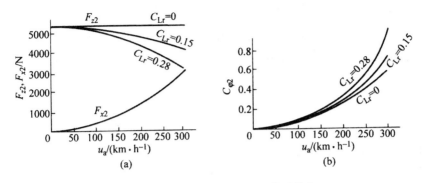

图 1-23　高速行驶时后驱动轮的附着率

(a)后轮法向反作用力 F_{z2} 与切向反作用力 F_{x2} 随车速的变化曲线;

(b)后驱动轮附着率 $C_{\varphi2}$ 随车速的变化曲线

　　图 1-23 中的例子表明,在一般车速下 $C_{\varphi2}$ 值甚小,汽车完全可以正常行驶。当车速达到 250km/h 时,$C_{Lr}=0.28$,$C_{\varphi2}=0.57$,附着率接近于沥青路面的附着系数。当车速为 300km/h,$C_{Lr}=0.28$,$C_{\varphi2}=0.99$;$C_{Lr}=0.15$,$C_{\varphi2}=0.74$。这说明在极高车速下,即使是良好路面也不能满足附着性能的要求。

　　不过上面的讨论只限于纯粹直线行驶的汽车。实际行驶条件下,驾驶员必须根据道路与交通情况经常转动转向盘调整车辆的行驶路径,汽车将产生一定的或很大的侧向加速度,轮胎接地处常要承受一定的,甚至很大的地面侧向反作用力。所以,为了保证安全行驶,所要求的地面附着系数应远高于附着率。

　　通过改善车身形状,或者增加一些辅助的空气动力装置,可以降低空气升力系数,达到减小附着率以改善操纵稳定性与动力性的目的;也可以通过调整汽车的总体布置,变动前、后轴的轴荷来减小驱动轮的附着率。

　　上述讨论对于前轮驱动汽车而言,没有原则上的区别。

1.4　汽车的功率平衡

　　根据牵引平衡图和动力特性图,可以确定汽车的各项动力性指标,但是,如果要进一步分析影响着汽车动力性的其他因素,如发动机特性曲线形状对汽车动力性的影响、主减速器和变速器速比的选择、汽车燃油经济性的研究等,只有上述研究方法是不够的。

下面介绍如何建立汽车的功率平衡方程式。

如前所述,发动机发出的功率,必须有一部分消耗于克服传动机构的机械损失,因而传递到驱动轮的功率为

$$P_t = P_e \eta_T$$

汽车克服行驶阻力所消耗的功率的一般计算式为

$$P = \frac{Fu_a}{1000}(\text{kW})$$

式中,F 为作用于汽车的力,N;u_a 为汽车行驶速度,m/s;1000 为换算系数,$1000\text{N} \cdot \text{m/s} = 1000\text{w} = 1\text{kW}$。

如果 u_a 以 km/h 为单位,则上式为

$$P = \frac{Fu_a}{3.6 \times 1000} = \frac{Fu_a}{3600}(\text{kW})$$

式中,3.6 为换算系数,$1\text{m/s} = 3.6\text{km/h}$。

设汽车重力为 G,以 N 为单位,车速 u_a 以 km/h 为单位,则各种阻力功率的计算公式如下。

克服滚动阻力所消耗的功率为

$$P_f = \frac{fGu_a\cos\alpha}{3600}(\text{kW}) \tag{1-64}$$

当坡度角 α 较小时,$\cos\alpha \approx 1$,则

$$P_f = \frac{fGu_a}{3600}(\text{kW}) \tag{1-65}$$

克服上坡阻力所消耗的功率为

$$P_i = \frac{Gu_a\sin\alpha}{3600}(\text{kW}) \tag{1-66}$$

当坡度角 α 较小时,$\sin\alpha \approx i$,则

$$P_i = \frac{Giu_a}{3600}(\text{kW}) \tag{1-67}$$

克服空气阻力所消耗的功率为

$$P_w = \frac{C_D A u_a^3}{3600 \times 21.15} = \frac{C_D A u_a^3}{76140} (kW) \qquad (1\text{-}68)$$

克服加速阻力所消耗的功率为

$$P_j = \frac{\delta G u_a}{3600g} \frac{du}{dt} (kW) \qquad (1\text{-}69)$$

根据能量守恒定律,发动机的有效功率应该恒等于汽车行驶中所消耗功率的总和,即

$$P_e \eta_T = P_f + P_w + P_i + P_j$$

将前述各项阻力功率的表达式代入上式,则得

$$P_e = \frac{1}{\eta_T} \left(\frac{fG u_a \cos\alpha}{3600} + \frac{G u_a \sin\alpha}{3600} + \frac{C_D A u_a^3}{3600 \times 21.15} + \frac{\delta G u_a}{3600g} \frac{du}{dt} \right)$$

$$(1\text{-}70)$$

上式称为汽车的功率平衡方程。

当道路坡度角 α 不大时,汽车的功率平衡方程为

$$P_e = \frac{1}{\eta_T} \left(\frac{fG u_a}{3600} + \frac{G i u_a}{3600} + \frac{C_D A u_a^3}{3600 \times 21.15} + \frac{\delta G u_a}{3600g} \frac{du}{dt} \right) \quad (1\text{-}71)$$

与汽车的牵引平衡图一样,汽车的功率平衡也可以用图来表示。利用汽车的功率平衡图分析某些动力性问题更为方便。

汽车的功率平衡图是在以汽车行驶速度为横坐标,以功率为纵坐标的坐标系内,将发动机功率 P_e 及汽车在良好水平路面上等速行驶时所消耗的阻力功率 $\frac{1}{\eta_T}(P_f + P_w)$ 对车速的关系曲线绘出而得到的,如图 1-24 所示。$\frac{1}{\eta_T}(P_f + P_w)$ 也就是汽车行驶过程中经常遇到的阻力所消耗的功率。

绘制汽车功率平衡图的方法和步骤如下。

绘制发动机功率 P_e 与车速的关系曲线,将发动机的外特性曲线 $P_e = f(n)$ 曲线转化为 $P_e = f(u_a)$,便可在 $P_e - u_a$ 坐标系内绘出发动机的功率 P_e 与车速 u_a 的关系曲线,利用下式将发动机转速换算成车速 u_a

$$u_a = 0.377 \frac{nr}{i_g i_0}$$

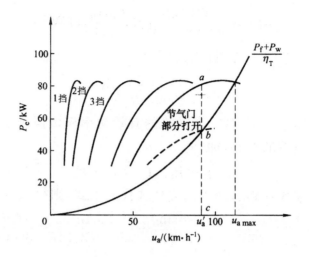

图 1-24　汽车的功率平衡图

　　由上式可知,对应于汽车变速器的每一个挡位,可以绘出一条发动机功率曲线。所以变速器有几个挡位,便有几条发动机功率曲线。由图 1-24 可以看出,$P_e - u_a$ 曲线在不同的挡位下所对应的速度区间也不同,挡位越高,车速越高,速度区间也越宽。但发动机功率 P_e 的起始值、终点值及最大值是一致的。

　　汽车等速行驶时阻力功率曲线的绘制:$P_f - u_a$ 曲线在低速范围内是一条直线;在高速范围内,由于 f 是 u_a 的一次函数,P_f 是 u_a 二次函数,P_w 是 u_a 的三次函数,P_f 与 P_w 叠加后,阻力功率曲线 $\frac{1}{\eta_T}(P_f + P_w) - u_a$ 是一条斜率越来越大的曲线。可见,高速行驶时,汽车主要克服空气阻力功率。例如,轿车行驶车速高,其空气阻力在 80km/h 时已等于 F_f,到 100km/h 时,F_w 占总阻力的 70%。

　　下面用功率平衡图来确定汽车的动力性。

　　(1)汽车的最高速度 $u_{a\,max}$

　　汽车在良好水平路面上以最高速度行驶时,$\frac{du}{dt} = 0$,$i = 0$,故

$$P_e = \frac{1}{\eta_T}(P_f + P_w) \qquad (1-72)$$

即发动机在直接挡的功率曲线与 $\dfrac{1}{\eta_T}(P_f+P_w)$ 曲线交点对应的车速,就是汽车的最高车速。

如果需要汽车以低于最高车速的速度等速行驶,驾驶员应减小节气门开度,发动机以部分负荷速度特性工作,其功率曲线如图 1-24 中虚线所示。

对应于某一车速 u_a' 的 $P_e-\dfrac{1}{\eta_T}(P_f+P_w)$ 称为汽车的后备功率,相当于图 1-24 中 P_e 与 $\dfrac{1}{\eta_T}(P_f+P_w)$ 两曲线间的距离 ab,可用于使汽车加速或爬坡。因此,汽车的后备功率越大,其动力性越好。

(2)汽车的加速能力

汽车在水平路面加速行驶时,$i=0$,故

$$P_j=\eta_T\left[P_e-\frac{1}{\eta_T}(P_f+P_w)\right] \tag{1-73}$$

所以不同车速时的加速度为

$$\frac{\mathrm{d}u}{\mathrm{d}t}=\frac{3600g\eta_T}{\delta Gu_a}\left[P_e-\frac{1}{\eta_T}(P_f+P_w)\right] \tag{1-74}$$

(3)汽车的上坡能力

粗略计算的爬坡度近似值为

$$i=\frac{3600\eta_T}{Gu_a}\left[P_e-\frac{1}{\eta_T}(P_f+P_w)\right] \tag{1-75}$$

前面所讨论的都是汽车等速上坡时的情况,汽车在实际使用中,常常采用所谓的冲坡,即驾驶员在上坡前先使汽车加速,使汽车以较高的初速度上坡,利用减速时的惯性力提高汽车的上坡能力。也即先增大汽车的动能,以便上坡时转化为汽车的位能。利用后备功率和惯性力所能克服的最大坡度称为极限上坡度。它取决于汽车的动力性、附着条件、上坡前的速度、道路条件和坡道长度。在后备功率和道路条件一定时,上坡前的初速度越高,临界车速越低,坡道越短,则汽车所能克服的极限坡度越大。

从对功率平衡的分析可见,利用功率平衡可以解决动力性问

题,但是比较麻烦,因此一般不用。然而利用汽车的功率平衡定性地分析设计与使用中的动力性问题,却是清晰简便的。因为"功率"这一概念能更好地概括汽车的动力性问题,如汽车的行驶阻力功率不仅和阻力有关,而且和速度有关。阻力越大、速度越高,克服阻力所需要消耗的功率就越大。这就要求发动机提供足够大的功率。可见,发动机如不能提供足够的功率,汽车的行驶速度就不能提高。另外,从能量的观点看,汽车加速时,其动能增加,汽车上坡时,其位能增加。对于车辆总重力、传动系参数一定的汽车或对同一汽车而言,发动机在汽车加速过程中发出的功率大,汽车的加速度就大,汽车动力性就好。同理,汽车的功率大,汽车爬坡的速度也就高。

1.5 汽车动力性的影响因素分析

1.5.1 发动机参数的影响

发动机的最大功率、最大转矩及外特性曲线的形状对汽车的动力性影响最大。

在附着条件允许的前提下,发动机功率和转矩愈大,汽车的动力性就愈好。这是因为发动机功率愈大,其后备功率也大,加速和爬坡性能必然好;而发动机转矩愈大,在传动系传动比一定时,最大动力因数较大,也相应地提高了汽车的加速和爬坡能力。

发动机外特性曲线的形状对汽车动力性有明显的影响。如图 1-25 所示,两台发动机的外特性曲线的最大功率和对应的转速相等,但其形状不同,显然外特性曲线 1 在相同的挡位下低速时有较大的后备功率,使汽车具有较好的加速能力和爬坡能力。又如某发动机,为满足增压与排放要求,牺牲了低速性能,在低速段 ($n<1500\text{r/min}$) T_{tp} 急剧下降,如图 1-26 中曲线 1。由于我国道路

条件多变、汽车超载现象较为严重,装有该发动机的汽车反映出其低速加速、爬坡性能较差,在丘陵地区情况更差。在对该发动机进行改造后,发动机转矩曲线变为曲线 2,外特性曲线 2 的转矩值随车速降低而增高的幅度较大,这样不仅可以提高汽车克服道路阻力和短期超负荷能力,而且也可以减少换挡次数,熄火的可能性也下降了。

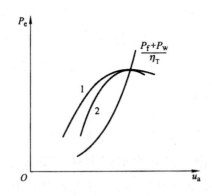

图 1-25　发动机外特性不同时的汽车功率平衡图

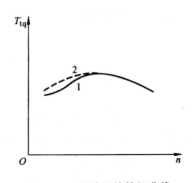

图 1-26　发动机的转矩曲线

1.5.2　汽车结构参数的影响

汽车结构参数影响主要包括以下几方面。

1. 传动效率 η_T

传动效率直接影响汽车的动力性,传动效率越高,传动功率损失越小,传至驱动轮的有效功率越大,汽车的动力性就好。根据使用条件,合理地选用润滑油和在润滑油中加入减磨添加剂对提高传动效率有明显的效果。

2.主减速传动比

主减速器传动比的大小,对汽车动力性有很大的影响。如果变速器的最高挡为直接挡,主减速器传动比将决定汽车的最高车速和低于最高车速行驶时的超车加速能力。这些都是汽车动力性的重要评价指标。所以合理地选择主减速器传动比是非常重要的。

3.空气阻力系数

降低空气阻力因数 $C_{\mathrm{D}}A$,即降低空气阻力系数 C_{D} 和减小汽车迎风面积 A,可相应提高汽车动力性。根据汽车动力因数的定义,空气阻力愈小,动力因数愈大,其克服道路阻力和加速阻力的能力增强,动力性变好。对高速行驶的汽车来说,空气阻力因数 $C_{\mathrm{D}}A$ 对其动力性的影响是非常显著的。

4.汽车的质量

汽车总质量对汽车动力性影响很大。除空气阻力外,汽车的其他行驶阻力都与汽车总质量成正比,因此减轻汽车自身质量是降低汽车总质量的有效途径,这是现代汽车越来越广泛地采用轻金属材料和非金属材料的主要原因。

5.轮胎尺寸与形式的影响

轮胎的尺寸与结构对汽车的动力性也有影响。轮胎尺寸的减小,可降低汽车自身质量,在附着系数较大的良好路面上,可增大驱动力,同时也降低了汽车的质心高度,从而提高了汽车的行驶稳定性。在发动机转速功率允许的情况下,可用减小主减速器传动比来提高汽车的行驶速度。在软路面或坏路上行驶的越野汽车,其行驶速度低,轮胎尺寸大,这样有利于增大轮胎与路面间的附着能力和离地间隙,提高越野汽车的通过性能。

　　轮胎形式、花纹和气压对汽车动力性也有影响。为提高汽车动力性应尽量减少汽车轮胎的滚动阻力,同时增加道路与轮胎间的附着力。根据这一原则,硬路面上行驶的汽车,用子午线胎,小而浅的花纹、较高的轮胎气压,这对提高汽车的动力性有一定作用;在软路面上行驶的汽车用大而深的花纹、较低的轮胎气压,这对提高汽车动力性和通过性有良好的作用。

1.5.3　汽车使用因素的影响

　　使用因素时刻影响汽车动力性。一辆本来具有良好动力性的汽车,若使用、维护和调整不当,发动机产生不了应有的功率,底盘部分机械传动阻力也会很大,其动力性就不能充分发挥出来。

　　发动机的技术状况是保证汽车动力性的关键。需要正确维护和调整的有混合气的浓度、点火时间、润滑油的选择和更换、冷却液的温度和气门间隙等。只有保持发动机应有的输出功率和转矩,才能保证汽车的动力性不下降。

　　汽车底盘的技术状况直接影响传动系的机械效率。传动系统各部轴承紧度、制动器、离合器、前轮定位角等调整不当,润滑油品种、质量、数量和温度不当,都会增加传动系统的功率损失,使机械效率下降,影响汽车动力性的正常发挥。

　　使用条件主要指道路条件、气候条件及海拔高度等。道路的附着系数大、滚动阻力系数小、弯道少,汽车的动力性就好。如汽车行驶在坏路和无路的条件下,由于路面与轮胎间的附着系数减小、滚动阻力增加,因而使汽车动力性变坏。另外,风、雨、雪、高温、严寒等气候条件均不利于汽车的动力性。在高原地区行驶的汽车,由于海拔高、气压低,使发动机充气量下降,从而导致发动机有效功率下降。试验证明:在海拔 4000m 的高原地区,发动机功率比原来降低 40%～45%。提高驾驶技术,有利于发挥汽车的动力性。如加速时能适时迅速地换挡,可减少加速时间。换挡熟练、合理冲坡,有助于提高汽车的爬坡能力。

第2章 汽车性能之燃油经济性能分析

汽车燃油经济性,是指汽车以最少的燃油消耗完成单位运输工作量的能力。汽车发动机燃油经济性通常用有效燃油消耗率 g_e 或有效效率 η_e 评价。

2.1 汽车燃油经济性的评价指标

2.1.1 等速行驶百公里燃料消耗量

等速行驶百公里燃料消耗量是指汽车在一定载荷下,以最高挡在水平良好路面上等速行驶 100km 的燃料消耗量。等速行驶百公里燃料消耗量曲线,如图 2-1 所示。

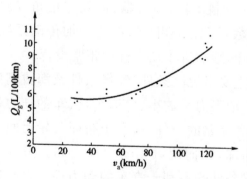

图 2-1 汽车等速行驶百公里燃料消耗量曲线

表 2-1 为几种车型的等速百公里油耗。

表 2-1　几种车型的汽车 90km/h 等速百公里油耗量

车型	别克 GL8	神龙富康 988EX	赛欧 SL	夏利 2000	宝来 1.8L—MT	波罗 ALi	奥迪 A4—3.0
90km/h 等速油耗/ (L·(100km)$^{-1}$)	8.6	≤6.5	5.3(手动 变速器) 5.7(自动 变速器)	≤5	6.4	5.8	9.7

2.1.2　循环工况行驶百公里燃油消耗量

我国制定了乘用车模拟城市工况循环燃料消耗量试验方法(GB/T 12545.1—2001)和商用车模拟城市工况循环燃料消耗量试验方法(GB/T 12545.2—2001)。图 2-2 给出了联合国欧洲经济委员会、美国法定的测定燃油经济性的循环行驶工况图。

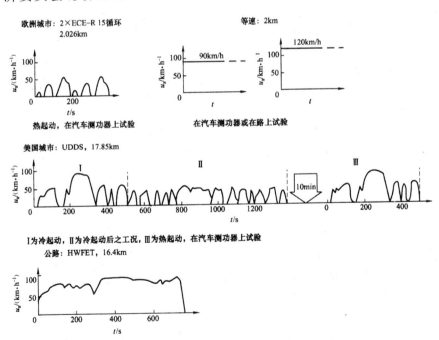

图 2-2　测定汽车燃油经济性的循环行驶工况

1997 年《Autocar》杂志给出的一些轿车的 EPA 循环工况油

耗值,列于表 2-2。

表 2-2　部分轿车的 EPA 循环工况油耗

	车型	发动机排量/ cm^3	EPA(城市/公路) Q_s/ $(L \cdot (100km)^{-1})$		车型	发动机排量/ cm^3	EPA(城市/公路) Q_s/ $(L \cdot (100km)^{-1})$
经济型轿车	FORD ESCORT LX	1859	7.84/6.36	硬顶吉普	JEEP GRAND CHERO KEE 5.9 LIMITED	5898	18.09/14.70
	HONDA CIVIC DX	1493	6.72/5.88		LAND ROVER DISCOVERY SE9	3942	16.80/13.84
	TOYOTA COROLLA DX	1585	8.71/6.92				
中高级轿车	HONDA ACCORD COUPE EX	2254	9.40/7.84	中高级轿车	PONTIAC GRAND PRIX GTR	3791	13.07/8.71
	NISSAN ALTIHA SE	2382	9.80/7.59		LEXUS GS400	3969	12.38/9.41
	SUBARU IMPREZA	2457	11.20/8.71		AUDI A8 4.2 QUATTRO	4172	13.84/9.41
	BMW 528i	2793	13.07/9.05		CADILAC GLS	4565	14.70/9.41
	BUCK CENTURY CUSTOM	3146	11.76/8.11		LINCOLN CONTINENTAL	4601	13.84/9.80

2.1.3　综合燃料经济性

欧洲经济委员会(ECE)规定,要测量车速为 90km/h 和 120km/h 的等速百公里燃油消耗量和按 ECE－R15 循环工况的百公里燃油消耗量,并各取 1/3 相加作为混合百公里燃油消耗量来评定汽车燃油经济性。

即 L/100km 计的"1/3 混合油耗"为

$$\frac{1}{3}混合 = \frac{1}{3}ECE + \frac{1}{3} \times 90km/h + \frac{1}{3} \times 120km/h$$

美国环境保护局(EPA)规定,要测量城市循环工况(UDDS)及公路循环工况(HWFET)的燃油经济性(单位为每加仑燃油汽车行驶英里数),并按下式计算综合燃油经济性(单位为 mile/gal):

$$综合燃油经济性 = \frac{1}{\dfrac{0.55}{城市循环工况燃油经济性} + \dfrac{0.45}{公路循环工况燃油经济性}}$$

我国针对载货汽车、城市公共汽车和乘用车提出了相应的燃料经济性试验规范。载货汽车"六工况燃料测试循环"、城市公共客车四工况(GB/T 12545.2—2001)方法见表 2-3、表 2-4 和图 2-3、图 2-4。

表 2-3　六工况循环试验参数表

工况	行程/m	时间/s	累计行程/m	车速/(km/h)	加速度/(m/s²)
Ⅰ	125	11.3	125	40	—
Ⅱ	175	14.0	300	40~50	0.2
Ⅲ	250	18.0	550	50	—
Ⅳ	250	16.3	800	50~60	0.17
Ⅴ	250	15.0	1050	60	—
Ⅵ	300	21.6	1350	60~40	0.26

表 2-4　城市客车和双层客车四工况循环试验参数

工况序号	运转状态/(km/h)	行程/m	累积行程/m	时间/s	变速器挡位及换挡车速/(km/h)	
					挡位	换挡车速
1	0~25 换挡加速	5.5	5.5	5.6	Ⅱ~Ⅲ	6~8
		24.5	30	8.8	Ⅲ~Ⅳ	13~15
		50	80	11.8	Ⅳ~Ⅴ	19~21
		70	150	11.4	Ⅴ	

续表

工况序号	运转状态/(km/h)	行程/m	累积行程/m	时间/s	变速器挡位及换挡车速/(km/h)	
					挡位	换挡车速
2	25	120	270	17.2	V	
3	(30)25~40	160	430	(20.9)17.7	V	
4	减速行驶	270	700	—	空挡	

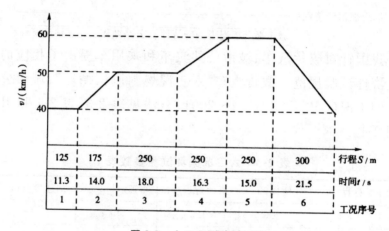

图 2-3 六工况测试循环图

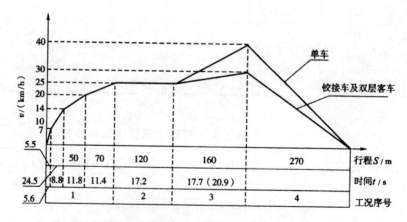

图 2-4 城市客车和双层客车四工况循环

乘用车十五工况循环试验规范见图 2-5。

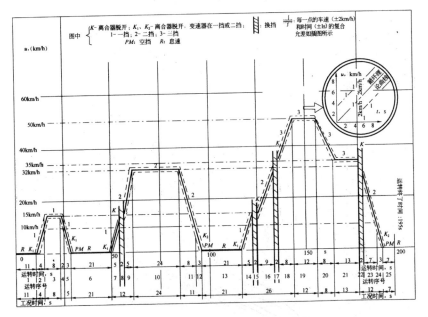

图 2-5　乘用车十五工况循环试验规范

2.2　汽车燃油经济性的计算

2.2.1　等速行驶工况燃油消耗量的计算

图 2-6 为汽油发动机的万有特性曲线,在万有特性图上有等燃油消耗率曲线。

根据等速行驶车速 u_a 及阻力功率 P_e,在万有特性图上可确定相应的燃油消耗率 b,对没有落在图 2-6 中万有特性曲线上的点可用相邻两万有特性曲线用插值法求得。这样就可以计算出该汽车等速行驶时单位时间内的燃油消耗量(kg/h)。

目前,发动机在额定工况下比油耗及其有效热效率的范围见表 2-5。汽车用发动机一般为四冲程汽油机或高速柴油机。

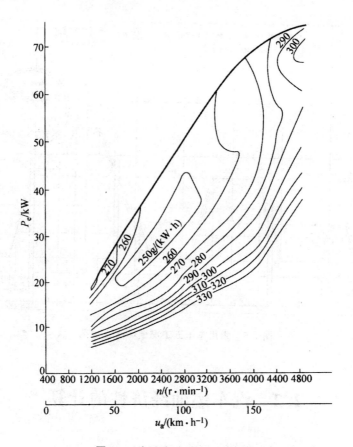

图 2-6　汽油发动机万有特性图

表 2-5　发动机在额定工况下的比油耗及其有效热效率范围统计

项目 发动机类型	燃油消耗率 b/ $(g \cdot (kw \cdot h)^{-1})$	有效热效率 η_e	备注
低速柴油机	190～225	0.45～0.38	较低的值均属废气涡
中速柴油机	195～240	0.43～0.36	轮增压的四冲程和二
高速柴油机	215～285	0.40～0.30	冲程柴油发动机
四冲程汽油机	270～410	0.30～0.20	——
二冲程汽油机	410～545	0.20～0.15	——

等速行驶工况燃油消耗量按以下方法计算。

等速行驶时单位时间内的燃油消耗量(g/h)为

$$Q'_t = P_e b \qquad (2\text{-}1)$$

把 Q'_t(g/h)换算成 Q_t(mL/s)为

$$Q_t = \frac{P_e b}{367.1 \rho g} \qquad (2\text{-}2)$$

式中,Q'_t 为单位时间内的燃油消耗量(g/h);b 为燃油消耗率[g/(kw·h)];ρ 为燃油的密度(kg/L);g 为重力加速度(m/s²);汽油的 ρg 可取为(6.96~7.15N/L),柴油可取为(7.94~8.13N/L)。

整个等速过程行经 s(m)行程的燃油消耗量(mL)按以下方式计算。

行驶车速为 u_a(km/h),行程为 s(m)所需时间 t(s)为

$$t = \frac{\frac{s}{1000}}{u_a} \times 3600 = \frac{3.6 \times s}{u_a} \qquad (2\text{-}3)$$

结合式(2-2)计算,得到行程为 s(m)的燃油消耗量 Q(mL)为

$$Q = \frac{P_e b s}{102 u_a \rho g} \qquad (2\text{-}4)$$

式中,Q 为燃油消耗量(mL);s 为行经行程(m);u_a 为行驶车速(km/h);ρ 为燃油的密度(kg/L)。

折算成等速百公里燃油消耗量 Q_s(L/100km)为

$$Q_s = \frac{P_e b}{1.02 u_a \rho g} \qquad (2\text{-}5)$$

2.2.2　等加速行驶工况燃油消耗量的计算

在汽车加速行驶时若加速度为 $\dfrac{du}{dt}$(m/s²),则发动机提供的功率 P_e(kW)应为

$$P_e = \frac{1}{\eta_T}\left(\frac{Gf u_a}{3600} + \frac{C_D A u_a^3}{76140} + \frac{\delta m u_a}{3600}\frac{du}{dt}\right) \qquad (2\text{-}6)$$

汽车在等加速行驶过程中的耗油量如图 2-7 所示,汽车单位时间耗油量可由下式计算

$$Q_t = \frac{P_e b}{367.1 \rho g}$$

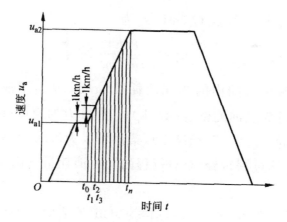

图 2-7　等加速过程的燃油消耗量计算

汽车行驶速度每增加 1km/h 所需时间(s)为

$$\Delta t = \frac{1}{3.6 \dfrac{\mathrm{d}u}{\mathrm{d}t}} \tag{2-7}$$

汽车从 u_{a1} 加速到 $u_{a1}+1$km/h 期间的耗油量

$$Q_1 = \frac{1}{2}(Q_{t0} + Q_{t1})\Delta t$$

式中，Q_{t0} 为 t_0 时刻，车速 u_{a1} 的耗油量，mL/s；Q_{t1} 为 t_1 时刻，车速 $(u_{a1}+1)$km/h 的耗油量，mL/s。

当汽车继续加速时，在 $(u_{a1}+1)$km/h 的基础上再增加 1km/h 的耗油量为

$$Q_2 = \frac{1}{2}(Q_{t1} + Q_{t2})\Delta t$$

式中，Q_{t2} 为车速为 $(u_{a1}+2)$km/h 时，即 t_2 时刻的单位时间燃油消耗量，mL/s。

以此类推，有

$$Q_3 = \frac{1}{2}(Q_{t2} + Q_{t3})\Delta t$$

$$\vdots$$

$$Q_n = \frac{1}{2}(Q_{t(n-1)} + Q_{tn})\Delta t$$

式中，Q_{t2}，Q_{t3}，$\cdots$，Q_{tn} 为车速为 t_2，t_3，$\cdots$，t_n 各时刻的单位时间燃油消耗量，mL/s。

所以汽车加速期间需要的燃油总量为

$$Q_a = \sum_{i=1}^{n} Q_i = Q_1 + Q_2 + \cdots + Q_n$$

或

$$Q_a = \frac{1}{2}(Q_{t0} + Q_{tn})\Delta t + \sum_{i=1}^{n-1} Q_{ti}\Delta t$$

加速行驶的距离（m）为

$$s_a = \frac{u_{a2}^2 - u_{a1}^2}{25.92 \dfrac{\mathrm{d}u}{\mathrm{d}t}} \tag{2-8}$$

表 2-6 给出了几种车型的加速燃油消耗量与等速燃油消耗量。

表 2-6　几种车型的加速燃油消耗量与等速燃油消耗量的对比（L/100km）

车型	等速燃油消耗量 （90km/h 匀速）	等速燃油消耗量 （120km/h 匀速）	加速燃油消耗量 极限加速 （0～100km/h）	加速燃油消耗量 平稳加速 （0～100km/h）
Audi A4—1.8T	6.79	9.32	62.8(184m)	18(587m)
Audi A4—3.0	7.76	9.83	80.0(172m)	21.6(540m)
EQ1061T2	10.75 （u_a=70.2km/h）	12.82 （u_a=79.80km/h）	24.8 （从 55km/h 加到 70km/h， 用时 11.37s）	20.1 （从 35km/h 加到 70km/h， 用时 37.08s）

注：括号中的长度为从 0km/h 加速到 100km/h 的行驶距离。

2.2.3 等减速行驶工况燃油消耗量的计算

减速工况燃油消耗量等于减速行驶的时间与怠速油耗的乘积。

减速时间 $t(\mathrm{s})$ 为

$$t = \frac{u_{a2} - u_{a3}}{3.6 \dfrac{\mathrm{d}u}{\mathrm{d}t_d}} \tag{2-9}$$

式中，u_{a2}、u_{a3} 为起始及减速终了的车速，km/h；$\dfrac{\mathrm{d}u}{\mathrm{d}t_d}$ 为减速度，$\mathrm{m/s^2}$。

所以减速过程燃油消耗量（mL）可按下式计算为

$$Q_d = \frac{u_{a2} - u_{a3}}{3.6 \dfrac{\mathrm{d}u}{\mathrm{d}t_d}} Q_i \tag{2-10}$$

式中，Q_i 为怠速燃油消耗率，mL/s。

减速区段内汽车行驶的距离（m）为

$$s_d = \frac{u_{a2}^2 - u_{a3}^2}{25.92 \dfrac{\mathrm{d}u}{\mathrm{d}t_d}} \tag{2-11}$$

发动机在一定转速 n、发出一定功率 P_e 时的燃油消耗率 b 也可以用发动机台架试验得到的负荷特性求得。下面通过一个例题来说明利用发动机负荷特性进行汽车等速百公里油耗的计算方法。

例 2-1　图 2-8 是某轻型货车装用的汽油发动机的负荷特性，负荷特性曲线的拟合公式为

$$b = B_0 + B_1 P_e + B_2 P_e^2 + B_3 P_e^3 + B_4 P_e^4$$

式中，b 为燃油消耗率 $[\mathrm{g/(kW \cdot h)}]$；$P_e$ 为发动机净功率（kW）。

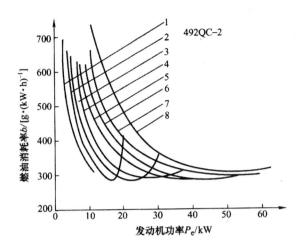

图 2-8　汽油发动机的负荷特性图

1—815r/min；2—1207r/min；3—1614r/min；4—2012r/min；

5—2603r/min；6—3006r/min；7—3403r/min；8—3804r/min

表 2-7 为拟合公式的系数。

表 2-7　拟合公式的系数

$n/(\mathrm{r \cdot min^{-1}})$	B_0	B_1	B_2	B_3	B_4
815	1326.8	−416.46	72.379	−5.8629	0.17768
1207	1354.7	−303.98	36.657	−2.0553	0.043072
1614	1284.4	−189.75	14.524	−0.51184	0.0068164
2012	1122.9	−121.59	7.0035	−0.18517	0.0018555
2603	1141.0	−98.893	4.4763	−0.091077	0.00068906
3006	1051.2	−73.714	2.8593	−0.05138	0.00035032
3403	1233.9	−84.478	2.9788	−0.047449	0.00028230
3804	1129.7	−45.291	0.71113	−0.00075215	−0.000038568

其他有关轻型货车参数如下：

装载质量　　　　　　　　2000kg

整车整备质量　　　　　　1800kg

总质量　　　　　　　　　3880kg

车轮半径　　　　　　　　0.367m

传动系机械效率 $\eta_T = 0.85$

主减速器传动比 $i_0 = 5.83$

滚动阻力系数 $f = 0.013$

空气阻力系数×迎风面积 $C_D A = 2.77 \text{m}^2$

试绘制该汽车等速百公里油耗曲线(直接挡)。

解:汽车等速行驶时百公里燃油消耗量 Q_s(L/100km)为

$$Q_s = \frac{P_e b}{1.02 u_a \rho g}$$

取

$$\rho g = \frac{(6.96 + 7.15)}{2} \text{N/L} = 7.06 \text{N/L}$$

发动机转速 $n_1 = 815 \text{r/min}$ 时,汽车车速为

$$u_{a1} = 0.377 \frac{n_1 r}{i_g i_0} = 0.377 \times \frac{815 \times 0.367}{1 \times 5.83} \text{km/h} = 19.34 \text{km/h}$$

发动机发出的功率为

$$P_{e1} = \frac{1}{\eta_T}(P_f + P_w)$$

上式也可以写成

$$P_{e1} = \frac{1}{\eta_T}\left(\frac{Gf u_{a1}}{3600} + \frac{C_D A u_{a1}^3}{76140}\right)$$

把相关数据代入上式

$$P_{e1} = \frac{1}{0.85}\left(\frac{3880 \times 9.81 \times 0.013 \times 19.34}{3600} + \frac{2.77 \times 19.34^3}{76140}\right)\text{kW}$$

计算得

$$P_{e1} = 3.437 \text{kW}$$

又因为

$$b_1 = B_0 + B_1 P_e + B_2 P_e^2 + B_3 P_e^3 + B_4 P_e^4$$

把相关数据代入上式

$$b_1 = 1326.8 + (-416.46) \times 3.437 + 72.379 \times 3.437^2 +$$
$$(-5.8269) \times 3.437^3 + 0.17768 \times 3.437^4 \text{g/kW·h}$$

计算得

$$b_1 = 537.16 \text{g/kW·h}$$

等速百公里油耗为

$$Q_{s1}=\frac{3.437\times537.16}{1.02\times19.34\times7.06}L/100km=13.26L/100km$$

同理,也可求出其他各车速下的等速百公里油耗,见表2-8。

表 2-8　各车速下的等速百公里油耗计算结果

$n/(r\cdot min^{-1})$	$u_a/(km\cdot h^{-1})$	P_e/kW	$b/(g\cdot(kW\cdot h)^{-1})$	$Q_s/(L\cdot(100km)^{-1})$
815	19.34	3.44	537.16	13.26
1207	28.64	5.64	481.26	13.15
1614	38.30	8.60	438.50	13.67
2012	47.75	12.38	383.23	13.80
2603	61.78	20.08	334.74	15.11
3006	71.34	27.08	319.91	16.86
3403	80.76	35.60	314.31	19.24
3804	90.28	46.09	305.66	21.67

根据计算结果绘制汽车直接挡等速百公里油耗曲线,如图2-9所示。

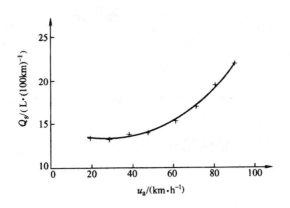

图 2-9　汽车等速百公里油耗曲线

计算时若用车速换算得到发动机转速,则转速值与台架试验时的转速可能不一致,此时,计算发动机燃油消耗率 b 可用相邻二转速下的燃油消耗率插值求得。

2.3 汽车燃油经济性的影响因素分析

由上节可知,汽车等速百公里燃油消耗量为

$$Q_s = \frac{P_e b}{1.02 u_a \rho g} \tag{2-12}$$

或

$$Q_s = \frac{Cb \sum F}{\eta_T} \tag{2-13}$$

式中,C 为常数;F 为行驶阻力。

图 2-10 是美国中型轿车在 EPA 城市和 EPA 公路循环工况中的燃油化学能与汽车各处消耗能量的平衡图。

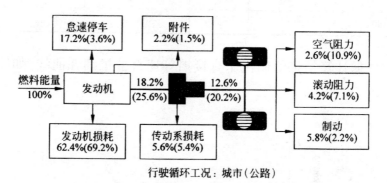

图 2-10 美国中型轿车在 EPA 城市、公路循环行驶工况中的能量平衡

2.3.1 变速器挡数的影响

1.采用机械多挡变速器

近年来,轿车的手动变速器基本都采用 5 挡,大型货车甚至采用更多的挡位来满足货车行驶需要。由专职驾驶员驾驶的重型汽车和牵引车,变速器的档位甚至多达 10～16 个,以此来提高汽车的动力性。

在良好水平路面上,采用高速挡行驶比较省油。因为在相同车速、相同行驶阻力功率的情况下,采用高速挡行驶时,车的行驶阻力不变,而当发动机输出功率相同时,高速挡的后备功率小,此时车的百公里燃油消耗量较小。由此可知,能够用高速挡行驶时,应尽量用高速挡行驶,但应注意节气门开度不应过大。

2.采用无级变速器

本节介绍发动机的最经济工况——"最小燃油消耗特性"和保证发动机能最经济工作的"无级变速器调节特性"。

图 2-11(a)是发动机的负荷特性曲线,把各功率下最经济工况运转的转速与负荷率标明在外特性曲线图上,便得到"最小燃油消耗特性",见图 2-11(b)中的 $A_1A_2A_3$ 曲线。

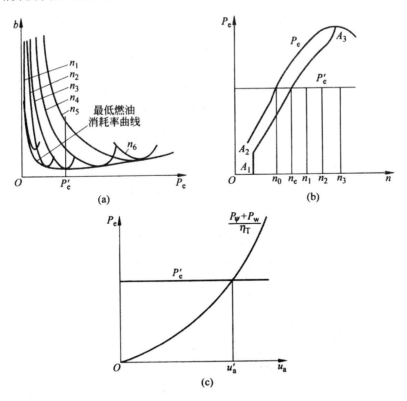

图 2-11　发动机最小燃油消耗特性的确定

无级变速器的传动比 i' 与发动机转速 n 及汽车行驶速度之

间有如下关系：

$$i' = 0.377 \frac{nr}{i_0 u_a} = A \frac{n}{u_a} \qquad (2\text{-}14)$$

式中，$A = 0.377 \frac{r}{i_0}$，为一常数。

无级变速器的调速特性见图 2-12。

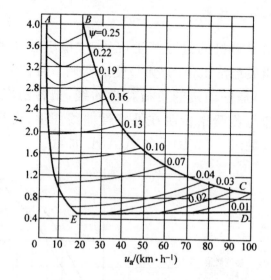

图 2-12　无级变速器的调速特性

近年来出现了液力变矩器共同工作的双模式无级变速器。图 2-13 是 1.6L Ford Escort 轿车上采用的这种变速器的示意图。

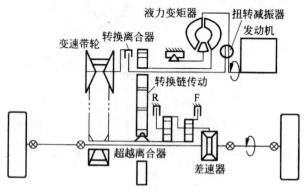

图 2-13　双模式无级变速器

目前，在轿车上所用的自动变速器主要有液力机械自动变速器、无级变速器和电控机械式自动变速器。

(1)液力机械自动变速器

液力机械自动变速器能保证汽车平顺起步,没有冲击和振动;明显减少换挡次数;操纵轻便,利于安全行驶;可使用发动机缓速制动,以及在下坡时起动发动机,而且传动效率大大提高,改善汽车的燃料经济性。

(2)无级变速器

20世纪70年代中后期,无级变速器由荷兰的 VDT 公司(1995年被德国 Bosch 集团收购)研制成功,于1987年开始投放市场。这种无级变速器质量轻、体积小、零件少,与液力自动变速器比较,具有较高的运行效率,较低的燃料消耗,约可提高燃料经济性10%左右。

如图 2-14 所示为无级变速器的结构及原理示意图。

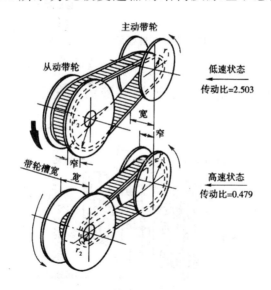

图 2-14　钢带式无级变速器工作原理

根据使用的其他相关部件的不同及传动动力模式的差异,无级变速器通常可分为使用离合器与制动器的无级变速器、无级变速器与液力变矩器组成无级变速传动和双模式无级变速器三种。

①使用离合器与制动器的无级变速器。如图 2-15 所示为采用液压控制的无级变速器构成的传动系统,可分为 4 个子系统:

换向器、速变器、主减速器和差速器。主动轮液压缸高压作动主动轮动盘,从动轮液压缸高压作动从动轮动盘,调整主、从动轮液压缸的压力比,使主、从动轮的动盘作轴向移动,改变钢带与主、从动轮的传动半径,从而调节传动比,满足车辆行驶的需要。

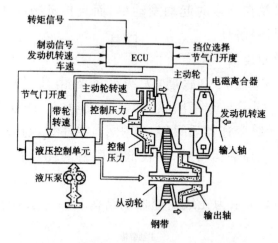

图 2-15　使用无级变速器的传动及其控制原理

②无级变速器与液力变矩器组成无级变速传动。如图 2-16 所示为某汽车使用的无级变速器与液力变矩器组成无级变速传动系统示意图。

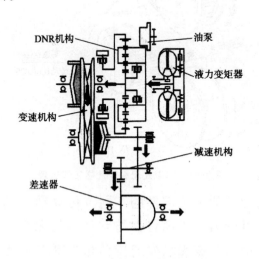

图 2-16　无级变速器与液力变矩器组成的无级变速传动

③双模式无级变速器。如图 2-17 所示是双模式无级变速传

动的示意图。

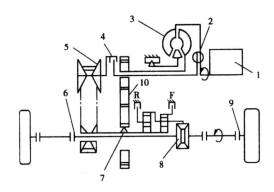

图 2-17　双模式无级变速传动示意图

1—发动机;2—扭转减振器;3—变矩器;4—转换离合器;5—工作轮;
6、9—内外侧万向节;7—单向轮;8—差速器;10—传动链;
R—倒挡离合器;F—前进离合器

(3)电控机械式自动变速器

AMT 能够模拟优秀驾驶员的行车技术,发出控制指令,改善汽车行驶时的动力性和经济性,避免换挡时的复杂操作,可明显降低劳动强度,确保行车安全。

2.3.2　主减速器的影响

主减速器传动比的大小,对汽车动力性和经济性均有较大的影响。体现在汽车加速性能和百公里油耗上就是:其速比越大,加速性能和爬坡能力越强,燃料经济性越差。所以,应该在保证汽车一定的动力性的条件下使燃料经济性最好。

图 2-18 比较了同一发动机与变速器配合不同传动比的主减速器时,汽车的百公里油耗与百公里加速时间的结果,通常将其称为 C 曲线或反 C 曲线。

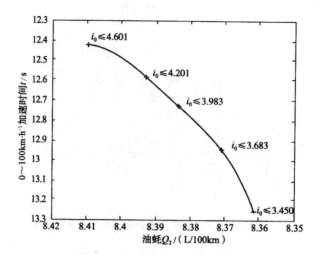

图 2-18　燃油经济性－加速时间曲线

2.3.3　汽车外形与轮胎的影响

如图 2-19 所示是 Audi 100 轿车通过变动车身形状而具有不同 C_D 的试验结果。

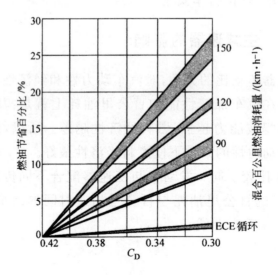

图 2-19　C_D 值降低导致的燃油节省程度

装有典型美国汽油发动机的小轿车,滚动阻力对油耗的影响如图 2-20(a)所示。

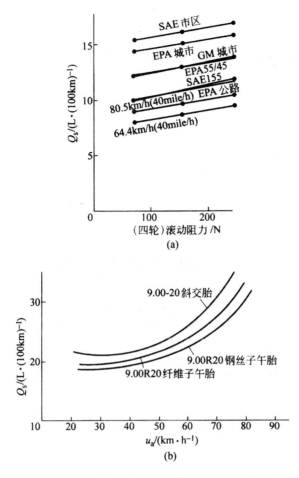

(a)

图 2-20　滚动阻力及不同轮胎与燃油消耗量的关系

（a)滚动阻力与燃油消耗量的关系；

(b)东风 5t 载货汽车装用不同轮胎时的等速百公里燃油消耗量曲线

第3章 汽车性能之制动性能分析

汽车的制动性是汽车的主要性能之一。制动时发生的严重侧滑或跑偏、制动距离过长或下长坡时制动稳定性差等常常造成重大的交通事故,所以良好的汽车制动性是汽车安全行驶的重要保障。

3.1 汽车制动性能的评价指标

汽车的制动性能主要从制动效能、制动效能的恒定性和制动时汽车的方向稳定性三方面来评价。

表 3-1 列出了一些国家车辆制动规范对行车制动器制动性能的部分要求。

表 3-1 车辆制动规范对行车制动器制动性能的部分要求

项目	中国 ZBT 24007—89	欧洲经济共同体 (EEC)71/320	中国 GB 7258 —1998	美国联邦 135
试验路面	干水泥路面	附着良好	$\varphi \geqslant 0.7$	Skid No. 81
载重	满载	一个驾驶员或满载	任何载荷	轻、满载
制动初速度	80km/h	80km/h	50km/h	96.5km/h (60mile/h)
制动时的稳定性	不许偏出 3.7m 通道	不抱死跑偏	不许偏出 2.5m 通道	不抱死偏出 3.66m(12ft)
制动距离或制动减速度	$\leqslant 50.7m$	$\leqslant 50.7m$ $\geqslant 5.8m/s^2$	$\leqslant 20m$	$\leqslant 65.8m$ (216ft)
制动踏板力	$< 500N$	$< 490N$	$< 500N$	$66.7 \sim 667N$ (15~150lb)

3.2　汽车制动时车轮的受力

3.2.1　地面制动力

如图 3-1 所示画出了在良好的硬路面上制动时车轮的受力情况。图中 F_y 为车轴对车轮的推力、F_{xb} 是地面制动力、F_z 为地面对车轮的法向反作用力。

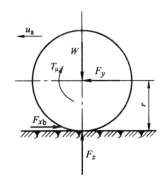

图 3-1　车轮在地面制动时受力情况

显然,从力矩平衡得到

$$F_{xb} = \frac{T_\mu}{r} \tag{3-1}$$

3.2.2　制动器制动力

轮胎的制动器制动力可由下式计算

$$F_\mu = \frac{T_\mu}{r} \tag{3-2}$$

在结构参数一定的情况下,一般制动器制动力与制动系的油压或气压成正比。图 3-2 是试验得到的某四座轿车的制动器制动力与踏板力的关系曲线。

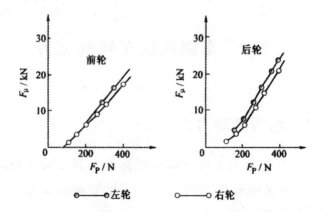

图 3-2　制动器制动力与制动踏板力的关系曲线

3.2.3　制动过程中车轮的运动状态与附着系数的关系

1. 制动过程中车轮的运动状态

如图 3-3 所示是汽车在制动时轮胎在地面上留下的痕迹。

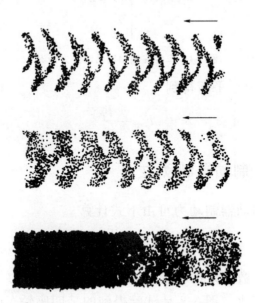

图 3-3　制动时轮胎在地面上的印痕

随着制动强度的增加,车轮滚动成分越来越少,而滑动成分

越来越多。滑动率 s 的定义是

$$s = \frac{u_{\mathrm{w}} - r_{\mathrm{r0}} \omega_{\mathrm{w}}}{u_{\mathrm{w}}} \times 100\% \qquad (3\text{-}3)$$

2. 附着系数

以前的分析认为,附着系数在制动过程中是一个常数。实际上,附着系数与车轮的制动情况有关。

车轮的地面制动力与车轮垂直载荷之比广义地称为车轮与路面间的纵向附着系数。使车轮产生侧滑的侧向力与垂直载荷之比称为侧向附着系数。

图 3-4 分别绘出了纵向附着系数和侧向附着系数随滑动率变化的关系曲线。

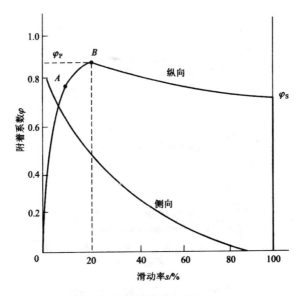

图 3-4　附着系数随滑动率变化的关系

图 3-5 中给出了试验得到的、有侧向力作用而发生侧偏时的制动力系数 φ_{b}、侧向力系数 φ_{L} 与滑动率 s 的关系曲线。

图 3-6 是一 7.75—14 斜交轮胎在各种路面上的 $\varphi_{\mathrm{b}}-s$ 曲线。图 3-7 是车速对货车轮胎 $\varphi_{\mathrm{b}}-s$ 曲线的影响。

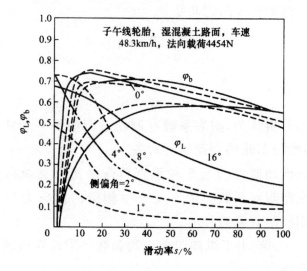

图 3-5   有侧偏时的 φ_b — s、φ_L — s 曲线

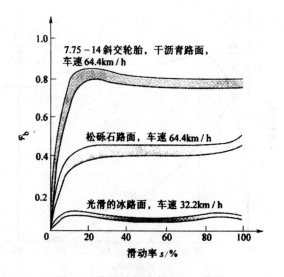

图 3-6   各种路面上的 φ_b — s 曲线

图 3-8 是三种胎面花纹的轮胎在四种潮湿路面上测得的 φ_p 与 φ_s 值。

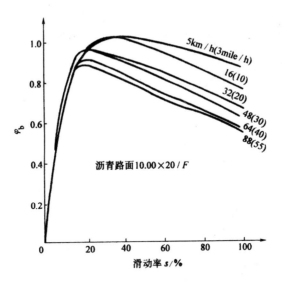

图 3-7　车速对制动力系数 $\varphi_b - s$ 曲线的影响

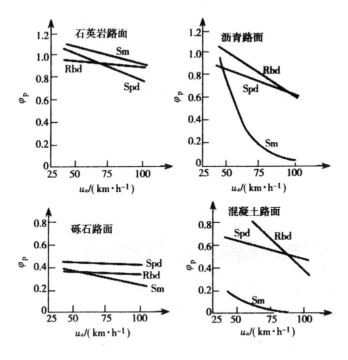

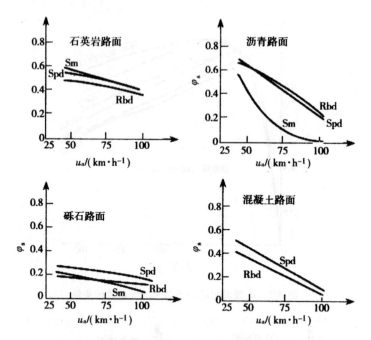

图 3-8　三种胎面在四种潮湿路面上的 φ_p 与 φ_s 值

Sm—无花纹光胎面；Rbd—有沟槽胎面；SPd—有沟槽且有小切缝的胎面

　　轮胎在有积水层的路面上滚动时，其接触面如图 3-9 所示分为三个区域。

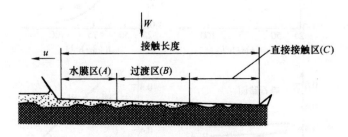

图 3-9　路面有积水层时轮胎接地面中的三个区域

　　图 3-10 是两种轿车轮胎在不同水层深度下滑动附着系数与车速的关系曲线。

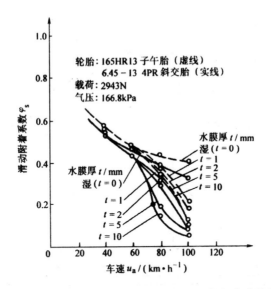

图 3-10　轿车轮胎在不同水层深度下滑动附着系数与车速的关系曲线

3.3　汽车的制动效能及其恒定性

3.3.1　制动效能的评价指标

1. 制动距离

制动距离是指汽车在规定的初速度下急踩制动踏板时,从脚接触制动踏板(或手接触制动手柄)起至车辆停止为止,车辆行驶的距离。

图 3-11 是驾驶员在接受了紧急制动信号后,制动踏板力、汽车制动减速度与制动时间的关系曲线。图 3-11(a)是实际测得的,图 3-11(b)是经过简化后的曲线。

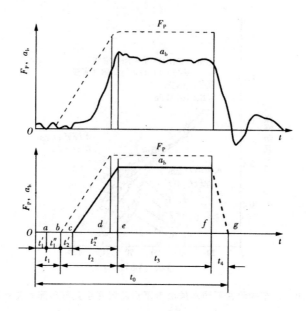

图 3-11　汽车的制动过程

制动距离包括制动器起作用和持续制动两个阶段中汽车驶过的距离 s_2 和 s_3。

在制动器起作用阶段,汽车驶过的距离 s_2 估算如下:

在 t_2' 时间内

$$s_2' = u_0 t_2' \tag{3-4}$$

式中,u_0 为起始制动车速。

在 t_2'' 时间内,制动减速度线性增长,即

$$\frac{\mathrm{d}u}{\mathrm{d}t} = kt \tag{3-5}$$

式中

$$k = -\frac{a_{b\,\max}}{t_2''}$$

故

$$\int \mathrm{d}u = \int kt\,\mathrm{d}t \tag{3-6}$$

求解这个积分等式。因 $t = 0$ 时(图 3-11 中的 c 点),$u = u_0$,故

$$u = u_0 + \frac{1}{2}kt^2 \tag{3-7}$$

在 t''_2 时的车速为

$$u_e = u_0 + \frac{1}{2}kt''^2_2 \tag{3-8}$$

又因

$$\frac{\mathrm{d}s}{\mathrm{d}t} = u_0 + \frac{1}{2}kt^2$$

故

$$\int \mathrm{d}s = \int \left(u_0 + \frac{1}{2}kt^2 \right) \mathrm{d}t \tag{3-9}$$

而 $t = 0$ 时(图 3-11 中的 c 点),$s = 0$,故

$$s = u_0 t + \frac{1}{6}kt^3 \tag{3-10}$$

$t = t''_2$ 时的距离为

$$s''_2 = u_0 t''_2 - \frac{1}{6}a_{b\,\max}t''^2_2 \tag{3-11}$$

因此,在 t_2 时间段内的制动距离为

$$s_2 = s'_2 + s''_2 = u_0 t'_2 + u_0 t''_2 - \frac{1}{6}a_{b\,\max}t''^2_2 \tag{3-12}$$

在持续制动阶段,汽车以 $a_{b\,\max}$ 作匀减速运动,初速为 u_e,末速为零,故代入 u_e 值,得

$$s_3 = \frac{u_e^2}{2a_{b\,\max}} \tag{3-13}$$

$$s_3 = \frac{u_0^2}{2a_{b\,\max}} - \frac{u_0 t''_2}{2} + \frac{a_{b\,\max}t''^2_2}{8} \tag{3-14}$$

故总制动距离为

$$s = s_2 + s_3 = \left(t'_2 + \frac{t''_2}{2} \right)u_0 + \frac{u_0^2}{2a_{b\,\max}} - \frac{a_{b\,\max}t''^2_2}{24} \tag{3-15}$$

因为 t''_2 很小,故略去 $\dfrac{a_{b\,\max}t''^2_2}{24}$ 项,且车速的单位为 km/h,则总制动距离 s(m)可写成

$$s = \frac{1}{3.6}\left(t'_2 + \frac{t''_2}{2} \right)u_{a0} + \frac{u_{a0}^2}{25.92a_{b\,\max}} \tag{3-16}$$

2.制动减速度

不同路面上,地面制动力为

$$F_{xb} = \varphi_b G$$

汽车能达到的减速度(m/s^2)为

$$a_{b\,max} = \varphi_b g \qquad (3\text{-}17)$$

若允许汽车的前、后车轮同时抱死,则

$$a_{b\,max} = \varphi_s g \qquad (3\text{-}18)$$

若汽车上装有制动防抱死装置,则制动减速度为

$$a_{b\,max} = \varphi_p g \qquad (3\text{-}19)$$

目前我国行业标准采用平均减速度的概念,即

$$\bar{a} = \frac{1}{t_2 - t_1}\int_{t_1}^{t_2} a(t)\mathrm{d}t \qquad (3\text{-}20)$$

式中,t_1 为制动压力达到 75% 最大压力 p_{max} 的时刻;t_2 为到停车时总时间的 $2/3$ 的时刻。

ECE R13 和 GB 7258 采用的是充分发出的平均减速度(m/s^2):

$$MFDD = \frac{u_b^2 - u_e^2}{25.92(s_e - s_b)} \qquad (3\text{-}21)$$

式中,u_b 为 $0.8u_0$ 的车速,km/h;u_0 为起始制动车速,km/h;u_e 为 $0.1u_0$ 的车速,km/h;s_b 为 u_0 到 u_b 车辆经过的距离,m;s_e 为 u_0 到 u_e 车辆经过的距离,m。

3.3.2　制动效能的恒定性

制动效能指标是冷态制动时(即制动器的工作温度在 100℃ 以下)讨论的。汽车在下长坡制动及高速制动的情况下,制动器的工作温度常在 300℃ 以上,有时高达 600～700℃,使得制动器的摩擦力矩显著下降,汽车的制动效能显著降低,该现象称为制动效能的热衰退。

3.4　制动时汽车的方向稳定性

制动时的方向不稳定主要有制动跑偏、制动侧滑或失去转向能力等现象。

如图 3-12(a)所示是制动时跑偏和侧滑的情形，如图 3-13 所示是制动时汽车失去转向能力的情形。

图 3-12　制动时跑偏和侧滑的情形

(a)制动跑偏时轮胎留下的印痕；(b)制动跑偏引起后轴轻微侧滑时轮胎留下的印痕

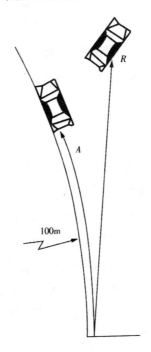

图 3-13　制动时汽车失去转向能力的情形

3.4.1　汽车的制动跑偏

如图 3-14 所示,给出了由于转向轴左、右车轮制动力不相等而引起跑偏的受力分析。

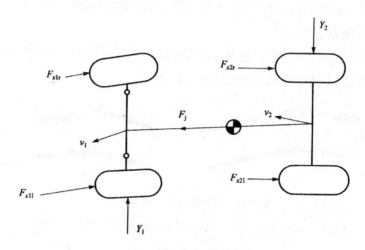

图 3-14　制动跑偏时的受力图

曾在轿车上做了专门的试验来观察左、右车轮制动力不相等的程度对制动跑偏的影响。左、右车轮制动力之差用不相等度表示,即

$$\Delta F_{\mu r} = \frac{F_{\mu b} - F_{\mu l}}{F_{\mu b}} \times 100\% \qquad (3\text{-}22)$$

式中,$F_{\mu b}$ 为大的制动器制动力;$F_{\mu l}$ 为小的制动器制动力。

试验的结果用车身横向位移和汽车的航向角来表示。航向角为制动时汽车纵轴线与原定行驶方向的夹角。试验结果如图 3-15 和图 3-16 所示。现实中左、右车轮的地面制动力是不可能绝对相等的。为防止跑偏,机动车运行安全技术条件(GB7258—1997)中规定前轴左、右轮制动力之差不得超过该轴负荷的 5%,后轴左、右轮制动力之差不得超过该轴负荷的 8%。

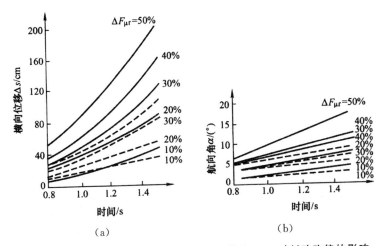

图 3-15　后轮未抱死时制动器制动力不相等度 $\Delta F_{\mu r}$ 对制动跑偏的影响

（起始车速 62.7km/h）

（a）车身的横向位移——转向盘撒手；（b）航向角——转向盘锁住

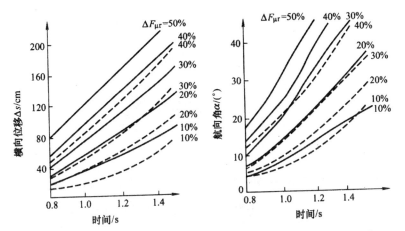

图 3-16　后轮抱死时制动器制动力不相等度 $\Delta F_{\mu r}$ 对制动跑偏的影响

（起始车速 62.7km/h）

（a）车身的横向位移——转向盘撒手；（b）航向角——转向盘锁住

造成左右转向轮制动力不等的原因主要如下：

①同轴两侧车轮的制动蹄片接触情况不同。

②同轴两侧车轮制动蹄、制动鼓间隙不一致。

③同轴两侧车轮的胎压不一致或胎面磨损不均。

④前轮定位参数失准。

⑤左右轴距不等。

造成跑偏的第二个原因是悬架导向杆系与转向系统拉杆发生运动干涉,且跑偏的方向不变。例如一试制中的货车,在紧急制动时总是向右跑偏,在车速 30km/h 时,最严重的跑偏距离为1.7m。图 3-17 给出了该货车的前部简图。

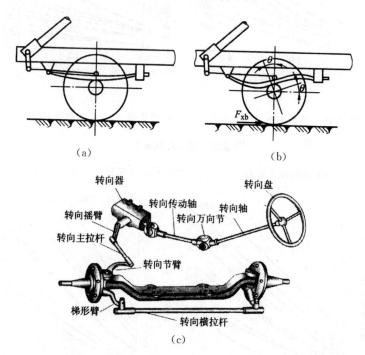

（a）　　　　　　　　　　　（b）

（c）

图 3-17 悬架导向杆系与转向系拉杆在运动学上的不协调引起的制动跑偏

（a）未制动时;（b）制动时前轴转动（转角为 θ）;（c）转向传动机构示意图

3.4.2 汽车的制动侧滑

理论与实践证明:不能用方向盘来控制汽车的行驶方向。因为汽车转弯做圆周运动需要有向心力,向心力是由地面对车轮的侧向反力形成的。如果前轮制动到抱死状态,地面已不可能再给出任何的侧向反力,因此不可能再用方向盘来控制汽车的行驶方向,汽车不会沿转向轮给出的方向转弯。

汽车侧滑时的运动情况如图 3-18 所示。图 3-18(a)为汽车前轴侧滑时的运动简图,直线行驶的汽车制动时,若前轮抱死而后轮滚动,则前轴在侧向力的作用下发生侧滑。

如图 3-18(b)所示,若后轴制动到抱死状态,受偶发性侧向力的作用,则所产生的离心惯性力的方向与侧向力的方向基本一致,使后轴侧滑更为严重,甚至可使汽车掉头或在侧滑过程中造成甩出路面或与对面来车相撞。在这一切发生的时候,驾驶员往往来不及反应,即使采取了放松制动踏板的措施,往往也无法恢复对汽车的控制,直到制动力将汽车动能耗尽为止。在一级公路和高速公路上,汽车的行驶速度很高,紧急制动时后轴的偶发性侧滑会引起巨大的离心惯性力,使侧滑过程更为迅速,往往会引发事故。因此,除在易滑的路面上不要高速行驶和避免不必要的制动外,在设计上要避免在经常行驶的路面上出现后轴先抱死的状态。

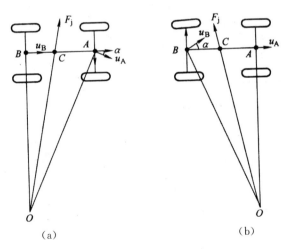

(a) (b)

图 3-18　汽车侧滑时的运动情况

(a)前轴侧滑;(b)后轴侧滑

3.5　汽车防抱死制动系统

3.5.1　汽车防抱死制动系统(ABS)的构成及功用

电子防抱制动系统与传统的制动系统组成上不同之处就在于它增加了以下装置：

①车轮转速采集装置。

②电子控制装置。

③执行装置。

此外,还应有警报装置,如警报灯及相关电子系统。这些装置在轿车上的布置示意图如图 3-19 所示。

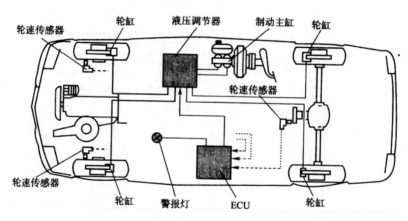

图 3-19　ABS 在汽车上的布置图

1.车轮转速采集装置

在发动机前置、后轮驱动的轿车中往往将转速采集装置装在驱动轴前端,其齿形转子装在主动锥齿轮轴上,如图 3-20 所示。ABS 的转速传感器安装在后轴圆锥齿轮上的形式,如图 3-21 所示。

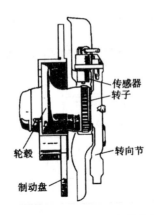

图 3-20　ABS 的转速传感器安装在前轴上

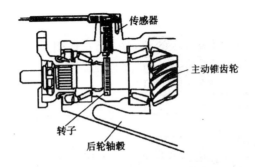

图 3-21　ABS 的转速传感器安装在后轴圆锥齿轮上

2. 电子控制装置

电子控制装置由三个组成部分, 即相位闭环、计算部分和逻辑处理部分。如图 3-22 所示是由集成线路构成的方框原理线路图。

3. 执行装置

执行装置由 3 或 4 个电磁阀和 1 个电动机驱动的泵组成, 如图 3-23 所示。

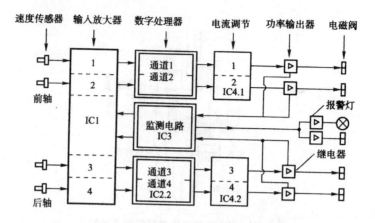

图 3-22 由集成线路构成的方框原理线路图

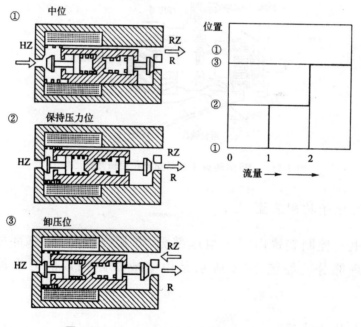

图 3-23 Bosch ABS 3/3—电磁阀(3 位 3 通)

HZ—主制动缸;RZ—轮制动缸;R—回流

ABS 中的一个调节过程,可用图 3-24 来说明。

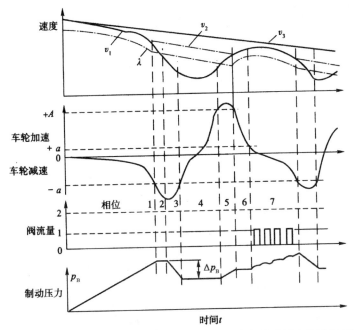

图 3-24　ABS 的一个调节循环中速度、车轮减速度和制动压力的时间历程

u_1—车轮速度；u_2—基准速度(参考车速)；u_3—汽车速度

3.5.2　防抱制动系统力学

ABS 制动力学基本方程及最优控制方法如下。

在建立防抱制动系统力学模型时,通常作如下假设:

①车轮承受载荷为常数。

②忽略迎风阻力和车轮滚动阻力。

③附着系数－滑动率关系 $\varphi - s$ 曲线用两条直线近似地表示
(图 3-25)。

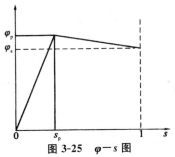

图 3-25　$\varphi - s$ 图

定义滑动率为：

$$s = \frac{1 - \omega r}{u} \tag{3-23}$$

式中，ω 为车轮转动角速度，rad/s；u 为车速，m/s。

附着系数 φ 和滑动率 s 的关系曲线为

$$\varphi = \begin{cases} \dfrac{\varphi_{\mathrm{p}}}{s_{\mathrm{p}}} \cdot s & 0 \leqslant s \leqslant s_{\mathrm{p}} \\[3mm] \varphi_{\mathrm{s}} + \dfrac{(1-s)(\varphi_{\mathrm{p}} - \varphi_{\mathrm{s}})}{1 - s_{\mathrm{p}}} & s_{\mathrm{p}} < s \leqslant 1 \end{cases} \tag{3-24}$$

式中，φ_p 为峰值附着系数；s_p 为峰值附着系数时的滑移率；φ_s 为车轮抱死时（$s=1$）的附着系数。

在此前提下，车轮的单轮模型可表示为（图 3-26），车轮抱死过程中动力学方程如下

$$I_{\mathrm{w}} \frac{\mathrm{d}\omega}{\mathrm{d}t} = -T_{\mathrm{b}} + rF_{\mathrm{b}} \tag{3-25}$$

$$m \frac{\mathrm{d}u}{\mathrm{d}t} = -F_{\mathrm{b}} \tag{3-26}$$

$$F_{\mathrm{b}} = \varphi(s)F_{\mathrm{z}} \tag{3-27}$$

式中，I_{w} 为车轮转动惯量，kg·m²；T_{b} 为制动力矩，N·m；m 为车辆总质量，kg；F_{b} 为地面制动力，N。

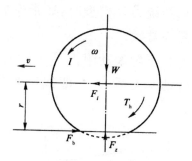

图 3-26　ABS 单轮模型

制动力矩可表示为制动缸压力函数

$$T_{\mathrm{b}} = K'_{\mathrm{ef}} p(t) \tag{3-28}$$

式中，$p(t)$ 为随时间而变的制动缸压力，MPa；K'_{ef} 是与 K_{ef} 有关的量，m³。

根据现代控制理论,可写出车轮控制系统的状态方程,取 ω、$\dot{\omega}$ 为变量,由式(3-25)至式(3-27),可得

$$I_\text{w}\dot{\omega}=r\varphi F_\text{z}-K'_\text{ef}p=r\frac{\varphi_\text{p}}{s_\text{p}}\cdot sF_\text{z}-K'_\text{ef}p \qquad (3\text{-}29)$$

经整理,并对 $\dot{\omega}$ 求导数可得

$$\begin{cases}\dot{\omega}=-E\omega-\dfrac{K'_\text{ef}}{I_\text{w}}p+\dfrac{E}{r}\\[2ex]\ddot{\omega}=-E\dot{\omega}-\dfrac{K'_\text{ef}\dot{p}}{I_\text{w}}\end{cases} \qquad (3\text{-}30)$$

其中

$$E=\frac{r^2 F_\text{z}\varphi_\text{p}}{I_\text{w}us_\text{p}} \qquad (3\text{-}31)$$

为了便于汽车速度相比较,一般将车轮角速度和角加速度两个状态变量,用车轮的速度 $u_\text{w}=r\cdot\omega$ 和加速度 $\dot{u}_\text{w}=r\cdot\dot{\omega}$ 来代替作为系统的状态变量,即

$$\begin{cases}\ddot{u}_\text{w}=-E\dot{u}_\text{w}-\dfrac{K'_\text{T}}{I_\text{w}}\dot{p}\\[2ex]\dot{u}_\text{w}=r\cdot\dot{\omega}\end{cases} \qquad (3\text{-}32)$$

其中

$$K'_\text{T}=rK'_\text{ef}$$

据现代控制理论的要求,将跟踪输出器设计成二次型性能指标,即

$$I_\text{r1}=\int_0^t(\omega r-u_\text{w}^*)\,\mathrm{d}t=\int_0^t(u_\text{w}-u_\text{w}^*)\,\mathrm{d}t \qquad (3\text{-}33)$$

$$I_\text{r2}=\int_0^t I_\text{r1}\,\mathrm{d}t=\int_0^t\int_0^t(\omega r-u_\text{w}^*)\,\mathrm{d}t_1\,\mathrm{d}t \qquad (3\text{-}34)$$

上面两式可写成如下形式

$$\begin{bmatrix}\dot{I}_\text{r1}\\\dot{I}_\text{r2}\end{bmatrix}=\begin{bmatrix}u_\text{w}\\I_\text{r1}\end{bmatrix}+\begin{bmatrix}-u_\text{w}^*\\0\end{bmatrix} \qquad (3\text{-}35)$$

将式(3-32)和式(3-35)联合成矩阵的形式

$$\begin{bmatrix} \ddot{u}_w \\ \dot{u}_w \\ \dot{I}_{r1} \\ \dot{I}_{r2} \end{bmatrix} = \begin{bmatrix} -E & 0 & 0 & 0 \\ 1 & 0 & 0 & 0 \\ 0 & 1 & 0 & 0 \\ 0 & 0 & 1 & 0 \end{bmatrix} \begin{bmatrix} \dot{u}_w \\ u_w \\ I_{r1} \\ I_{r2} \end{bmatrix} + \begin{bmatrix} -K_T'/I_w \\ 0 \\ 0 \\ 0 \end{bmatrix} \dot{p}(t) + \begin{bmatrix} 0 \\ 0 \\ -1 \\ 0 \end{bmatrix} u_w^*$$

$$(3\text{-}36)$$

上式可简写为

$$\dot{X} = AX + BU + Nd \tag{3-37}$$

$$Y = CX \tag{3-38}$$

其中

$$A = \begin{bmatrix} -E & 0 & 0 & 0 \\ 1 & 0 & 0 & 0 \\ 0 & 1 & 0 & 0 \\ 0 & 0 & 1 & 0 \end{bmatrix}, B = \begin{bmatrix} -K_T'/I_w \\ 0 \\ 0 \\ 0 \end{bmatrix},$$

$$N = \begin{bmatrix} 0 \\ 0 \\ -1 \\ 0 \end{bmatrix}, X = \begin{bmatrix} \dot{u}_w \\ u_w \\ I_{r1} \\ I_{r2} \end{bmatrix}$$

$$C = \begin{bmatrix} 0 & 1 & 0 & 0 \end{bmatrix}$$

$$Y = \omega r = u_w$$

$$U = p(t)$$

$$d = u^*$$

式中,A 为系统矩阵;B 为控制矩阵;N 为误差矩阵;X 为状态变量;C 为输出矩阵;Y 为输出向量;U 为控制向量;d 为误差向量。

用现代控制理论中的最优控制方法使防抱系统在工作中,其目标函数为最小,一般选用二次型目标函数,即

$$J_T = \int_0^{t_f} (X^T Q X + U^T R U) dt \tag{3-39}$$

式中,Q 为状态变量的加权矩阵;R 为控制变量的加权矩阵。

由最优控制理论求出控制向量的最佳值,即最优控制律

$$U_{opt} = -R^{-1} B^T L X = -KX \tag{3-40}$$

式中,$K = R^{-1} B^T L$ 称为反馈控制的线性反馈系数,其中在 A,B,

Q,R 为定常的情况下,反馈控制系数中的 L 可以由以下的黎卡提(Riccati)方程求得

$$-LA-A^{\mathrm{T}}L+LBR^{-1}B^{\mathrm{T}}L-Q=0 \qquad (3-41)$$

这是一组代数方程,用计算机不难求出 L 矩阵

$$L=\begin{bmatrix} L_{11} & L_{12} & L_{13} & L_{14} \\ L_{21} & L_{22} & L_{23} & L_{24} \\ L_{31} & L_{32} & L_{33} & L_{34} \\ L_{41} & L_{42} & L_{43} & L_{44} \end{bmatrix} \qquad (3-42)$$

代入 $K=R^{-1}B^{\mathrm{T}}L$ 就可求得反馈控制系数 $K=(K_1,K_2,K_3,K_4)$ 中各元素 K_i,线性二次型最优调节器结构可用图 3-27 来表示。

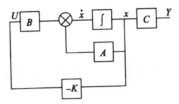

图 3-27　控制系统结构图

以上介绍的是防抱死制动系统的最优控制方法。此外尚有逻辑门限值控制法和滑动模态变结构控制法等,限于篇幅不再赘述,其结果都是相类似的。图 3-28 给出的是某中型客车气动 ABS 的半实物仿真结果。从结果可以看出,可通过车轮制动力矩的施加,使车轮获得一期望的滑动状态,并在相应的峰值附着系数附近工作。

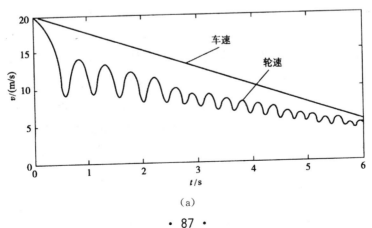

(a)

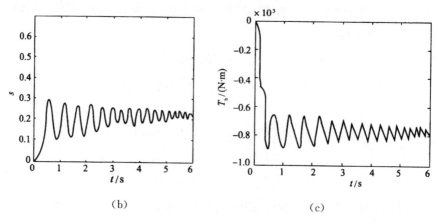

（b）　　　　　　　　　　　　　　　（c）

图 3-28　气动 ABS 系统的半实物仿真结果

（a）车速与轮速的时间例程；（b）滑动率的结果；（c）制动器制动力矩的变化

3.6　汽车制动性的应用因素分析

汽车的制动性是行驶安全的重要保证。汽车的制动性主要取决于制动系统的结构和形式、道路条件以及对车辆和制动系的合理使用。诸如汽车轴间负荷的分配、装载质量、制动系的结构、行驶速度、道路情况、驾驶方法等，均对制动过程有很大影响。

3.6.1　结构因素

1.制动力的调节

在现代汽车制动系中装有各种压力调节装置。常见的压力调节装置有限压阀、比例阀、载荷控制比例阀、载荷控制限压阀。采用比例阀，在制动系油压达到某一值以后，比例阀自动调节前、后轮制动器油压，使前、后轮制动器制动力仍维持直线关系，但直线的斜率小于 $45°$。

2.汽车结构形式

为了提高汽车运输的生产效率和降低燃油消耗率,半挂列车在运输车辆中占有一定的数量比例。对这种形式的半挂汽车列车,车轮的制动抱死次序对其制动方向稳定性有着很重要的影响。

牵引车前轮抱死,会使汽车列车失去方向控制能力,但前进方向不会改变很大;牵引车后轮先抱死,该轴若发生侧滑会引起列车的折叠,使列车完全失去控制,导致列车自身损坏或与来车相撞;半挂车车轮先抱死,会引起列车尾部摆动,这对牵引车的稳定性影响不大,但对其他车辆将构成威胁。综合分析比较可见,牵引车后轮先抱死导致列车折叠是最危险的,所以半挂列车车轮的抱死顺序应该首先是牵引车前轮,然后是半挂车车轮,最后是牵引车后轮。

3.6.2　使用因素

1.制动系的技术状况

制动系的技术状况不仅和设计制造有关,而且与使用过程中的维护有着密切的关系。制动踏板的自由行程对汽车的制动性能有很大的影响,自由行程过大,会使制动迟缓不灵;过小则不能彻底解除制动,故应对其定期检查和调整。气压制动是通过调整踏板与制动阀连接拉杆长度的方法;液压制动可通过调整总泵活塞推杆长度来达到规定的自由行程。

另外,液压制动的制动液在使用中会自然消耗,故应经常检查液压制动系贮液罐内的制动液液面高度,不足时应予以添加。但需要注意制动液的成分,不同品种和牌号不可混用;并注意制动液的质量,因为其好坏对制动性也有直接的影响。

2.装载质量

对于同一辆汽车,随其装载质量的增大,要保持同样的制动减速度,需要增大制动力。当制动器制动力达到最大值时,若再增大汽车的装载质量,必然会使汽车的制动效能降低,这也是汽车超载易发生事故的原因之一。

3.驾驶技术

驾驶技术对汽车制动性有很大影响。制动时,如能保持车轮接近抱死而未抱死的状态,便可获得最佳的制动效果。经验证明,在制动时,如迅速交替地踩下和放松制动踏板,即可提高其制动效果。因为,此时车轮边滚边滑,轮胎着地部分不断变换,故可避免由于轮胎局部剧烈发热胎面温度上升而降低制动效果。

3.6.3 道路因素

道路的附着系数 φ 限制了最大制动力,故它对汽车的制动性能有很大的影响。当制动的初始速度相同时,随着 φ 值的减小,制动距离增大,车轮的抗侧滑能力也降低。

由于冰雪路面上的附着系数特别小,所以制动距离增大。特别要注意冰雪坡道上的制动距离,并应利用发动机制动。有计算表明,在冰雪路面上,利用发动机制动的辅助作用可使制动距离缩短 $20\% \sim 30\%$。在冰雪路面上制动时方向稳定性变坏,当车轮被制动到抱死时,侧滑的危险程度将更大。汽车在冰雪路面上行驶时,应加装防滑链。

汽车处于山区行驶时,由于路陡弯多,制动频繁,尤其下长坡时连续制动,使摩擦蹄片与制动鼓长时间处于高温状态,制动器的摩擦系数急剧下降,制动蹄片磨损加剧,导致制动效能降低,甚至制动蹄片碎裂而使制动失效。

第4章 汽车性能之操纵稳定性能分析

汽车的操纵稳定性包括相互联系的两部分,即操纵性和稳定性,两者很难分开。操纵性差,会导致汽车侧滑、回转、倾覆,汽车的稳定性就破坏了;稳定性差就会失去操纵性,使汽车处于危险状态。所以通常统称为操纵稳定性。汽车的操纵稳定性直接影响操纵方便的程度、汽车动力性的发挥和汽车运输生产率的提高,它是高速汽车安全行驶的一个主要性能,且成为衡量现代汽车性能的主要标准之一。

操纵稳定性的研究最早开始于高速赛车。随着民用车辆车速的提高,人们在驾驶车辆时会感到"发飘""反应迟钝""丧失路感"等,于是操纵稳定性便成为热点和前沿问题。

4.1 概述

4.1.1 汽车的操纵性与稳定性

汽车的操纵性与稳定性中前者反映了汽车实际行使轨迹与驾驶员主观意图在时间上及空间上吻合的程度,后者描述了汽车运行状态的稳定程度,两者很难截然分开。因此,常把两者统称为汽车操纵稳定性。

4.1.2 汽车操纵稳定性的研究内容

在汽车动力学领域的各个研究阶段中,着重是对基本理论与方法的研究,主要在改善汽车运动学行为和安全的以下三个方面。

（1）对车辆和轮胎行为的建模分析

考虑到轮胎对车辆操纵的重要性，应对轮胎特性，特别是从轮胎模型在车辆动力学仿真计算中的应用角度，进行研究和建模。在对车辆动力学行为进行分析时，通常假定路面在大部分情况下都是平坦的，尽管实际路面不可避免地有波动和不平度。

（2）车辆动力学控制和状态估计

近年来，用来提高车辆动力学特性和安全性能的各种主动安全控制系统相继出现，用以估计车辆运动状态及轮胎特性的技术也是这些控制系统发展的关键。

（3）驾驶员-车辆系统的分析

本章主要研究汽车的操纵稳定性，其内容涉及汽车的操纵稳定性的诸多问题，有操纵性的问题，如在转向盘角阶跃输入下的稳态响应和瞬态响应问题、转向轻便性的问题等；也有稳定性的问题，如回正性等方面的问题，每一方面的问题又都包含相关的评价参量。

4.1.3 人-汽车闭路系统

随后的研究进入了大侧向加速度的非线性领域，并且从单纯以汽车为研究对象的开环特性研究，转入考虑驾驶员影响因素的闭环系统的研究，把汽车与驾驶者作为统一整体来研究，如图 4-1 所示。在汽车行驶中，驾驶员根据道路与交通状况、天气情况操纵汽车，同时汽车受空气和路面扰动，影响着汽车的操纵稳定性，驾驶员通过感知到的汽车的运动状况修正他对汽车的操纵，如此循环往复，驾驶汽车前行。

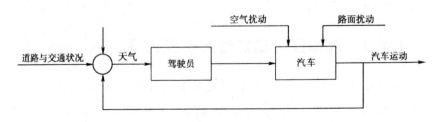

图 4-1　人-汽车闭环系统框图

　　这里的车辆系统动力学(操纵性和稳定性)指的是汽车的"行驶、转弯和制动",它是汽车最重要的性能行为表现形式,其研究工作是对车辆和轮胎行为的建模分析,包括车辆动力学控制、状态估计以及驾驶员-车辆系统的分析等方面。需注意到,轮胎在研究活动中是很关键的影响因素之一,不管直接或间接的,因为轮胎在汽车行驶中起到重要的作用。

4.1.4　操纵稳定性的评价指标

　　汽车稳态转向特性是评价汽车操纵稳定性的重要指标。驾驶员都习惯于驾驶具有适度不足转向的汽车。

　　汽车在水平路面上转向行驶时,不发生侧滑的极限稳定车速为

$$v_1 = 3.6\sqrt{Rg\varphi} \tag{4-1}$$

式中,R 为汽车转弯半径,m;g 为重力加速度;φ 为路面附着系数;v_1 为不发生侧滑的极限稳定车速,km/h。

　　汽车转向时不发生侧向倾翻的极限车速为

$$v_2 \leqslant 3.6\sqrt{\frac{RS_t}{2H_{cg}}} \tag{4-2}$$

式中,S_t 为汽车的轮距,m;H_{cg} 为汽车的重心高度,m;v_2 为汽车不发生侧向倾翻的极限车速,km/h。

　　(注:没有考虑侧倾轴线的高度,结果趋于保守。)

　　驾驶员在行车中突然遇到危险,此时,汽车的运动状态虽未超过稳定性界限也会发生事故,这可看成是人-车系统工作失调所引起的。人-车系统的操纵稳定性,可通过躲避障碍物能力试验进行评价,如汽车单、双移线实验等。

4.2 轮胎的侧偏特性

4.2.1 轮胎的侧偏现象

行进中的汽车,在路面施加的侧向倾斜、空气施加的侧向风或者转弯过程中产生的离心力的作用下,车轮中心沿 Y 轴方向将作用有侧向力 F_y,与此同时,会对地面施加地面侧向反作用力 F_Y,也可叫作侧向力。当有地面侧向反作用力时,若车轮是刚性的,则可以发生两种情况:

①若地面侧向反作用力 F_Y 小于轮胎在地面上的附着极限,此时,轮胎和地面间不会出现滑动现象,轮胎保持行进在自身平面 cc 之内,如图 4-2(a)所示。

②若地面侧向反作用力 F_Y 已经达到轮胎在地面上的附着极限,此时,轮胎和地面间会出现侧向的滑动现象,若滑动速度为 Δu,车轮便沿合成速度 u' 的方向行驶,偏离了 cc 平面,如图 4-2(b)所示。

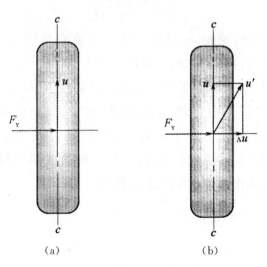

(a)   (b)

图 4-2　有侧向力作用时刚性车轮的滚动

(a)未出现侧向滑动;(b)出现侧向滑动

　　若轮胎具有侧向弹性,在 F_Y 小于轮胎在地面上的附着极限时,轮胎行进方向也会超过自身平面 cc 的范围,这种情况即为轮胎的侧偏现象。

4.2.2　轮胎的侧偏力－侧偏角曲线

　　我们所指的轮胎侧偏特性就是侧偏力 F_Y 与侧偏角 α 之间的数值关系。图 4-3 为一系列实验得到的轮胎侧偏力－侧偏角曲线。从曲线中不难看出,当 α 不超过 5°时,侧偏力与侧偏角呈现出一定的线性关系。在正常状态下,汽车行进过程中,其侧向加速度低于 $0.4g$,侧偏角也低于 $4° \sim 5°$,此时,F_Y 与 α 具有线性关系。侧偏特性曲线在 $\alpha = 0°$ 处的斜率称为侧偏刚度 k,单位为 N/rad 或 N/(°)。因此,F_Y 与 α 的数值关系如下

$$F_Y = k\alpha \tag{4-3}$$

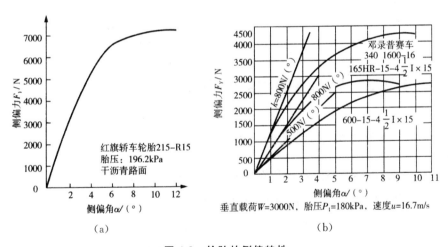

(a)　　　　　　　　　　　(b)

图 4-3　轮胎的侧偏特性

　　部分轮胎的侧偏刚度值见表 4-1。

　　当侧偏力较大时,侧偏角以较大的速率增长,即 $F_Y - \alpha$ 曲线的斜率逐渐减小,这时轮胎在接近地面处已经出现了部分侧滑现象。侧偏力达到附着极限时,整个轮胎侧滑。

表 4-1 部分轮胎侧偏刚度值

轮胎	车轮载荷/N	轮胎气压/kPa	侧偏刚度/(N·rad^{-1})
5.20—13	2452	1.6	17893
6.00—13	2943	1.4	17690
6.40—13	3924	1.7	20626
165R14	3924	1.9	31799
175HR14	3433	2.0	38382
5.60—15	2943	1.8	29332
155SR15	3924	2.1	29049
6.50—16	5886	2.5	49310
9.00—20	19620	5.5	132687
9.00R20	19620	5.5	168205
11R22.5	16180	7.75	112815
12.00—20	29480	6.4	187371

注：$\alpha = 0 \sim 3°$，干燥路面，无切向力。

4.2.3 影响侧偏刚度的因素

1. 轮胎的尺寸、型式和结构

轮胎的尺寸越大，其侧偏刚度就越强。子午线轮胎接地面宽，一般侧偏刚度较高，如图 4-4 所示。

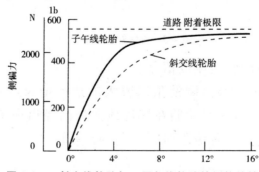

图 4-4 一斜交线轮胎与一子午线轮胎的侧偏特性

常用轮胎断面的高度 H 与其宽度 B 的比 $H/B×100\%$ 表示扁平率。在汽车的早期,轮胎的扁平率达到了 100%,随着汽车技术的不断发展,现代汽车的轮胎的扁平率呈现降低的趋势,且大多数轿车均采用扁平率为 60% 的宽轮胎。扁平率对轮胎侧偏刚度影响很大,采用扁平率小的宽轮胎是提高侧偏刚度的主要措施。

2.轮胎的充气压力

轮胎的充气压力与其侧偏刚度的关系曲线如图 4-5 所示,侧偏刚度随充气压力的升高而增强,当气压升高到一定程度,侧偏刚度就不会继续增强。

3.轮胎的垂直载荷

在汽车行进的过程中,轮胎的垂直载荷会发生一定程度的改变。垂直载荷与其侧偏刚度的关系曲线如图 4-6 所示,不难看出,在侧偏角相同的条件下,具有不同垂直载荷的轮胎其侧偏力也不同。一般具有如下的规律:侧偏刚度随垂直载荷的增大而增强,当垂直载荷增大到一定程度,侧偏刚度反而会有所减小。侧偏刚度最大时的垂直载荷约为额定载荷的 150%。

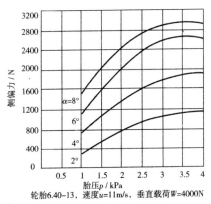

图 4-5　轮胎充气压力对侧偏刚度的影响

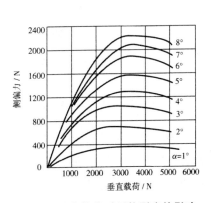

图 4-6　垂直载荷对侧偏刚度的影响

4.地面切向反作用力

上面讨论的是没有切向反作用力作用时轮胎的侧偏特性。实际上,在轮胎上常同时作用有侧向力与切向力。图 4-7 所示,是通过一系列实验得到的地面切向反作用力与侧偏特性的关系曲线。在侧偏角保持不变的情况下,侧偏力会随着驱动力的增大而减小,这是受到轮胎侧向弹性发生变化的影响。当驱动力相当大时,侧偏力显著下降,因为此时接近附着极限,切向力已耗去大部分附着力,而侧向能利用的附着力很少。作用有制动力时,侧偏力也有相似的变化。由图还能够发现,这组曲线的包络线接近于一椭圆,一般称为附着椭圆。它确定了在一定附着条件下切向力与侧偏力合力的极限值。

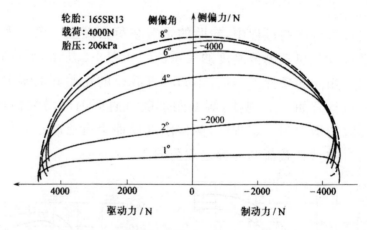

图 4-7 地面切向反作用力对侧偏特性的影响

5.路面及其粗糙程度、干湿状况

这一因素对轮胎的侧偏特性影响较大,尤其是对最大侧偏力的影响最为显著。如图 4-8 所示为在不同路面状况下的轮胎侧偏特性。图上给出的是侧向力系数 F_Y/F 与侧偏角 α 的关系曲线。

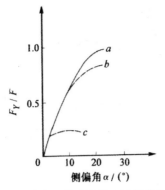

图 4-8　干路面和湿路面上的侧偏特性

a—干沥青路面,速度为 16.5km/h;b—湿混凝土路面,

速度为 32.2km/h;c—湿沥青路面,速度为 14.5km/h

当路面上出现薄水层时,会存在滑水现象,这会造成侧偏力的丢失。如图 4-9 所示,为不同轮胎胎面、不同路面状况的情况下,最大侧偏力的降低程度。

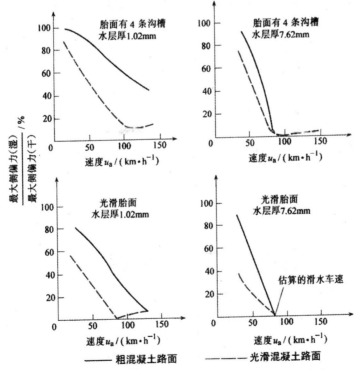

图 4-9　轮胎胎面、路面粗糙程度、水层厚度与滑水现象的关系

4.3 线性二自由度汽车模型对前轮角输入的响应

表达汽车操纵稳定性的物理模型很多,从简单的二自由度线性到运用多体动力学包括了各种非线性关系的复杂的几十个自由度的模型。下面应用线性二自由度模型进行汽车操纵稳定性的研究。

4.3.1 线性二自由度汽车模型

为了建立汽车转向运动的微分方程,应建立相应的力学模型。为了使分析更加简洁明了、突出重点,假设汽车只作平行于水平路面的平面运动,没有空气动力和悬架的影响并认为汽车左右对称,前后轴上的每对车轮分别用具有其两倍侧偏刚度的单个车轮来表示。实际汽车便被简化成一个两轮摩托车模型,如图 4-10 所示。

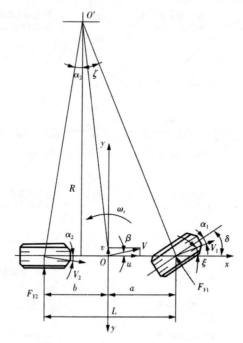

图 4-10　线性二自由度汽车模型

如图 4-10 所示描述了汽车转向运动的动态过程,O' 仅为瞬时中心,汽车作刚体平面运动,而并非作定轴转动。图中的有关参数如 F_Y、ω_r、v 以及角度 δ、α、β 等均随时间而变化,唯独汽车前进速度 v 假设为常量。系统的输入函数为前轮偏转角 $\delta(t)$(此处 $\delta(t)$ 是泛指的函数,并非仅指阶跃函数),输出函数为横摆角速度 $\omega_r(t)$ 和质心侧偏角 $\beta(t)$(在求解时,β 将被消去)。

作平面运动汽车的运动微分方程为

$$\left.\begin{array}{l} F_{Y2} + F_{Y1}\cos\delta = ma_y \\ aF_{Y1}\cos\delta - bF_{Y2} = I_z\dot{\omega}_r \end{array}\right\} \qquad (4\text{-}4)$$

式中,I_z 为汽车绕 z 轴的转动惯量;$\dot{\omega}_r$ 为汽车横摆角加速度。

考虑到 δ 角度较小,汽车高速行驶时可近似认为 $\cos\delta \approx 1$,把 $F_Y = k\alpha$ 代入式(4-4),得

$$\left.\begin{array}{l} k_1\alpha_1 + k_2\alpha_2 = ma_y \\ ak_1\alpha_1 - bk_2\alpha_2 = I_z\dot{\omega}_r \end{array}\right\} \qquad (4\text{-}5)$$

式中,k_1、k_2 分别为前、后轴两车轮的总侧偏刚度,单位为 N/rad。

下面确定汽车质心绝对加速度在 y 轴上的分量 a_y。如图 4-11 所示,图中 Ox 与 Oy 分别为动坐标系的纵轴和横轴。质心速度 V 于 t 时刻在 Ox 轴上的分量为 u,在 Oy 轴上的分量为 v。由于汽车转向行驶时伴有平移和转动,在 $t + \Delta t$ 时刻,车辆坐标系中质心速度的大小和方向发生变化,动坐标系的纵轴和横轴的方向亦发生变化,相对 t 时刻旋转了 $\Delta\theta$ 角。

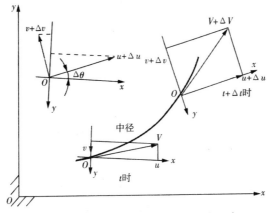

图 4-11　利用动坐标系分析汽车的运动

由此经过 Δt 后,沿 Oy 轴速度分量的变化量为

$$[(v+\Delta v)\cos\Delta\theta+(u+\Delta u)\sin\Delta\theta]-v$$

考虑到 $\Delta\theta$ 很小,$\cos\Delta\theta\approx1$,$\sin\Delta\theta\approx\Delta\theta$,忽略 $\Delta u\sin\Delta\theta$ 部分,上式可改写为

$$\Delta v+u\Delta\theta$$

由此可得,汽车质心绝对加速度沿横轴 Oy 上的分量 a_y 为

$$a_y=\lim_{\Delta t\to 0}\left(\frac{\Delta v+u\Delta\theta}{\Delta t}\right)=\frac{\mathrm{d}v}{\mathrm{d}t}+u\frac{\mathrm{d}\theta}{\mathrm{d}t}=\dot{v}+u\omega_r \tag{4-6}$$

前、后侧偏角 α_1、α_2 与有关参数的关系可用如图 4-10 和图 4-12来确定。V_1、V_2 分别为前、后轴中点的速度,β 为质心侧偏角,$\beta=\dfrac{v}{u}$。ξ 为 V_1 与 x 轴的夹角,其值为

$$\xi=\frac{v+a\omega_r}{u}=\beta+\frac{a\omega_r}{u}$$

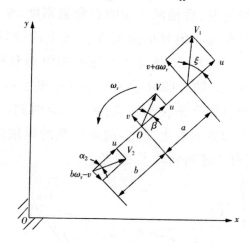

图 4-12　汽车转向运动速度

从而可得

$$\left.\begin{array}{l}\alpha_1=\delta-\xi=\delta-\beta-\dfrac{a\omega_r}{u}\\[3mm]\alpha_2=\dfrac{b\omega_r-v}{u}=\dfrac{b\omega_r}{u}-\beta\end{array}\right\} \tag{4-7}$$

将式(4-6)、式(4-7)代入式(4-5),整理后得汽车转向运动微分方程式为

$$m(\dot{v}+u\omega_r)+(k_1+k_2)\beta+\frac{\omega_r}{u}(ak_1-bk_2)=k_1\delta \\ I_z\dot{\omega}_r+(ak_1-bk_2)\beta+\frac{\omega_r}{u}(a^2k_1-b^2k_2)=ak_1\delta \quad\quad\quad (4\text{-}8)$$

4.3.2　前轮角阶跃输入下的瞬态响应

瞬态响应过程中,汽车的特征参数将随着时间的变化而变化。常用转向盘角阶跃输入下的瞬态响应来表征汽车的操作稳定性。

1. 前轮角阶跃输入下的横摆角速度瞬态响应

利用式(4-8)导出汽车前轮输入角为阶跃函数时,汽车横摆角速度的瞬态响应 $\omega_r(t)$。

由式(4-8)的第二式得

$$\beta=\frac{ak_1\delta-I_z\dot{\omega}_r-\dfrac{\omega_r}{u}(a^2k_1+b^2k_2)}{ak_1-bk_2}$$

求导数得

$$\dot{\beta}=\frac{ak_1\dot{\delta}-I_z\ddot{\omega}_r-\dfrac{1}{u}(a^2k_1+b^2k_2)\dot{\omega}_r}{ak_1-bk_2}$$

$$\dot{v}=u\dot{\beta}$$

代入式(4-8)的第一式,消去 β 和 $\dot{v}$ 后,经整理得到如下的二阶非齐次线性微分方程

$$\ddot{\omega}_r+2\zeta\omega_0\dot{\omega}_r+\omega_0^2\omega_r=B_1\dot{\delta}+B_0\delta \quad\quad\quad (4\text{-}9)$$

式中

$$\omega_0^2=\frac{bk_2-ak_1}{I_z}+\frac{L^2k_1k_2}{mu^2I_z}$$

其中,ω_0 为固有频率,rad/s;

$$\zeta=\frac{m(a^2k_1+b^2k_2)+I_z(k_1+k_2)}{2\omega_0muI_z} \qu\quad\quad (4\text{-}10)$$

其中,ζ 为阻尼比;

$$B_1 = \frac{ak_1}{I_z} \qquad (4\text{-}11)$$

$$B_0 = \frac{Lk_1k_2}{muI_z} \qquad (4\text{-}12)$$

当输入函数 $\delta(t)$ 为阶跃函数时,则前轮角的数学表达式为

$$\begin{cases} \delta(t) = \delta_0 & t \geqslant 0 \\ \delta(t) = 0 & t < 0 \end{cases} \qquad (4\text{-}13)$$

故当 $t > 0$ 后,式(4-9)可以进行简写

$$\ddot{\omega}_r + 2\zeta\omega_0\dot{\omega}_r + \omega_0^2\omega_r = B_0\delta_0 \qquad (4\text{-}14)$$

下面通过求解方程(4-12)即可求得角阶跃输入下的瞬态响应 $\omega_r(t)$。方程的解等于它的一个特解和相应的齐次方程的通解之和。

这是二阶常系数齐次微分方程,其通解等于它的一个特解与对应的齐次微分方程的通解之和。显然其特解为

$$\omega_r = \frac{B_0\delta_0}{\omega_0^2}$$

对应的齐次方程为

$$\ddot{\omega}_r + 2\zeta\omega_0\dot{\omega}_r + \omega_0^2\omega_r = 0 \qquad (4\text{-}15)$$

其特征方程为

$$s^2 + 2\zeta\omega_0 s + \omega_0^2 = 0 \qquad (4\text{-}16)$$

由于正常使用的汽车均为小阻尼系统,即 $\zeta < 1$,因此特征方程的根为

$$s = -\zeta\omega_0 \pm \omega_0\sqrt{1-\zeta^2}\, i$$

式中,$i = \sqrt{-1}$。

齐次方程的通解为

$$\omega_r = A_1 e^{-\zeta\omega_0 t}\cos\omega_d t + A_2 e^{-\zeta\omega_0 t}\sin\omega_d t \qquad (4\text{-}17)$$

式中,ω_d 为有阻尼固有频率,$\omega_d = \omega_0\sqrt{1-\zeta^2}$;$A_1$、$A_2$ 为待定的积分常数。

因此,微分方程(4-14)的解,也就是其瞬态响应为

$$\omega_r(t) = \frac{B_0\delta_0}{\omega_0^2} + A_1 e^{-\zeta\omega_0 t}\cos\omega_d t + A_2 e^{-\zeta\omega_0 t}\sin\omega_d t \qquad (4\text{-}18)$$

下面进行积分常数 A_1、A_2 的确定。

汽车转向运动的初始条件为：$t=0$ 时，$\omega_r=0$，$\beta=0$，$\delta=\delta_0$。根据微分方程组(4-8)的第二式，还可求得 $t=0$ 时

$$\dot{\omega}_r = \frac{ak_1\delta_0}{I_z} = B_1\delta_0$$

由 $t=0$ 时，$\omega_r=0$，即可求得 A_1 为

$$A_1 = -\frac{B_0\delta_0}{\omega_0^2} \tag{4-19}$$

由 $t=0$ 时，$\dot{\omega}_r=B_1\delta_0$，即可求得 A_2 为

$$A_2 = \frac{B_0\delta_0}{\omega_0^2}\left(\frac{B_1}{B_0}\omega_0^2 - \zeta\omega_0\right)\frac{1}{\omega_d} \tag{4-20}$$

令 $C=\sqrt{A_1^2+A_2^2}$，$\varphi=\text{arctg}\dfrac{A_1}{A_2}$，则

$$\omega_r(t) = \frac{B_0\delta_0}{\omega_0^2} + Ce^{-\zeta\omega_0 t}\sin(\omega_d t + \varphi) \tag{4-21}$$

式中的 C 和 φ 均与时间无关，此处不再详述。

从上式可以看出，当输入为角阶跃函数时，其瞬态响应为一个常数项与正弦衰减振荡曲线的叠加，如图 4-13 所示。$\omega_r(\infty)$ 就是响应曲线的稳态值，记作 ω_{rs}。

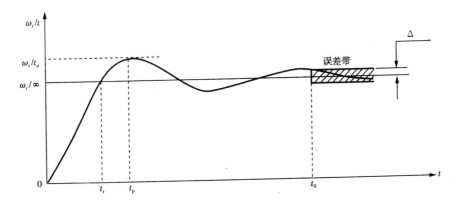

图 4-13　前轮角阶跃输入下的瞬态响应

2.表征瞬态响应品质的参数

(1)固有频率 ω_0 和阻尼比 ζ

固有频率主要影响系统反应的快速性。如果保持 ζ 不变,增大,则 t_r、t_p、t_s 均会减小,且不会改变超调量,阻尼比则主要影响超调量。如果保持 ω_0 不变,增大阻尼比 ζ,则超调量 σ_p 将明显减小,但 t_p、t_s 却有所增加。

由式(4-9)可知

$$\omega_0 = \sqrt{\frac{c}{m'}} = \sqrt{\frac{mu(ak_1 - bk_2) + \dfrac{L^2 k_1 k_2}{u}}{mu I_z}} = \frac{L}{u}\sqrt{\frac{k_1 k_2}{m I_z}(1 + K u^2)}$$

$$(4\text{-}22)$$

图 4-14 为一些欧洲及日本轿车的固有频率 f_0 与稳定性因数 K 值,固有频率 $f_0 = \omega_0 / 2\pi$。

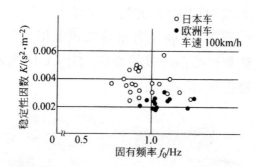

图 4-14 一些欧洲及日本轿车的 f_0 值与 K 值

由式(4-9)可知

$$\zeta = \frac{h}{2\omega_0 m'} = \frac{-[m(a^2 k_1 + b^2 k_2) + I_z(k_1 + k_2)]}{2m I_z L \sqrt{\dfrac{k_1 k_2}{m I_z}}(1 + K u^2)}$$

$$(4\text{-}23)$$

$$= \frac{-m(a^2 k_1 + b^2 k_2) - I_z(k_1 + k_2)}{2L \sqrt{m I_z k_1 k_2}(1 + K u^2)}$$

原联邦德国几所大学的汽车研究所通过大量试验,给出近代轿车的超调量为 $\omega_{rmax}/\omega_{r0} \times 100\% = 112\% \sim 165\%$,相应的试验工况为 $31.3\,\text{m/s}(970\,\text{mile/h})$,$a_y = 0.4g$。由此推算相应的阻尼比为

$\zeta = 0.5 \sim 0.8$。

由式(4-10)可以看出，ω_0 与 ζ 两者之间有一定的关系，不宜片面追求某一方面。汽车应具有适当的 ω_0 和 ζ 值，从而可兼顾快速性和超调量两个方面。在车速为 100km/h 左右时，现代轿车的 ω_0 值在 2πrad/s 左右，ζ 值大致在 $0.5 \sim 0.8$ 范围内。

(2)上升时间 t_r

上升时间又称响应时间，它是指响应曲线 $\omega_r(t)$ 从零开始上升后，第一次到达稳态位置所需的时间。在不同的文献资料中，对上升时间亦有不同的定义，例如定义 t_r 为第一次到达 $0.9\omega_{rs}$ 所需时间。各种定义方法，对于定性分析均无本质差异。

将汽车横摆角速度响应式(4-21)重写如下

$$\omega_r(t) = \frac{B_0 \delta_0}{\omega_0^2} + Ce^{-\zeta\omega_0 t} \sin(\omega_d t + \varphi)$$

当 $t = t_r$ 时，$\omega_r(\tau) = \dfrac{B_0 \delta_0}{\omega_0^2}$，故

$$Ce^{-\zeta\omega_0 t} \sin(\omega_d t + \varphi) = 0$$

即

$$\sin(\omega_d t + \varphi) = 0$$

故

$$t_r = -\frac{\varphi}{\omega} = \frac{\arctan\left[\dfrac{\sqrt{1-\zeta^2}}{-\dfrac{mua\omega_0}{Lk_2} - \zeta}\right]}{\omega_0 \sqrt{1-\zeta^2}}$$

(3)峰值时间 t_p

指响应曲线 $\omega_r(t)$ 从零开始，到达第一个峰值 $\omega_r(t_p)$ 所需的时间。

(4)超调量 σ_p

指瞬态过程的最大偏差 $\omega_r(t_p) - \omega_r(\infty)$ 与稳态值 $\omega_r(\infty)$ 之比，即

$$\sigma_p = \frac{\omega_r(t_p) - \omega_r(\infty)}{\omega_r(\infty)} \times 100\%$$

超调量是一个相对值,它反映了系统响应过程中的最大偏差,σ_p 小一些为好。

(5)稳定时间 t_s

定义一个误差带。在瞬态响应曲线 $\omega_r(t)$ 的稳态值 $\omega_r(\infty)$ 的上、下各取一个允许误差 Δ(图 4-13)。在汽车操纵稳定性的分析中,取 $\Delta = 0.05\omega_{rs}$。这样在稳态值上下 2Δ 的区域内就构成了一个误差带。

稳定时间 t_s 是指这样一个时间,当 $t > t_s$ 时,
$$|\omega_r(t) - \omega_r(\infty)| \leqslant 0.05\omega_r(\infty)$$
即响应曲线 $\omega_r(t)$ 在 $t \geqslant t_s$ 时,就处在误差带之内。

当 $t \geqslant t_s$ 时,瞬态响应过程结束,系统进入稳态响应过程。上述三个时间 t_r、t_p、t_s 均表征系统对输入信号作出反应的快速性,三者均以小为好,如图 4-15 所示为美国的汽车试验标准,图中满意范围表明对上述四个参数的要求。

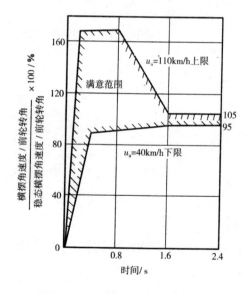

图 4-15 瞬态横摆实验的满意范围

4.3.3 前轮角阶跃输入下进行的汽车稳态响应

由式(4-21)可知,系统的瞬态响应 $\omega_r(t)$ 为

$$\omega_{\mathrm{r}}(t)=\frac{B_0\delta_0}{\omega_0^2}+Ce^{-\zeta\omega_0 t}\sin(\omega_{\mathrm{d}}t+\varphi)$$

因此,系统的稳态响应 ω_{rs} 为

$$\omega_{\mathrm{rs}}=\lim_{t\to\infty}\omega_{\mathrm{r}}(t)=\frac{B_0}{\omega_0^2}\delta_0=g_{\mathrm{s}}\delta_0$$

式中, $g_{\mathrm{s}}=B_0/\omega_0^2$ 为稳态横摆角速度增益(下面简称增益)。

增益 g_{s} 的含义是输出量的稳态值 ω_{rs} 与输入量的稳态值 δ_0 之比值,即 $g_{\mathrm{s}}=\omega_{\mathrm{rs}}/\delta_0$ 它反映了系统内在的固有特性,与输入量无关。因此,增益 g_{s} 是研究系统的稳态响应特性和讨论稳态转向特性的基本依据。

将式(4-10)、式(4-13)代入式(4-8),经 $g_{\mathrm{s}}=\omega_{\mathrm{rs}}/\delta_0$ 整理得

$$g_{\mathrm{s}}=\frac{u/L}{1+Ku^2}\quad(1/\mathrm{s})\qquad(4\text{-}24)$$

$$K=\frac{m}{L^2}\left(\frac{b}{k_1}-\frac{a}{k_2}\right)\quad(\mathrm{s}^2/\mathrm{m}^2)\qquad(4\text{-}25)$$

式中, K 为稳定性因数,它是表征汽车稳态转向特性的重要参数。

1. 汽车的稳态转向特性

根据 K 的数值,汽车的稳态响应可分为三类,如图 4-16 所示。

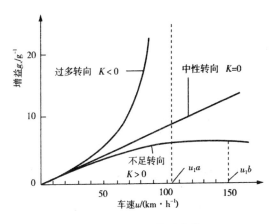

图 4-16　$g_{\mathrm{s}}-u$ 关系曲线

（1）中性转向

$K=0$ 时，$g_s=u/L$，即横摆角速度增益与车速（g_s-u 关系曲线）呈线性关系，其斜率 $1/L$。这种稳态称为中性转向。对于中性转向而言，因

$$g_s=\frac{\omega_{rs}}{\delta_0}=\frac{u}{L}$$

故

$$\omega_{rs}=\frac{u}{L}\delta_0$$

由力学原理知

$$\omega_r=\frac{u}{R}$$

式中，R 为汽车的转向半径。

下面简要介绍具有刚性车轮汽车的转向运动（假设没有侧滑），如图 4-17 所示，与中性转向汽车比较。刚性车轮汽车的前、后轮侧偏刚度 k_1、k_2 均等于 ∞，因此 $K=0$，$g_s=u/L$，与中性转向汽车相同。从图中的几何关系可以看出，因 δ_0 较小，故 $R_0\approx L/\delta_0$，亦与中性转向的转向半径 R 相同。

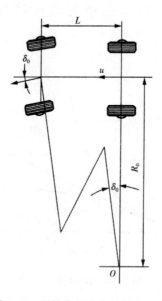

图 4-17 刚性车轮汽车的转向运动

实际汽车的车轮均有弹性,但若汽车以极低车速转向行驶时,侧偏角可忽略不计,则实际汽车的运动与刚性车轮汽车相同,此时的转向半径 $R=R_0$,因此 R_0 也可称作起始转向半径。

(2)不足转向

当 $K>0$ 时,增益 g_s 的分母 $(1+Ku^2)>1$,故小于中性转向的增益。换言之,当输入同样的前轮偏转角 δ_0 时,其稳态横摆角速度 ω_{rs} 小于中性转向的 ω_{rs},转向不足,因此称作不足转向。具有不足转向特性汽车的 g_s-u 曲线是一条位于中性转向增益线下方的曲线,如图 4-16 所示。显然,K 值越大,汽车转向不足的程度就越高,即不足转向量越大。

可求得当车速为 $u_{ch}=\sqrt{\dfrac{1}{K}}$ (m/s)时,增益 g_s 达到最大值。

如果把 $u_{ch}=\sqrt{\dfrac{1}{K}}$ 代入式(4-24),可得 $g_s=\dfrac{u_{ch}}{2L}$,即当车速为 u_{ch} 时,不足转向汽车的增益仅为同轴距中性转向汽车的一半。u_{ch} 也可以用来表征汽车的不足转向量,因此称为特征车速。显然 u_{ch} 越小,K 值就越大,不足转向量也越大。

(3)过多转向

当 $K<0$ 时,式(4-24)中的分母小于 1,增益 g_s 大于中性转向的 g_s,称作过多转向。

由式(4-24)可知,当车速 $u^2=-\dfrac{1}{K}$ 时,分母为 0,g_s 趋于 ∞,如图 4-16 所示。该车速称为临界车速,记作 u_{cr}。显然,$u_{cr}=\sqrt{-\dfrac{1}{K}}$ (m/s),它也是表征过多转向量的参数。临界车速越低,过多转向量越大。

过多转向汽车虽然灵敏性较好,但安全性较差,故一般汽车不应具有过多转向特性;中性转向汽车虽然能兼顾安全性和灵敏性,但因使用条件多变,汽车使用中有可能转变为过多转向。在以安全为主并兼顾灵敏性的前提下,一般汽车均应具有适度的不足转向特性。

2.表征稳态转向特性的参数

为了便于分析和试验,汽车的稳态转向特性还可采用其他参数来描述。

(1)前、后轮侧偏角之差($\alpha_1 - \alpha_2$)

由式(4-25)

$$K = \frac{m}{L^2}\left(\frac{b}{k_1} - \frac{a}{k_2}\right)$$

对上式分子、分母同乘以侧向加速度 a_y,则可改写为

$$K = \frac{1}{a_y L}\left(\frac{ma_y b}{Lk_1} - \frac{ma_y a}{Lk_2}\right) \tag{4-26}$$

当汽车进入稳态后,$\dot{\omega}_r = 0$,已有 $\cos\delta_0 \approx 1$,代入式(4-4)得

$$F_{Y1} = \frac{ma_y b}{L}$$

$$F_{Y2} = \frac{ma_y a}{L}$$

代入上式得

$$K = \frac{1}{a_y L}\left(\frac{F_{Y1}}{k_1} - \frac{F_{Y2}}{k_2}\right)$$

即

$$K = \frac{1}{a_y L}(\alpha_1 - \alpha_2)$$

或写作

$$\alpha_1 - \alpha_2 = KLa_y \tag{4-27}$$

根据式(4-27)得到的曲线是三条斜率为 KL 的直线,如图 4-18(a)所示。当 $K=0$ 时,($\alpha_1 - \alpha_2$)$=0$,为中性转向;当 $K>0$ 时,($\alpha_1 - \alpha_2$)>0,为不足转向;当 $K<0$ 时,($\alpha_1 - \alpha_2$)<0,为过多转向。可见,若增大 α_1,减小 α_2,则使不足转向量增加;反之,若减小 α_1,增大 α_2,则使不足转向量减小,甚至有可能转变为过多转向。

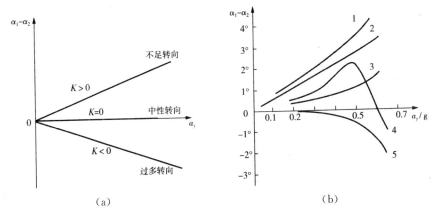

(a)　　　　　　　　　　　　　　(b)

图 4-18　表示汽车稳态转向特性的 $(\alpha_1 - \alpha_2) - a_y$ 曲线

如图 4-18(b)所示为几种汽车的试验曲线。图中曲线 1、2、3 为过多转向,曲线 5 为不足转向。曲线 4 在小侧向加速度时为过多转向,在大侧向加速度时转变为不足转向,关于这种情况将在下面讨论了 $(\alpha_1 - \alpha_2)$ 与转向半径 R 的关系后,再进一步说明。

为了更深入地掌握 $(\alpha_1 - \alpha_2)$ 对汽车转向特性的影响,有必要讨论 $(\alpha_1 - \alpha_2)$ 与转向半径 R 的关系。如图 4-19 所示是汽车进入稳态后的转向运动简图,汽车以角速度 ω_{rs} 作等速圆周运动。图中有关参数如 α_1、α_2、R 以及前、后轴中点速度 V_1、V_2 等均为常数,不随时间而变,且转向中心 O 的位置也不变。利用图中各参数的几何关系,即可导出稳态时 $(\alpha_1 - \alpha_2)$ 与 R 的关系。另外要说明一点,图中 C 点仅为垂足,并非质心,因质心位量与公式推导无关,故图中未画出。

如图 4-19 所示,得

$$\mathrm{tg}(\delta_0 - \alpha_1) = \frac{AC}{R}$$

$$\mathrm{tg}\alpha_2 = \frac{BC}{R}$$

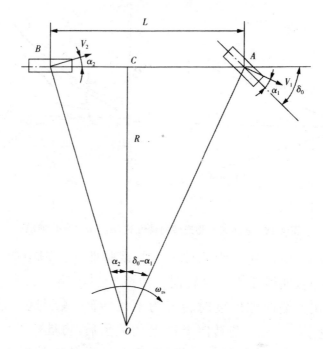

图 4-19　汽车稳态转向运动简图

将上面两式相加,且 $L=AC+BC$,得

$$R=\frac{L}{\operatorname{tg}(\delta_0-\alpha_1)+tg\alpha_2}$$

因 δ_0、α_1、α_2 均比较小,故上式可近似写作

$$R=\frac{L}{\delta_0-(\alpha_1-\alpha_2)} \tag{4-28}$$

式(4-28)表明汽车进入稳态转向后,转向半径 R 与 $(\alpha_1-\alpha_2)$ 之关系。

　刚性车轮汽车的转向半径为 $R_0=\dfrac{L}{\delta_0}$。由式(4-28)可以看出,当 $\alpha_1>\alpha_2$ 时,$\alpha_1-\alpha_2>0$,则 $R>R_0$,汽车的转向效果受到抑制。若 $(\alpha_1-\alpha_2)$ 随侧向加速度 a_y 的增大而增加,则 R 也随之增大,这种抑制作用也随之加剧,这就是不足转向特性。反之,当 $\alpha_1<\alpha_2$ 时则 $R<R_0$,汽车的转向效果得到加强。若 $(\alpha_2-\alpha_1)$ 随侧向加速度 a_y 的增大而增加,则 R 也随之减小,这种加强作用也随之加剧,这就是过多转向特性。

考虑实际汽车的非线性,采用($\alpha_1 - \alpha_2$)随 a_y 变化的规律即 ($\alpha_1 - \alpha_2$)$-a_y$ 曲线的斜率来描述汽车的转向特性就更为确切。如图 4-18(b)所示的曲线 4,当 a_y 较小时,斜率为正值,这就意味着转向半径 R 随 a_y 的增大而增加,汽车呈现不足转向特性;当 a_y 较大时,斜率为负值,R 随 a_y 的增加而减小,汽车呈现过多转向特性,显然,斜率为 0 时,为中性转向。

后轮驱动的汽车,在大侧向加速度时,往往后轮的地面切向力较大,则侧向承受能力大为下降。有可能后轴单独发生侧滑,α_2 剧增,汽车由不足转向转变为过多转向。为了避免汽车出现急剧旋转,驾驶者应及时减速,并适当反转方向盘。前轮驱动的汽车,在大侧向加速度时,则有可能发生前轴单独侧滑,α_1 剧增,汽车的转向半径迅速增大。为了使汽车能按预定路径行驶,驾驶者应注意控制车速,并适当增加方向盘转角。

(2)转向半径的比值 R/R_0

将式(4-24)改写为

$$\frac{\omega_{rs}}{u} = \frac{\delta_0}{L(1+Ku^2)}$$

因

$$\frac{\omega_{rs}}{u} = \frac{1}{R}; \quad \frac{\delta_0}{L} = \frac{1}{R_0}$$

故

$$\frac{1}{R} = \frac{1}{R_0(1+Ku^2)}$$

即

$$\frac{R}{R_0} = 1+Ku^2 \tag{4-29}$$

图 4-20 是转向半径比值 $\frac{R}{R_0}$ 曲线与 K 值曲线。图 4-20 是按式(4-29)画出的 $\frac{R}{R_0}-u^2$ 曲线。图 4-20(b)是试验求得的北京旅行车公司轻型客车 WFR 的 $\frac{R}{R_0}-a_y$ 曲线。图 4-20(c)是日本 *Motor*

Fan 杂志道路试验报告给出的 Santana Xi5 轿车的 $\dfrac{R}{R_0} - u^2$ 曲线，图上还画出了不同 K 值下的 $1+Ku^2$ 直线组，利用直线组可以求出 Santana Xi5 在不同侧向加速度下的 K 值。

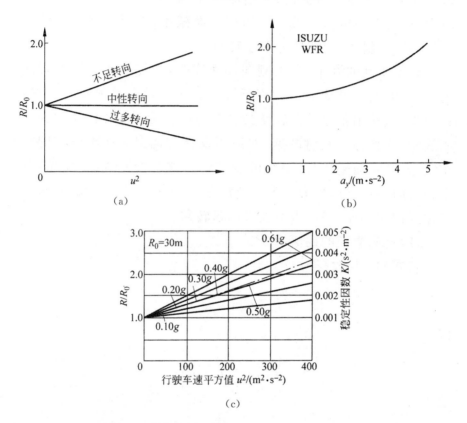

图 4-20　转向半径比值曲线与稳定性因数 K 值曲线

（3）静态储备系数 $S.M.$

假设将一辆具有不足或过多转向特性汽车的质心 C（图 4-21）后移或前移至 C_0 点，使该车具有中性转向特性，则 C_0 点称为中性转向点。由于当侧向力作用在 C_0 点时，前、后侧偏角相等，因此当 C 点位于 C_0 点之前时，$\alpha_1 > \alpha_2$，汽车具有不足转向特性。当 C 点位于 C_0 点之后时，$\alpha_2 > \alpha_1$ 汽车具有过多转向特性。两点之间的距离反映了不足或过多转向量的大小。

下面先求 C_0 点至前轴距离 a'。当侧向力作用在 C_0 点时，前、后侧偏力分别为 F_{Y1}、F_{Y2}(图 4-21)。

对中性转向点 C_0 取矩,则有

$$F_{Y1} a' = F_{Y2} b'$$

即

$$k_1 \alpha_1 a' = k_2 \alpha_2 b'$$

因

$$\alpha_1 = \alpha_2, b' = L - a'$$

得

$$k_1 a' = k_2 (L - a')$$

整理得静态储备系数 $S.M.$ 就是中性转向点至前轴距离 a' 和质心至前轴距离 a 之差 $(a'-a)$ 与轴距 L 之比值,即

$$S.M. = \frac{a'-a}{L} = \frac{k_2}{k_1 + k_2} - \frac{a}{L} \qquad (4\text{-}30)$$

可见,当 $S.M. > 0$ 时,$a' > a$ 汽车具有不足转向特性;当 $S.M. < 0$ 时,则汽车具有过多转向特性;当 $S.M. = 0$ 时,$a = a'$ 中性转向点与质心重合,汽车具有中性转向特性。

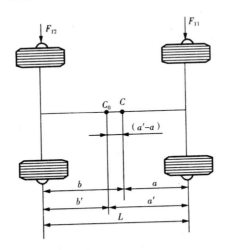

图 4-21　中性转向点位置的确定

4.4 汽车的侧翻

4.4.1 刚性汽车的准静态侧翻

"刚性汽车"是指忽略汽车悬架及轮胎的弹性变形,"准静态"指汽车的稳态转向。假设道路的侧向坡道角 β 很小,即 $\sin\beta\approx\beta$, $\cos\beta\approx1$,于是有

$$ma_y h_g - mg\beta h_g + F_{zi}B - \frac{1}{2}mgB = 0 \qquad (4\text{-}31)$$

$$\frac{a_y}{g} = \frac{\frac{1}{2}B + \beta h_g - \frac{F_{zi}}{mg}B}{h_g} = \left(\frac{1}{2} - \frac{F_{zi}}{mg}\right)\frac{B}{h_g} + \beta \qquad (4\text{-}32)$$

汽车在水平路面上直线行驶时($\beta=0$, $a_y=0$)时,内侧车轮的垂直反力 $F_{zi}=mg/2$。当 $a_y \neq 0$ 时,如果需要继续维持 $F_{zi}=mg/2$ 不变,就需要令道路的侧向坡道角 $\beta=a_y/g$,这一点已经应用于高速公路拐弯的坡道角设计中。

汽车开始侧翻时所受的侧向加速度 g 称为侧翻阈值(Rollover Threshold),常由下式得到

$$\frac{a_y}{g} = \frac{B}{h_g} + \beta \qquad (4\text{-}33)$$

显然,当坡道角 $\beta=0$ 时,侧翻阈值为 $B/2h_g$,往往用来估计汽车的抗侧翻能力。不过,一般情况下预估值偏高。表 4-2 列出了几种汽车的侧翻阈值。

表 4-2　几种汽车侧翻阈值的范围

车辆类型	质心高度/cm	轮距/cm	侧翻阈值/g
跑车	46~51	127~154	1.2~1.7
微型轿车	51~58	127~154	1.1~1.5
豪华轿车	51~61	154~165	1.2~1.6

续表

车辆类型	质心高度/cm	轮距/cm	侧翻阈值/g
轻型客货两用车	76～89	165～178	0.9～1.1
客货两用车	76～102	165～178	0.8～1.1
中型货车	114～140	165～190	0.6～0.8
重型货车	154～216	178～183	0.4～0.6

4.4.2　带悬架汽车的准静态侧翻

图 4-22 给出了侧倾平面内带悬架的汽车物理模型,车厢用悬挂质量 m_s 表示。车厢发生侧倾时,会造成汽车质心位置出现偏移现象,由此就使得汽车自重的抗侧翻能力发生了变化,其侧倾阈值降低。若忽略车桥的质量和侧倾,则有

$$\sum M_0 = m_s a_y h_g - m_s g [B/2 - \varphi(h_g - h_r)] + F_{zi}B = 0$$

$$(4-34)$$

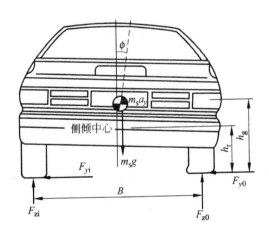

图 4-22　侧倾平面内带悬架的汽车物理模型

若引入侧倾率 $R_\phi(\mathrm{rad/g})$,则悬挂质量的侧倾角 ϕ 可用下式表示

$$\phi = R_\phi \frac{a_y}{g}$$

$$(4-35)$$

当 $F_{zi}=0$ 时,得侧倾阈值为

$$\frac{a_y}{g}=\frac{B}{2h_g}\frac{1}{1+R_\phi(1-h_r/h_g)}$$

(4-36)

4.4.3　汽车在弯道行驶时的侧翻

为了提高汽车行驶的安全性,在公路的弯道处常筑有一定的横向坡度,下面就这种情况进行讨论。

1.汽车在离心力作用下的侧翻

汽车在具有横坡的弯道上,作等速转向运动时的受力简图如图 4-23 所示。

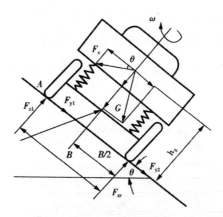

图 4-23　汽车在横坡上转向时的受力简图

当内侧的法向反作用力 $F_{zr}=0$ 时,汽车开始绕 A 点向外侧翻倾,通常称之为侧翻。求出当横向坡度角为 θ,弯道曲率半径为 R_r 时,汽车不发生侧翻的极限车速 u_{max}。由受力平衡可得

$$F_{zr}=\frac{Gh_g\sin\theta+G\dfrac{B}{2}\cos\theta+F_c\dfrac{B}{2}\sin\theta-F_ch_g\cos\theta}{B}$$

式中,G 为汽车重力,$G=mg$;F_c 为汽车转向行使时离心力的侧向分力,近似按离心力计算,故 $F_c=\dfrac{mu^2}{R_r}$;B 为汽车的轮距。

令 $F_{zr}=0$,则有

$$Gh_g\sin\theta + G\frac{B}{2}\cos\theta = F_c h_g\cos\theta - F_c\frac{B}{2}\sin\theta$$

将 $G=mg$，$F_c=\dfrac{mu^2}{R_r}$ 代入上式，整理得

$$R_r(2h\,\mathrm{tg}\theta + B) = u^2(2h_g - B\,\mathrm{tg}\theta)$$

因此，汽车不发生侧翻的极限车速（km/h）为

$$u_{\max} = \sqrt{\frac{R_r g(2h\,\mathrm{tg}\theta + B)}{2h_g - B\,\mathrm{tg}\theta}} \qquad (4\text{-}37)$$

若汽车在水平路面上（$\theta=0$）作等速转向运动时，不发生侧翻的极限车速（km/h）则为

$$u_{\max} = \sqrt{\frac{R_r g B}{2h_g}} \qquad (4\text{-}38)$$

由上面两个公式可以看出，公路弯道处筑有适当的横坡，可提高不发生侧翻的极限车速，有利于行车安全。

从式（4-37）还可以得到，当 $\mathrm{tg}\theta = 2h_g/B$ 时，$u_{\max}$ 可达无穷大。换言之，当 $\theta > \mathrm{arctg}\left(\dfrac{2h_g}{B}\right)$ 时，不论车速多大，都不会发生汽车向外侧翻倾。但 θ 过大，汽车却有可能向内侧翻倾，车速越低，这种可能性就越大，对这个问题将在后面讨论。

2. 汽车在离心力作用下的侧滑

如图 4-23 所示，经受力分析可得，汽车在横向坡道上转弯行驶时，不发生向外侧滑的极限条件为

$$F_c\cos\theta - G\sin\theta = (F_c\sin\theta + G\cos\theta)\varphi_1$$

式中，$\varphi_1 = \dfrac{F_Y}{G}$ 为侧向附着系数。

将上式整理后，可得汽车不发生向外侧滑的极限车速 $u'_{\max}$（km/h）为

$$u'_{\max} = \sqrt{\frac{R_r g(\varphi_1 + \mathrm{tg}\theta)}{1 - \varphi_1\,\mathrm{tg}\theta}} \qquad (4\text{-}39)$$

显然，当 $\mathrm{tg}\theta = 1/\varphi_1$ 时，$u'_{\max} = \infty$，即汽车以任何车速行驶均不会向

外侧滑。

当汽车在水平路面上转弯行驶时,则不发生侧滑的最大车速(km/h)为

$$u'_{\max} = \sqrt{R_r g \varphi_1} \qquad (4\text{-}40)$$

综上可知,弯道处适当的横坡,可提高允许车速,减少侧滑。同时应看到,当路面湿滑时,φ_1 减小,允许车速降低,驾驶者应充分注意,以免发生侧滑。

3.侧滑发生在侧翻之前的条件

通常在多数情况下,侧翻造成的危害比侧滑更大。为了安全,希望侧滑发生在侧翻之前,即 $u'_{\max} < u_{\max}$,或

$$\sqrt{\frac{R_r g (\varphi_1 + \mathrm{tg}\theta)}{1 - \varphi_1 \mathrm{tg}\theta}} < \sqrt{\frac{R_r g (2h\mathrm{tg}\theta + B)}{2h_g - B\mathrm{tg}\theta}}$$

在水平路面上,侧滑发生在侧翻之前的条件为

$$\varphi_1 < \frac{B}{2h_g} \qquad (4\text{-}41)$$

4.4.4 汽车在横坡直线行驶或静止时的侧翻

汽车在横向坡道直线行驶或静止时,如果横向坡度角 θ(图4-24)超过某一值时,汽车将发生侧翻。

下面讨论汽车不发生侧翻的最大横坡角 θ 与汽车有关参数的关系。

由图4-24可得

$$F_{z1} = \frac{G\dfrac{B}{2}\cos\theta - Gh_g\sin\theta}{B}$$

令 $F_{z1} = 0$,即可求得不发生侧翻的最大横坡角为

$$\mathrm{tg}\theta_{\max} = \frac{B}{2h_g}$$

即

$$\theta_{\max} = \mathrm{arctg}\frac{B}{2h_g} \qquad (4\text{-}42)$$

可见,降低质心高度 h_g,适当增大轮距 B,均有助于提高汽车的抗侧翻能力。

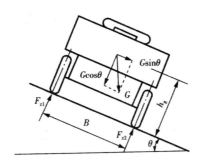

图 4-24　汽车在横向坡道上的受力简图

4.4.5　汽车的瞬态侧翻

常用的最简单的汽车侧倾物理模型如图 4-25 所示,不难看出,该模型与上面提到的带有悬架的汽车模型较为接近,与之不同的是,这里讲述的模型采用悬挂质量 m_s 和侧倾转动惯量 I_s 进行表示。经研究发现,此种汽车模型对阶跃输入的响应方面,与有阻尼单自由度系统极为相似。对于轿车和多用途车辆,阶跃转向时的侧倾阈值比 $B/(2h_g)$ 低约 30%,而货车则低约 50%。

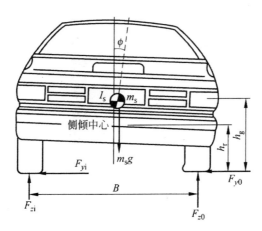

图 4-25　汽车侧倾物理模型

超调量的程度与侧倾阻尼有关。如图 4-26 所示,为经一系列实际计算得到的侧倾阈值与临界阻尼比的关系曲线。若阻尼为0,此时的侧倾阈值处于最小值;若阻尼比增大,侧倾阈值也随之增加,需要注意的是,其增加的速率会逐渐降低。

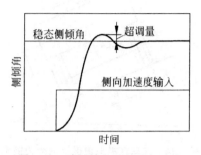

图 4-26 阶跃输入下的侧倾响应

第 5 章　汽车性能之通过性能分析

汽车是一种常用的、高效率的交通运输工具,不同用途的汽车对通过性的要求也不同,用户应根据自身特定的用途选择具有合适通过性的汽车。高级轿车和公共汽车主要在城市行驶,由于路面条件较好,所以对汽车通过性的要求不高。在农林区、矿区、建设工地等使用的车辆和军用车辆,由于经常行驶在坏路和无路地面上,因此要求这些汽车应具有良好的通过性。

本章主要涉及汽车通过性的各项评价指标,针对各个指标进行分析、计算,改善各项指标的措施等有关内容。严格地说,履带车辆不属于汽车的范畴,故本章主要对轮式车辆的通过性及其分析、计算等方面进行介绍。

5.1　汽车通过性的评价指标

5.1.1　汽车支承通过性评价指标

1. 牵引系数 TC

牵引系数 TC 为单位车重的挂钩牵引力。表明汽车在松软地面上加速、爬坡及牵引其他车辆的能力。表达式为

$$TC = F_d/G \tag{5-1}$$

式中,F_d 为汽车的挂钩牵引力;G 为汽车重力。

2. 牵引效率 TE

牵引效率 TE 为驱动轮输出功率与输入功率之比。它反映

了车轮功率在传递过程中的能量损失。表达式为

$$TE = \frac{F_d u_a}{T_w \omega} = \frac{F_d r (1 - s_r)}{T_w} \tag{5-2}$$

式中，u_a 为汽车行驶速度；T_w 为驱动轮输入转矩；ω 为驱动轮角速度；r 为驱动轮动力半径；s_r 为滑转率。

3. 燃油利用指数 E_f

燃油利用指数 E_f 为单位燃油消耗所输出的功。表达式为

$$E_f = F_d u_a / Q_t \tag{5-3}$$

式中，Q_t 为单位时间内的燃油消耗量。

4. 附着质量与附着质量系数

附着质量是指轮式车辆的驱动轴载质量 m_φ。车辆附着质量与总质量 m 之比，称为附着质量系数 K_φ。

为了满足车辆行驶的附着条件的要求，应有：

$$m_\varphi g \varphi \geqslant mg \psi \tag{5-4}$$

式中，$\varphi = f_r \pm i$ 和 φ 同"汽车动力性"的定义相同。

由式(5-4)得

$$K_\varphi = m_\varphi / m \geqslant \psi / \varphi \tag{5-5}$$

K_φ 值大有利于汽车在坏路面上行驶，丧失通过性的可能性就小。例如，意大利对 4×2 牵引车组成的汽车列车的附着质量系数规定为 0.27，英国规定为 0.263。

5. 车轮接地比压

车轮接地比压是指车轮对地面的单位压力。车轮接地比压 p 与轮胎气压 p_a 有关，车轮在硬路面上承受额定载荷时，其关系式为

$$p = k_w p_a \tag{5-6}$$

式中，k_w 为与轮胎刚度有关的系数，$k_w = (1.05 \sim 1.20)$。其大小取决于轮胎刚度的大小，帘布层多的轮胎 k_w 值较大。

5.1.2 汽车通过性几何参数

汽车在行驶过程中,由于汽车底部与地面的间隙不足而出现汽车被地面托住,造成不能通过的现象,即为间隙失效。常分为三种,如图 5-1 所示。

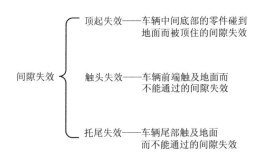

图 5-1 间隙失效的分类

与间隙失效有关的汽车整车几何尺寸,称为汽车几何通过性参数。各类汽车通过性几何参数的数值范围见表 5-1。

表 5-1 汽车通过性几何参数

汽车类型	驱动形式	最小离地间隙 C/mm	接近角 γ_1/(°)	离去角 γ_2/(°)	最小转弯直径 d_H/m
轿车	4×2	120~200	20~30	15~22	14~26
	4×4	210~370	45~50	35~40	20~30
货车	4×2	250~300	25~60	25~45	16~28
	4×4、6×6	260~350	45~60	35~45	22~42
越野车（SUV）	4×4	210~370	45~50	35~40	20~30
客车	6×4、4×2	220~370	10~40	6~20	28~44

1.最小离地间隙 C

这一物理量指的是,汽车在满载、静止的情况下,除车轮以外的最低点与所在路面间的距离。该数值体现了汽车顺利通过地面障碍物的能力。

2. 接近角 γ_1 和离去角 γ_2

接近角 γ_1 指的是汽车在满载、静止的情况下,由前部突出的一点引出一条切线,该切线与路面所呈的角度。此角度数值越大,汽车出现触头失效的概率越小。

离去角 γ_2 指的是汽车在满载、静止的情况下,由后面突出的一点引出一条切线,该切线与路面所呈的角度。此角度数值越大,汽车出现托尾失效的概率越小。

3. 纵向通过角 γ_3

纵向通过角 γ_3 指的是汽车在空载、静止的情况下,在汽车的侧视图上过前后车轮的外部边缘做切线,两切线相交,在汽车底部的最低位置所呈的最小角,如图 5-2 所示。

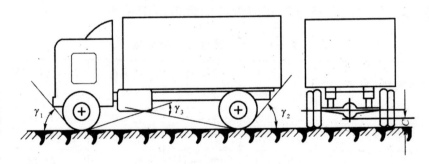

图 5-2 汽车通过性的几何参数

4. 转弯通道圆

转向盘转至极限位置时,图 5-3 中的两圆为车辆转弯通道圆,即车辆所有点在车辆支承平面上的投影均位于最大内圆的圆外和最小外圆的圆内之圆环。车辆有左和右转弯通道圆。转弯通道圆的最大内圆直径越大,最小外圆直径越小,车辆所需的通道宽度越窄,通过性越好。

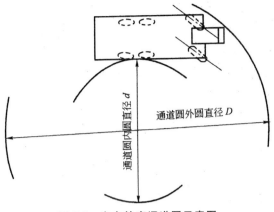

图 5-3 汽车转弯通道圆示意图

5.2 车辆的挂钩牵引力

5.2.1 松软地面的物理性质

要分析越野汽车的挂钩牵引力,必须掌握松软地面在水平与垂直方向的载荷与变形的关系。

1.土壤切应力与剪切变形的关系

当车辆在松软土壤上行驶时,在接地面 A 范围内,轮胎花纹或履刺之间的空间里充满着泥土。当车辆发挥最大驱动力时,土壤的剪切就沿着这一接地面积产生,如图 5-4 所示。

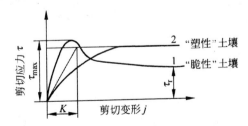

图 5-4 土壤的剪切应力与剪切变形的关系曲线

对于黏性土壤,其土壤推力为

$$F_X = Ac \qquad (5-7)$$

式中,A 为驱动轮胎的接地面积;c 为土壤的黏聚系数。

对于摩擦性土壤、冻结的雪粒,情况则有些不同。沙粒或冻结的雪粒没有任何黏聚力。最大土壤推力是按照库仑摩擦定律与负荷 W 成正比地增加,即

$$F_X = W\tan\varphi \qquad (5-8)$$

式中,φ 为摩擦角。

大多数土壤是上述两种的粒状物质的结合体。因此,最大土壤推力,即地面对驱动轮或履带的切向反作用力为

$$F_X = Ac + W\tan\varphi \qquad (5-9)$$

将式(5-9)两边除以面积 A,则得最大切应力即剪切强度 τ_{max} 与剪切面法向压力 σ 的关系式为

$$\tau_{max} = c + \sigma\tan\varphi \qquad (5-10)$$

用土壤剪切强度测量仪对土壤进行测试,可找出该土壤的黏聚系数 c 及摩擦角 φ。土壤参数的试验常用各种形式的贝氏仪。图 5-5 所示为一种传统的贝氏仪示意图。贝氏仪的基本组成如图 5-6 所示。

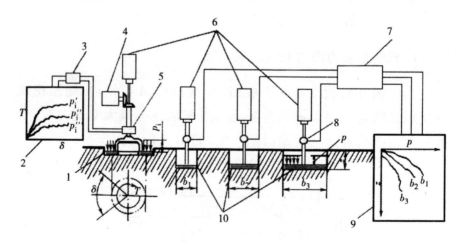

图 5-5　贝氏仪示意图

1—剪切环;2、9—记录带;3、7—放大器;4—转矩马达;
5—转矩及角运动传感器;6—加载缸筒;8—压力表;10—穿入平板

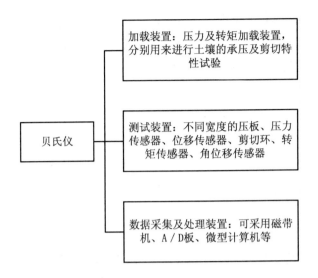

图 5-6　贝氏仪的基本组成

　　上面讨论的是最大剪切力,下面介绍试验得到的切应力与剪切变形的关系。对于未受扰动的脆性土壤,切应力与变形的关系曲线如图 5-4 中的曲线 1 所示。在最大切应力 τ_{max} 时出现"驼峰",然后维持一定的剩余切应力 τ_r。这种关系曲线与物体非周期性衰减振动的时间—位移关系极为相似,可表示为

$$\tau=\frac{c+\sigma\tan\varphi}{y_{max}}\Big[\exp\big(-K_2+\sqrt{K_2^2-1}\big)K_1j- \qquad (5\text{-}11)$$
$$\exp\big(-K_2-\sqrt{K_2^2-1}\big)K_1j\Big]$$

式中,K_1、K_2 为常数;j 为剪切变形;y_{max} 为括号中的最大值。

　　对于疏松土壤,切应力与变形的关系曲线表现为逐渐接近最大切应力而无"驼峰"(图 5-4 中的曲线 2)。可用下式表示切应力与变形的关系

$$\tau=(c+\sigma\tan\varphi)\big[1-\exp(-j/K)\big]=\tau_{max}\big[1-\exp(-j/K)\big]$$
$$(5\text{-}12)$$

式中,K 为土壤剪切变形模数。

　　对式(5-12)微分可求出原点处的斜率为

$$\frac{\mathrm{d}\tau}{\mathrm{d}j}\bigg|_{j=0}=\frac{\tau_{max}}{K}\exp(-j/K)\bigg|_{j=0}=\frac{\tau_{max}}{K} \qquad (5\text{-}13)$$

故 K 值就是曲线 2 在原点处的切线与曲线 2 水平延长线的交点至纵坐标轴的距离。K 可作为最大切应力时相应的土壤变形量的一个度量值。其值取决于土壤的坚实度,对松沙,K 约为 2.5cm;对压实无摩擦的黏土,K 约为 0.6cm。

由于脆性土壤剪切曲线的驼峰对于正常行驶时车辆的土壤推力意义不大,所以常把有驼峰的曲线进行圆滑。当 τ_{max} 与 τ_r 相比不算过大时,可用式(5-10)表示圆滑后切应力与变形的关系。

2. 土壤法向负荷与沉陷的关系

若将一块表示充气轮胎或履带接地面积的平板用均匀负荷压入地面土壤,则其静止沉陷量 z 和单位面积压力 p 之间的关系为

$$\begin{cases} p = kz^n = \left(\dfrac{k_c}{b} + k_\varphi \right) z^n \\ k = \dfrac{k_c}{b} + k_\varphi \end{cases} \tag{5-14}$$

式中,k_c 为土壤的"黏聚"变形模数;k_φ 为土壤的"摩擦"变形模数;b 为承载面积的短边长,即履带的宽度或轮胎接地印迹椭圆的短轴;z 为土壤沉陷量;n 为沉陷指数。

k_c、k_φ、n 值可用有关仪器测试均匀土壤而得,考虑到野外试验时土壤的不均匀性,压板的宽度不宜小于 5～10cm,压入的速度一般为 2.5～5cm/s。

图 5-7 是用相同的平板对不同的均匀土壤所测得的一组典型的负荷-沉陷曲线。这组负荷-沉陷关系是在均匀压力且无水平力时测得的。实际上,车辆行驶时驱动轮或履带必然对地面施加水平力,土壤也随之发生剪切变形。试验表明,土壤的剪切变形会增加土壤的沉陷。由于剪切变形引起的沉陷增量,称为滑动沉陷。表 5-2 是试验测得的一些土壤参数。

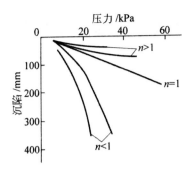

图 5-7　各种均匀土壤的负荷-沉陷曲线

表 5-2　土壤的特性参数

土壤的种类	湿度/%	n	k_c/(kN/m^{n+1})	k_φ/(kN/m^{n+2})	c/kPa	φ/(°)
干沙	0	1.1	0.95	1528.43	1.04	28
沙壤土（Land Locomotion Lab）	15	0.7	5.27	1515.04	1.72	29
	22	0.2	2.56	43.12	1.38	38
沙壤土、密西根（Land Locomotion Lab）	11	0.9	53.53	1127.97	4.83	20
	23	0.4	11.42	808.96	9.65	35
沙壤土（Strong，Buchcle）	26	0.3	2.79	141.11	13.79	22
	32	0.5	0.77	51.91	5.17	11
黏土壤（Hanamoto）	38	0.5	13.19	692.15	4.14	13
	55	0.7	16.03	1262.53	2.07	10
重黏（Thailand）	25	0.13	12.70	1555.95	68.95	34
	40	0.11	1.84	103.27	20.69	6
瘦瘠黏土（WES）	22	0.2	16.43	1724.69	68.95	20
	32	0.15	1.52	119.61	13.79	11
雪（Harrison）		1.6	4.37	196.72	1.03	19.7
		1.6	2.49	245.90	0.62	23.2

注：括号中为试验者。

5.2.2　车辆在松软地面上的土壤阻力

挂钩牵引力为土壤推力与土壤阻力之差,下面对这几个力分别加以分析。

当车辆在松软地面上行驶时,轮胎或履带对土壤的压实和推移将产生压实阻力和推土阻力;充气轮胎的变形将引起弹滞损耗阻力。

轮胎刚度可认为由两部分组成:胎体刚度 p_c 和充气压力 p_i。胎体刚度由轮胎的结构以及材料特性所决定。因此,充气压力对轮胎的刚度有很大的影响,从而影响轮胎的滚动特性。

充气轮胎在不同土壤条件下的滚动情况如图 5-8 所示,分别为刚性车轮和充气轮胎在松软路面上的滚动。

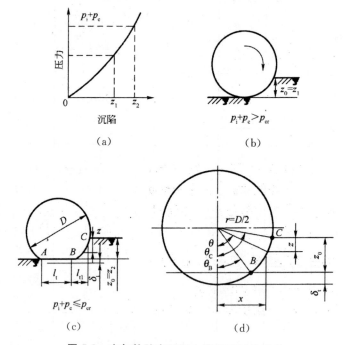

图 5-8　充气轮胎在不同土壤条件下的滚动

z—土壤下陷量;z_0—与轮胎等宽平板的单位长度土壤下陷量;
z_1—刚性轮土壤下陷量;z_2—弹性轮土壤下陷量

当充气压力增加到一个临界压力 p_{cr} 时,轮胎的变形将非常小,可近似看作刚性车轮。

若 $p_c+p_i>p_{cr}$,则轮胎维持圆形,如刚性轮一样滚动,如图 5-8(a)所示;若 $p_c+p_i \leqslant p_{cr}$,部分的轮胎胎面将变成平面,则可认为是弹性的,如图 5-8(b)所示。

因此可利用临界压力 p_{cr} 的大小与轮胎充气压力 p_i 的关系来判断在软路面上滚动的轮胎是刚性还是弹性的区分界限。

下面分别考虑刚性车轮和弹性车轮在车轮滚动时的土壤阻力。

1. 刚性车轮滚动时的土壤阻力

如果地面足够松软,橡胶轮胎的滚动可近似地看作刚性轮缘的滚动。

如图 5-9 所示,假设松软土壤对滚动着的刚性从动轮的反作用力是径向的,其数值就是 $\sigma = p = \left(\dfrac{k_c}{b}+k_\varphi\right)z^n$。

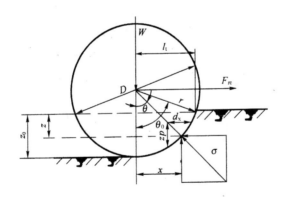

图 5-9　刚性从动轮与松软土壤的相互作用

车轮的受力平衡方程为

$$F_{rc} = b\int_0^{\theta_0} \sigma r \sin\theta \mathrm{d}\theta$$

$$W = b\int_0^{\theta_0} \sigma r \cos\theta \mathrm{d}\theta$$

式中,F_{rc} 为土壤压实阻力;W 为垂直载荷;b 为车轮宽度;θ_0 为轮缘与土壤接触面所包含的角度。

而 $\qquad \sigma r \sin\theta \mathrm{d}\theta = p\mathrm{d}z \quad \sigma r \cos\theta \mathrm{d}\theta = p\mathrm{d}x$

故 $\qquad F_{\mathrm{rc}} = b\int_0^{z_0}\left(\dfrac{k_{\mathrm{c}}}{b} + k_\varphi\right)z^n \mathrm{d}z = \left(\dfrac{z_0^{n+1}}{n+1}\right)(k_{\mathrm{c}} + bk_\varphi) \qquad (5\text{-}15)$

用式(5-15)计算 F_{rc} 时应先确定 z_0。因为

$$W = b\int_0^{r\sin\theta_0} p\mathrm{d}x = b\int_0^{r\sin\theta_0}\left(\dfrac{k_{\mathrm{c}}}{b} + k_\varphi\right)z^n \mathrm{d}x \qquad (5\text{-}16)$$

由图 5-5 的几何关系得

$$x^2 = \left(\dfrac{D}{2}\right)^2 - \left[\dfrac{D}{2} - (z_0 - z)\right]^2 = D(z_0 - z) - (z_0 - z)^2$$

当沉陷量较小时

$$x^2 = D(z_0 - z), \mathrm{d}x = \dfrac{-D\mathrm{d}z}{2x} = -\dfrac{\sqrt{D}\mathrm{d}z}{2\sqrt{z_0 - z}}$$

代入式(5-16),并令 $z_0 - z = t^2$,$\mathrm{d}z = -2t\mathrm{d}t$,得

$$W = (k_{\mathrm{c}} + bk_\varphi)\sqrt{D}\int_0^{\sqrt{z_0}}(z_0 - t^2)^n \mathrm{d}t$$

展开 $(z_0 - t^2)^n$,将展开式的前两项代入上式,则可得

$$z_0 = \left[\dfrac{3W}{(k_{\mathrm{c}} + bk_\varphi)\sqrt{D}\,(3-n)}\right]^{\frac{2}{2n+1}} \qquad (5\text{-}17)$$

把式(5-17)代入式(5-14),可得土壤压实阻力为

$$F_{\mathrm{rc}} = \dfrac{1}{(3-n)^{\frac{2n+2}{2n+1}}(n+1)(k_{\mathrm{c}} + bk_\varphi)^{\frac{1}{2n+1}}}\left[\dfrac{3W}{\sqrt{D}}\right]^{\frac{2n+2}{2n+1}} \qquad (5\text{-}18)$$

式(5-18)用于黏性土壤时较准确,用于存在高滑动沉陷的干沙土则不准确。

在松软地面上,滚动着的车轮的前缘将推动土壤形成隆起的前缘波,产生推土阻力 F_{rb}。若 z_0 为沉陷量,γ_{s} 为土壤单位体积重量,c 为黏聚系数,b 为轮宽,则

$$F_{\mathrm{rb}} = b(cz_0 K_{\mathrm{pc}} + 0.5z_0^2\gamma_{\mathrm{s}}K_{\mathrm{pr}}) \qquad (5\text{-}19)$$

式中,$K_{\mathrm{pc}} = (N_{\mathrm{c}} - \tan\varphi)\cos^2\varphi$,$K_{\mathrm{pr}} = \left(\dfrac{2N_{\mathrm{r}}}{\tan\varphi} + 1\right)\cos^2\varphi$,$N_{\mathrm{c}}$ 及 N_{r} 是土壤承载能力系数;φ 为摩擦角。

若为很松软的地面,则推土阻力可用下式估算

$$F_{\mathrm{rb}} = b(0.67cz_0 K'_{\mathrm{pc}} + 0.5z_0^2\gamma_{\mathrm{s}}K'_{\mathrm{pr}}) \qquad (5\text{-}20)$$

式中，$K'_{pc} = (N'_c - \tan\varphi')\cos^2\varphi'$；$K'_{pr} = \left(\dfrac{2N'_r}{\tan\varphi} + 1\right)\cos^2\varphi'$；$N'_c$ 及 N'_r 为局部剪切失效时土壤承载能力系数；$\tan\varphi' = \dfrac{2}{3}\tan\varphi$。

式（5-19）表明，F_{rb} 与 b 成正比。因此，当接地面积和负荷一定时，大直径的窄轮胎要比小直径的宽轮胎推土阻力小。

刚性车轮滚动时土壤阻力的合力 F_r 为

$$F_r = F_{rc} + F_{rb} \tag{5-21}$$

式（5-21）对于黏性土壤比较准确，不适合于干砂类的土壤。

2. 充气轮胎的土壤阻力

相对于刚性车轮，充气轮胎在松软的地面上会遇到压实阻力、推土阻力以及轮胎弹滞损耗阻力。

因为 $p_c + p_i < p_{cr}$，充气轮胎胎面的一部分将变成平面，其接地压力为 $p_c + p_i$。则可推导得到弹性轮胎滚动时的土壤压实阻力 F_{rc} 为

$$F_{rc} = \frac{\left[b(p_i + p_c)\right]^{\frac{n+1}{n}}}{(n+1)(k_c + bk_\varphi)^{\frac{1}{n}}} \tag{5-22}$$

另外，轮胎变形 δ_t 引起的弹滞损失，将构成充气轮胎滚动时的弹滞损耗阻力 F_{rt}，其值可由试验来确定。

图 5-10 为一种轮胎在硬支承路面上受径向载荷时的变形曲线。图中 OCA 为加载变形曲线，面积 $OCABO$ 为加载过程中对轮胎做的功；ADE 为卸载变形曲线，面积 $ADEBA$ 为卸载过程中轮胎恢复变形时放出的功。由图 5-10 可知，两曲线并不重合，两面积之差 $OCADEO$ 即为加载与卸载过程之能量损失。这种损失称为弹性物质的迟滞损失，简称弹滞损失。单位负荷的弹滞损耗阻力 f_t 可表示为

$$f_t = \frac{F_{rt}}{W} = \frac{u_a}{p_i^\alpha} \tag{5-23}$$

式中，F_{rt} 为弹滞损耗阻力；α 为经验系数；u_a 为汽车行驶速度。

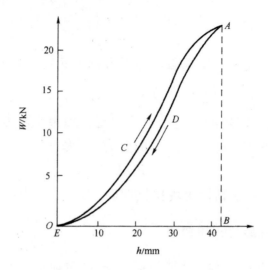

图 5-10　一种轮胎径向变形曲线

故可得

$$F_{\text{rt}} = W \frac{u_{\text{a}}}{p_{\text{i}}^{\alpha}} \tag{5-24}$$

充气轮胎的推土阻力按照刚性轮胎的推土阻力公式来估算。因此,充气轮胎滚动时的土壤阻力 F_{r} 为

$$F_{\text{r}} = F_{\text{rc}} + F_{\text{rb}} + F_{\text{rt}} \tag{5-25}$$

5.2.3　松软地面给车辆的土壤推力

根据土壤的剪切特性可以确定土壤推力。由于土壤在提供推力时发生剪切变形,故车辆驱动轮的接地面相对于地面有向后的滑动,称"滑转"。它既影响平均车速,又影响燃料消耗,故应掌握土壤推力与滑转的关系。图 5-11 为不同行走机构的土壤推力与滑移率的关系。

对刚性车轮而言,可作如下分析。

轮缘上一点的滑动速度 u_{s},即同一点绝对速度的切向分量(图 5-12),是角 θ 和滑转率 s_{r} 的函数:

$$u_{\text{s}} = r\omega \left[1 - (1 - s_{\text{r}}) \cos\theta \right] \tag{5-26}$$

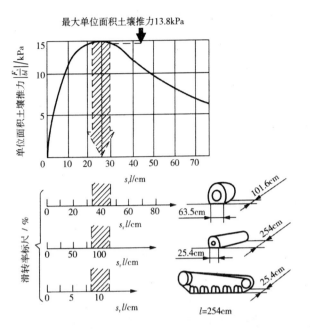

图 5-11　不同行走机构的土壤推力与滑转率关系曲线

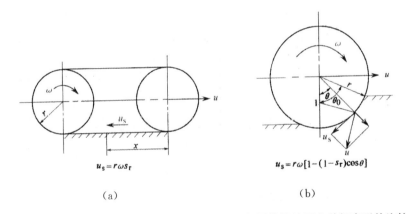

$u_s = r\omega s_r$

（a）

$u_s = r\omega[1-(1-s_r)\cos\theta]$

（b）

图 5-12　刚性车轮轮缘上土壤剪切变形的产生与履带接地面上剪切变形的比较

土壤与轮缘接触面处的剪切变形为

$$j = \int_0^t u_s \mathrm{d}t = \int_0^{\theta_0} r[1-(1-s_r)\cos\theta]\mathrm{d}\theta$$

$$= r[(\theta_0 - \theta)-(1-s_r)(\sin\theta_0 - \sin\theta)] \quad (5\text{-}27)$$

式中，θ_0 为轮缘与土壤接触面所包含的角度。

切应力分布为

$$\tau(\theta)=[c+\sigma(\theta)\tan\varphi][1-\exp(-j/K)]$$

$$=[c+\sigma(\theta)\tan\varphi]\left\{1-\exp\left[-\frac{r}{K}(\theta_0-\theta)-(1-s_r)(\sin\theta_0-\sin\theta)\right]\right\}$$

$$(5\text{-}28)$$

对整个车轮与土壤接触面上切应力的水平分量积分,即得土壤推力

$$F_X=\int_0^{\theta_0}br\tau(\theta)\cos\theta d\theta \qquad (5\text{-}29)$$

5.2.4　挂钩牵引力

车辆的土壤推力 F_X 与土壤阻力 F_r 之差,称为挂钩牵引力,即

$$F_d=F_X-F_r \qquad (5\text{-}30)$$

它表示土壤的强度储备,用来使车辆加速、上坡、克服道路不平或牵引其他车辆。

另外,相对于运动方向来说,接地面积应是纵而长的好而不是横而宽的好。因此,在特别困难的条件下,轮胎常不能代替履带。

5.3　间隙失效的障碍条件

5.3.1　顶起失效的障碍条件

如图 5-13 所示是汽车通过由两个相交平面形成的凸起障碍时,汽车与障碍间的相对位置的改变情况。

由图 5-14 可知,汽车顶起失效的障碍条件为

$$h_m+0.5(D+D_r)\sin\alpha_0-0.5D\leqslant0.5D_r$$

或　　　　　　　　$$h_m\leqslant0.5(D+D_r)(1-\sin\alpha_0)$$

式中, h_m 为汽车中部地隙; D、D_r 分别为车轮直径与地隙直径。

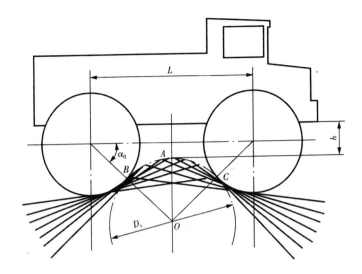

图 5-13　汽车的纵向地隙

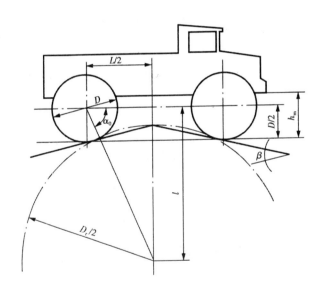

图 5-14　汽车顶起失效的几何关系

因

$$(D+D_r)\cos\alpha_0 = L \tag{5-31}$$

将式(5-31)代入上面的不等式,得顶起条件为

$$h_m \leqslant 0.5\left[(D+D_r) - \sqrt{(D+D_r)^2 - L^2}\right] \tag{5-32}$$

由图 5-15 可知,若 β_0 为障碍的上升平面与下降平面之夹角,

而 $\beta_0=180°-\beta,\delta=\alpha_0-(90°-\beta)$，则有

$$\frac{\cos\delta-\sin\alpha_0}{2L/D-\cos\alpha_0-\sin\delta}=\tan\delta$$

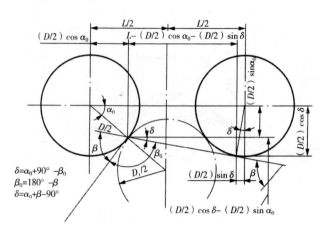

图 5-15　地隙直径的几何关系

将上式与式(5-31)联立求解，得出作为 β 的函数的 D_r 值为

$$D+D_r=\frac{2L^2D(\cos\beta-\cos^2\beta)}{4L^2\sin^2\beta-D^2(1-\cos\beta)^2}+$$

$$\sqrt{\left[\frac{2L^2D(\cos\beta-\cos^2\beta)}{4L^2\sin^2\beta-D^2(1-\cos\beta)^2}\right]^2+\frac{4L^4}{4L^2\sin^2\beta-D^2(1-\cos\beta)^2}}$$

若将此式代入式(5-5)，则可得出在顶起失效的条件下，汽车中部间隙 h_m 与轴距 L、车轮直径 D 及角 $\beta(\beta=180°-\beta_0)$ 之间的关系。

5.3.2　触头失效的障碍条件

如图 5-16 所示为一辆前悬长为 L_f 的汽车，通过平面障碍并驶进深 h、沟底坡角为 β_1 的沟内。假定汽车前端底部位置位于前、后车轮的中心平面上。则发生触头失效的条件是

$$\frac{D}{2\sin(\beta_1+\alpha)}\leqslant L_f \tag{5-33}$$

式中，α 为汽车失效时纵轴线的倾角；D 为车轮直径。

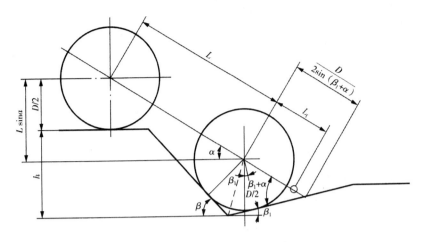

图 5-16　触头失效的几何条件

式(5-6)中的 α 角可由图 5-5 的几何关系求得，即

$$\sin\alpha = \frac{h}{L} + \frac{D}{2L}\left[1 - \frac{\cos\dfrac{\beta - \beta_1}{2}}{\cos\dfrac{\beta + \beta_1}{2}}\right] \qquad (5-34)$$

由式(5-34)确定 $\alpha(0 < \alpha < \beta)$ 以后，就可求得不致发生触头现象的 L_f 极限值。

5.4　汽车通过性的影响因素分析

5.4.1　汽车结构

为了充分地利用地面提供的挂钩牵引力，保证汽车通过性，除了减少行驶阻力外，还必须增加汽车的最大单位驱动力。汽车的最大单位驱动力为

$$\frac{F_{X\max}}{G} = \left(\frac{M_e i_g i_o i'_R \eta_T}{Gr}\right)_{\max} \qquad (5-35)$$

式中，i'_R 为分动器传动比；i_g 为变速器传动比；i_o 为主减速器传动比。

若忽略汽车低速行驶时的空气阻力,最大单位驱动力等于最大动力因数。为了获得足够大的单位驱动力,要求越野汽车有较大的比功率以及较大的传动比。在困难的行驶条件下,限制越野汽车的额定载荷质量可提高单位驱动力,同时也能降低在松软地面上的滚动阻力。

为了避免在松软路面上行驶时土壤受冲击剪切破坏而损坏地面附着力,汽车应能保证在极低速度下稳定行驶。因此,用低速行驶克服困难地段,土壤剪切和车轮滑转的倾向减弱,可改善汽车通过性。越野汽车最低稳定车速可按表 5-3 选取,其值随汽车总质量而定,也可由发动机的最低稳定转速求得汽车的最低稳定行驶速度 u_{amin},即

$$u_{\mathrm{amin}} = 0.377 \frac{n_{\mathrm{emin}} r}{i_{\mathrm{g}} i_{\mathrm{R}}' i_o} \tag{5-36}$$

式中,n_{emin} 为发动机的最低稳定转速,r/min。

表 5-3 越野汽车的最低稳定车速

汽车总质量 /t	<19.6	<63.7	<78.4	>78.4
最低稳定车速/ (km/h)	≤5	≤2~3	≤1.5~2.5	≤0.5~1

1. 液力传动

汽车装有液力变矩器或液力耦合器时发动机的工作稳定性提高;使汽车可长时间稳定地以低速(0.5~1.5 km/h)行驶,从而可减小滚动阻力和提高附着力,改善汽车通过性。装有普通机械式传动系的汽车在突然起动时,驱动轮转矩急剧上升,并产生对土壤起破坏作用的振动(见图 5-17 虚线 1b)。即使在缓慢起步时(见图 5-17 虚线 1a),驱动转矩也比滚动阻力矩 M_{f} 大得多。在松软地面上起步时,这种过大的驱动转矩并不能使汽车得到较大的加速度,相反却使土壤被破坏,轮辙加深,起步困难;而液力传动

能保证驱动轮转矩逐渐而平顺地增长(图 5-17 实线 2a、2b),从而防止土壤被破坏和车轮滑移。

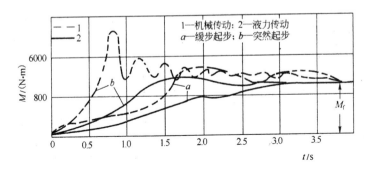

图 5-17　汽车起步时驱动轮上转矩变化图

液力传动还能消除机械式传动系经常发生的扭振现象。这种扭振现象会引起驱动力产生周期性冲击,减少土壤颗粒间的摩擦,增加了轮辙深度,并减少轮胎与土壤间的附着力,因而使车轮滑转的可能性大为增加。转矩脉动所引起的土壤内摩擦力的减小,还会使汽车前轮所造成的轮辙立即展平,使后轮滚动阻力增加。

装有普通机械传动系的汽车在松软地面行驶时,由于车速低,汽车惯性不足以克服较大的行驶阻力,致使换挡时,因切断功率而停车。采用液力传动可消除因换挡所引起的功率传递间断现象,因而使汽车通过性有显著提高。

2. 差速器

传动系中装有差速器保证了各驱动车轮能以不同的角速度旋转。为了避免一侧车轮会因另一侧车轮陷入路面中而被限制驱动力,某些越野汽车上装有差速锁,以便必要时将差速器锁止。此时,汽车可得到的驱动力为

$$F_X = (F_{Z1}\mu_g)_{min} + (F_{Z2}\mu_g)_{max} \tag{5-37}$$

差速器的内摩擦能使左右车轮传递的转矩不等。设传给差速器的转矩为 M,差速器的内摩擦力矩 M_r,则旋转较慢和较快的驱动车轮上的转矩分别为

$$\begin{cases} M_1 = (M + M_r)/2 \\ M_2 = (M - M_r)/2 \end{cases} \quad\quad (5\text{-}38)$$

这样,如果一个驱动车轮由于附着力不足而开始滑转,因其转速加快,则传给它的转矩就会减小到 M_2,因而可能停止滑转。而另一车轮的转矩增大到 M_1。结果在两个驱动车轮上的总驱动力可能达到最大数值,即

$$(F_X)_{max} = 2(F_Z \mu_g)_{min} + M_r/r \quad\quad (5\text{-}39)$$

由此可见,由于差速器的内摩擦,使汽车的总驱动力增加了 M_r/r。越野汽车常采用高摩擦式差速器,如凸轮式或蜗杆式差速器等。这时总驱动力可增加 $10\% \sim 15\%$,因而能提高汽车通过性。

3.拖带挂车

汽车拖带挂车后,由于总质量增加,动力性将有所降低,即汽车列车的最大动力因数将比单车的最大动力因数小。因而,汽车列车通过性也随之变差。

为了保证汽车列车有足够高的通过性,对汽车列车的牵引汽车,应该有较大的动力因数。增大传动系的总传动比可以加大动力因数,但与此同时,汽车的最大行驶速度将会降低;加大发动机功率也会增大动力因数,但汽车在一般道路上行驶时,由于功率利用率低,将使汽车燃料经济性变坏。

将汽车列车做成全轮驱动是提高相对附着质量的最有效方法。这可通过在挂车上也装上动力装置(动力挂车),或将牵引车的动力通过传动轴或液压管路传输到挂车的车轮上(驱动力挂车)来实现。

全轮驱动汽车列车的通过性较高,这不仅因其相对附着质量最大,同时,由于道路上各点的附着系数一般是不同的(如道路上有积水小坑),驱动车轮数目增多后,各驱动车轮均遇到附着系数小的支承路面的可能性大为减小,因而对汽车列车的通过性有利。

汽车列车克服障碍的能力与挂钩和牵引杆的结构参数也有关。如牵引杆在垂直平面内的许可摆角($\alpha_\beta + \alpha_H$)，对汽车列车所能通过的凸起高度有很大影响，如图 5-18 所示。

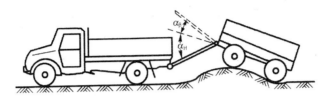

图 5-18　汽车列车通过凸起路面

4. 驱动防滑系统(ASR)

汽车在泥泞道路或冰雪路面行驶时，因路面附着系数小，有时出现驱动轮滑转现象。当驱动轮滑转时，产生的驱动力很小。尤其当驱动轮原地空转时，驱动力接近零。例如，汽车驱动轮陷入泥坑时，汽车不能前进。即汽车的驱动轮一侧或两侧滑转后，汽车总驱动力不足以克服行驶阻力，使汽车通过坏路的行驶能力受到限制。汽车驱动轮滑转，限制了汽车动力性发挥，增加了轮胎磨损，降低了轮胎使用寿命；并使汽车抗侧向力能力下降，当遇到侧风或横向斜坡时，容易发生侧滑，影响汽车行驶的横向稳定性。

ASR 系统的控制方式一般分为三类，如图 5-19 所示。

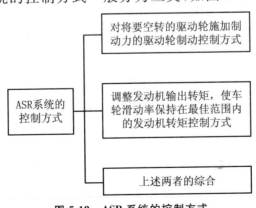

图 5-19　ASR 系统的控制方式

驱动防滑系统（ASR）可自动调节发动机转矩到驱动轮的驱动力，使驾驶员工作强度减小，稳定性和操纵性得到调节，驱动力的发挥得以改善。

发动机输出转矩控制。如果驱动过程中左、右驱动轮同时滑转，ASR系统的控制系统可从前、后车轮速度传感器传来的转速差极大的信息中，判断出左、右驱动车轮均在空转，于是，对发动机供油控制系统发出指令，相应降低其输出转矩，使得驱动轮的转速降低，直到驱动轮停止滑转。

驱动轮制动控制。汽车行驶中若出现一侧车轮滑转超过规定值时，控制系统向差速器制动阀和制动压力调节器发出控制指令，对滑转的车轮施加制动，使得滑转的车轮减速，当其减速至规定值后，停止对其控制。若又开始滑转，则重复上述循环过程。整个过程中，一方面对滑转的车轮施加制动；另一方面又对另一侧无滑转车轮施加正常驱动力，其效果相当于差速锁的作用，使车辆在冰雪路面上的方向稳定性和起步能力均可得到改善。

发动机输出转矩调节和驱动轮制动控制综合进行。当汽车在冰雪路面转弯行驶时，如果驱动力过大，会引起驱动轮空转，使车辆在离心力的作用下甩尾侧滑。遇到这类情况，控制系统会自动控制驱动轮制动和调节发动机输出转矩，使二者同时或单独工作，保证汽车稳定行驶。

另外，在驱动轮滑转时，ASR系统自动向驾驶员发出警报（报警灯），提示不要猛踏加速踏板，注意转向盘操作。

5.新能源汽车的分布式独立驱动结构

作为新能源汽车的前沿方向，可省略传统机械差速器的分布式独立驱动电动汽车成为近年世界各国研究开发的热点。电动汽车采用如图5-20所示的轮毂电动机直接驱动或轮边减速式独立电驱动结构，各驱动轮之间无机械差速器和分动器等复杂结构，传动链简短、高效，且各驱动轮独立控制，故障对策的冗余性强；各独立电驱动结构分散布置于驱动轮内或驱动轮附近，几乎不占用汽车车身(车架)空间,且没有传统汽车发动机和影响离地间隙的主减速器,有利于提高车身(车架)空间利用率和几何通过性,也为各种个性化车身造型、低风阻空气动力学性能以及低地板底盘技术的实现提供了更多的优化设计空间。通过基于路面状态辨识和汽车系统动力学控制,对各驱动轮进行转矩分配和控制,将大幅提升汽车在各种坏路和无路地带(如松软地面、凹凸不平地面等)的行驶稳定性、主动安全性和通过性。

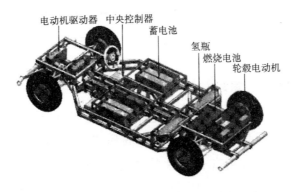

图 5-20　新能源汽车分布式独立电驱动结构

5.4.2　车轮

1.轮胎气压

汽车在松软地面上行驶时,应相应降低轮胎气压,以增大轮胎与地面的接触面积,降低接地比压,从而减小轮胎在松软地面的沉陷量及滚动阻力,提高土壤推力。所以,在一定的地面上有一个最小地面阻力的轮胎气压,如图 5-21 所示。实际上,轮胎气压应比该气压略高 $19.2 \sim 29.4 \mathrm{kPa}$。此时,地面阻力虽稍有增加,但由于在潮湿地面上的附着系数的提高,从而使汽车通过性得以改善。

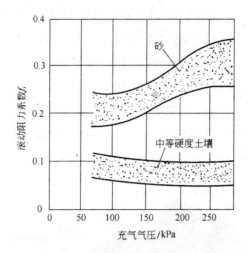

图 5-21　轮胎气压与地面阻力的关系

通常,越野汽车的超低压轮胎气压可以在 49～343kPa 范围内变化。在低压条件下工作的超低压越野轮胎,其帘布层数较少,具有薄而坚固,又富有弹性的胎体,以减少由于轮胎变形引起的迟滞损失,并保证其使用寿命。

2.轮胎直径与宽度

若将后轮的双胎换为一个断面比普通轮胎大 2～2.5 倍、充气气压很低(29.4～83.3kPa)、断面具有拱形的"拱形轮胎"时,接地面积将增大 1.5～3 倍以上,则能大幅度地减小接地比压,使汽车在沙漠、雪地、沼泽地面上行驶时,具有特别良好的通过性。

3.从动轮和驱动轮

在越野行驶中,常以很低的车速去克服某些障碍物,可用静力学平衡方程式求得障碍物与汽车参数间的关系。

图 5-22 为硬地面上后轮驱动汽车越过台阶时的受力情况。由图 5-22(a)可知,前轮(从动轮)碰到台阶时的平衡方程式为

$$\begin{cases} F'_{Z1}\cos\alpha + f_r F'_{Z1}\sin\alpha - \mu F_{Z2} = 0 \\ F'_{Z1}\sin\alpha + F_{Z2} - f_r F'_{Z1}\cos\alpha - G = 0 \\ f_r F'_{Z1} r + F_{Z2} L - GL_1 - r\mu F_{Z2} = 0 \end{cases} \quad (5\text{-}40)$$

式中,G 为汽车总重力;F'_{Z1} 为台阶作用于前(从动)轮的反作用力;F_{Z2} 为后轴负荷;μ 为后(驱动)轮附着系数;f_r 为前(从动)轮滚动阻力系数。

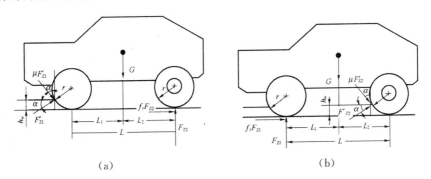

(a)   (b)

图 5-22 4×2 汽车通过台阶时的受力情况分析

将式(5-40)中的 G、F'_{Z1}、F_{Z2} 消除,可得无因次方程式为

$$\left(\frac{(\mu+f_r)}{\mu}\frac{L_1}{L}-\frac{f_r}{\mu}+\frac{f_r r}{L}\right)\sin\alpha-\left(\frac{1}{\mu}-\frac{(1-f_r\mu)}{\mu}\frac{L_1}{L}-\frac{r}{L}\right)\cos\alpha=\frac{f_r r}{L}$$

$$(5\text{-}41)$$

由图 5-22 所示的几何关系可知

$$\sin\alpha=\frac{r-h_w}{r}=1-\frac{h_w}{r} \qquad (5\text{-}42)$$

式中,h_w 为台阶高度。

将式(5-42)代入式(5-41),并设硬路面上的 $f_r\approx0$,则可得

$$\left(\frac{h_w}{r}\right)_f=1-\left[1+\mu^2\left(\frac{L_1/L}{1-L_1/L-\mu r/L}\right)^2\right]^{-\frac{1}{2}} \qquad (5\text{-}43)$$

式中,$\left(\dfrac{h_w}{r}\right)_f$ 为前轮单位车轮半径可克服的台阶高度,它表示前轮越过台阶的能力。

如图 5-22(b)所示,当后轮(驱动轮)碰到台阶时,其平衡方程式为

$$\begin{cases} F'_{Z2}\cos\alpha+f_r F_{Z1}-\mu F'_{Z2}\sin\alpha=0 \\ F_{Z1}+F'_{Z2}\sin\alpha+\mu F'_{Z2}\cos\alpha-G=0 \\ F_{Z1}L+\mu F'_{Z2}r-GL_2+rf_r F_{Z1}=0 \end{cases} \qquad (5\text{-}44)$$

式中,F'_{Z2} 为台阶作用于后轮(驱动轮)的作用力。

· 151 ·

将 $\sin\alpha = 1 - \dfrac{h_w}{r}$ 及 $f_r \approx 0$ 代入式(5-44),可解得

$$\left(\frac{h_w}{r}\right)_r = \left[1 - \frac{1}{\sqrt{1+\mu^2}}\right] \qquad (5\text{-}45)$$

式中,$\left(\dfrac{h_w}{r}\right)_r$ 为后轮单位车轮半径可克服的台阶高度,它表征了汽车后轮越过台阶的能力。

由式(5-45)可知,后轮越过台阶的能力与汽车的结构参数无关。

将不同的附着系数代入式(5-43)和式(5-45)可发现,后轮是限制汽车越过台阶的因素。式(5-45)计算所得的曲线示于图 5-23 下部。

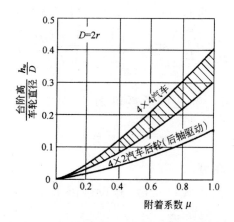

图 5-23　汽车越障能力与附着系数的关系

图 5-24 是 4×4 汽车在硬地面上越过台阶时的受力情况。

当前轮与台阶相遇时,有

$$\left(\frac{1}{\mu} - \frac{1+\mu^2}{\mu}\frac{L_1}{L} - \frac{r}{L}\right)\cos\alpha - \left(1 - \mu\frac{r}{L}\right)\sin\alpha - \mu\frac{r}{L} = 0$$

$$(5\text{-}46)$$

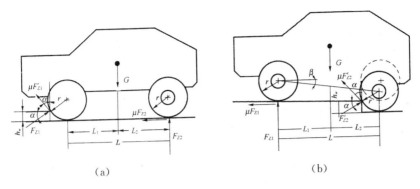

（a）　　　　　　　　　　（b）

图 5-24　4×4 汽车通过台阶时受力图

同样，以 $\sin\alpha = 1 - \dfrac{h_w}{r}$ 代入式（5-46），可求出 $\left(\dfrac{h_w}{r}\right)_f$。

当后轮遇到台阶时，有

$$\left[(\cos\beta - \mu\sin\beta) - \mu\frac{r}{L}\right]\sin\alpha - \left[\left(\lambda\frac{L_1}{L} - \mu\right)\cos\beta - \right.$$

$$\left.\left(\lambda\frac{h_0}{L} - 1\right)\sin\beta + \frac{r}{L}\right]\cos\alpha - \mu\frac{r}{L} = 0 \qquad (5\text{-}47)$$

式中，$\lambda = \dfrac{1+\mu^2}{\mu}$；$\sin\alpha = 1 - \dfrac{h_w}{r}$；$h_0$ 是汽车质心至前后轴心连线的距离。

对式（5-47）进行分析可知，$\dfrac{L_1}{L}$ 较小，其后轮越过台阶的能力要比前轮大。较大的 $\dfrac{L}{r}$ 比值，不论汽车的总质量如何在轴间分配，总会改善后轮越过台阶的能力。

用同样方法求解汽车越过壕沟的问题时，从图 5-25 可看出，沟宽 L_a 与车轮直径之比值 $L_d/2r$，同上面求得的 $\dfrac{h_w}{r}$ 值间只有一个换算系数的差别，它们之间的关系为

$$\frac{L_d}{2r} = \sqrt{\frac{2h_w}{r - \left(\dfrac{h_w}{r}\right)^2}} \qquad (5\text{-}48)$$

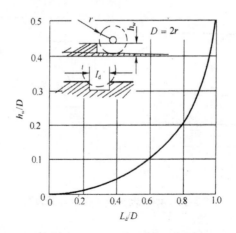

图 5-25　车轮可越台阶或壕沟尺寸换算图

由式(5-48)可绘成如图 5-25 所示的曲线。因此,只要知道车轮越过垂直障碍的能力 $\dfrac{h_w}{r}$,就可通过此图查得可越过的壕沟宽度。

就 4×4 汽车的 $\dfrac{r}{L}$ 与 $\dfrac{L_1}{L}$ 比值的变化而言,前后轮在越障能力方面有不同的反映。

驱动轮在汽车上的部位及其数目对通过性的影响还可从克服坡度能力加以论述。汽车上坡行驶时,其行驶所能克服的坡度大小与此有密切关系。

当汽车在坏路上行驶时,其行驶速度较低,故可略去空气阻力和加速阻力,因前轮驱动汽车附着利用率最低,汽车的加速和上坡通过性最差,全轮驱动车辆的附着利用率和爬坡能力最大。此外,增加汽车驱动轮数,还可提高汽车附着质量,增加驱动轮与松软地面的接触面积,是改善汽车通过性的最有效方法。因此,越野汽车都采用全轮驱动。

5.4.3　驾驶技术

驾驶方法对汽车通过性的发挥有很大影响。在通过松软地面时,应该用低速挡,以保证车辆有较大的驱动力和较低的行驶速度。在行驶中应避免换挡和加速，并保持直线行驶，因为转弯时将引起前后轮辙不重合，而增加滚动阻力，如图 5-26 所示。

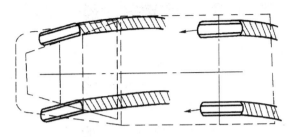

图 5-26　汽车转弯时的轮辙图

当汽车传动系装有差速锁时，驾驶员应在有可能使车轮滑转的地区前就将差速器锁住。因为车轮一旦滑移后，土壤表面就会被破坏，附着系数下降，再锁住差速锁不会起显著作用。当汽车离开坏路地段后，驾驶员应将差速锁脱开，避免由于功率循环现象使发动机、传动系和轮胎磨损增加，燃料经济性和动力性变坏，以及通过性降低等不良后果。

第6章　纯电动汽车技术

纯电动汽车与汽油车、柴油车相比，省去了发动机、变速器、冷却系统、油箱和排气系统，而且电动汽车的电机和控制器的成本更低，能量转换效率更高，是未来最具商业价值的汽车。

电动汽车的主要优点是既节能又具有广泛的环保效应。研究显示，使用电动汽车行驶 1km 所需要的费用比汽油车便宜 80％～90％，且基本无排放。加快开发的纯电动汽车将很快走到汽车消费市场的前台。

6.1　纯电动汽车概述

电动汽车可分为纯电动汽车、混合动力电动汽车和燃料电池电动汽车三大类，纯电动汽车是电动汽车的技术基础。纯电动汽车就定义来说是指单纯用蓄电池作为驱动能源的汽车。图 6-1 所示为法国标致 101 型纯电动汽车。

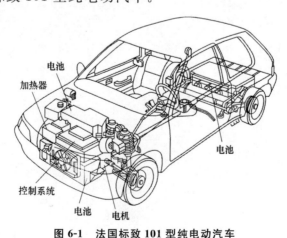

图 6-1　法国标致 101 型纯电动汽车

6.1.1　纯电动汽车的类型与特点

1.纯电动汽车的类型

纯电动汽车是指以车载电源为动力,用电机驱动车轮行驶,符合道路交通安全法规各项要求的车辆。

(1)按用途分类

由于没有相关国标的规定,这里仅按照常见的纯电动汽车车型和传统汽车分类国标 GB/T 3730.1—2001《汽车和挂车类型的术语和定义》,将纯电动汽车按照用途的不同划分为运输用电动汽车和专用特种电动汽车。

运输用电动汽车划分为纯电动乘用车和纯电动商用车。

①纯电动乘用车。一般称为电动轿车,车辆座位数不超过9座,用于载运乘客及其随身行李。

②纯电动商用车。又可分为电动客车和电动货车,电动客车车辆座位数大于9座,用于载运较多成员,提供公共服务;电动货车用于载运各种货物。

常见的专用特种电动汽车划分为电动专用汽车、电动娱乐汽车和电动竞赛汽车。

①电动专用汽车,是指装置有专用工作装置、完成专项作业任务的电动汽车。

②电动娱乐汽车,是指诸如高尔夫球场电动车、观光电动汽车之类的用于娱乐活动的场地电动汽车。

③电动竞赛汽车,是指专门为竞赛设计的电动汽车。

(2)按驱动形式分类

按动力驱动控制系统结构形式不同,纯电动汽车可以分为多种形式,按照驱动电机的不同可分类为直流电动机驱动的电动汽车、交流电动机驱动的电动汽车、直流无刷电机驱动的电动汽车、感应电机驱动的电动汽车和开关磁阻电机驱动的电动汽车;按照电机的数量和按照位置可分类为单电动机驱动的电动汽车、双电动机驱动的电动汽车和电动轮电动汽车(轮毂电机驱动的电动汽车)。

(3)按驱动结构布局分类

这实际上是按驱动传递方式来分类,由于电动机驱动的灵活性可以有多种组合方式,归纳其典型的基本结构主要有四种:传统的驱动模式、电动机－驱动桥组合式驱动方式、电动机－驱动桥整体式驱动方式、轮毂电动机分散驱动方式,如图 6-2 所示。由于汽车转弯时,外侧车轮的转弯半径比内侧车轮大,所以需要通过差速器来配合两侧车轮转速不同的要求。前两种需采用具有行星齿轮结构的机械式差速器;第三种的差速器可用机械式或电控式;而第四种即可实现电子差速控制。

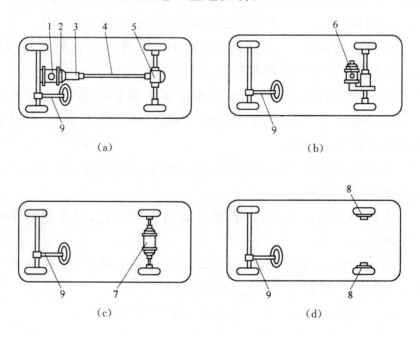

图 6-2　四种典型的驱动结构

(a)传统的驱动模式;(b)电动机－驱动桥组合式驱动方式;

(c)电动机－驱动桥整体式驱动方式;(d)轮毂电动机分散驱动方式

1—电动机;2—离合器;3—变速器;4—传动轴;

5—驱动桥;6—电动机－驱动桥组合式驱动系统;

7—电动机－驱动桥整体式驱动系统;8—轮毂电动机;9—转向器

2.纯电动汽车的特点

纯电动汽车与内燃机汽车相比,具有以下优点。

(1)无污染,噪声低

纯电动汽车无内燃机汽车工作时产生的废气,不产生排气污染,对环境是十分有益的,可实现"零污染";另外,纯电动汽车无内燃机产生的噪声,电机的噪声也较内燃机小。

(2)能源效率高、多样化

电动汽车停止时不消耗电量,在制动过程中,电机可自动转化为发电机,实现制动减速时能量的再利用。同时,纯电动汽车的应用可有效地减少对石油资源的依赖,可将有限的石油用于更重要的领域。

(3)结构简单、使用维修方便

因使用单一的电能源,省去了发动机、变速器、油箱、冷却和排气系统等,所以结构较简单。

纯电动汽车与内燃机汽车相比,具有以下缺点。

①续驶里程较短,目前电动汽车尚不如内燃机汽车技术完善,尤其是动力蓄电池的寿命短,使用成本高,储能量小,一次充电后续驶里程较短。

②成本高,目前,纯电动汽车主要采用锂离子蓄电池,成本较高。

③安全性,锂离子蓄电池的安全性有待进一步提高。

④配套不完善,电动汽车的使用还远不如内燃机汽车使用方便,还要加大配套基础设施的建设。

随着电动汽车技术的突破,特别是动力蓄电池容量和循环寿命的提高,以及价格的降低,电动汽车的推广使用一定会得到大的发展。

表 6-1　电动汽车与内燃机汽车性能和用途比较

项目	性能							用途						
	机动性	废气排放	噪声振动	操作难易	能源补给	购置费用	维修费用	大范围作业	连续作业	不通风场所	低噪声场所	狭窄场所	易燃爆场所	低温场所
电动汽车	○	○	○	○	★	☆	○	☆	★	○	○	○	○	○
汽油汽车	○	☆	★	★	○	○	☆	○	○	★	★	☆	☆	☆
柴油汽车	○	★	☆	★	○	★	★	○	○	★	☆	☆	☆	☆

注:○—好(适用);★—一般;☆—差(不适用)。

6.1.2　纯电动汽车发展现状

2008 年 11 月 19 日,宝马汽车公司发布纯电动汽车 MINI E。MINI E 采用锂离子动力电池,续驶里程超过 240km,最高车速为 152km/h,从静止加速到 100km/h 的时间为 8.5s。MINI E 已经完成了量产车型产品研发,并通过了多项碰撞测试。

2009 年,三菱汽车公司开始在日本销售纯电动汽车 iMiEV,并逐步出口至美国和欧洲。据三菱测算,如果使用较便宜的夜间时段电力给电动汽车充电,其使用成本不到同等燃油汽车的 1/10。该车采用了高能量密度锂离子电池,电池组的能量可保证 iMiEV 一次充电可连续行驶 160km。iMiEV 提供了快速充电和家用充电两种模式:快充模式可在 30min 之内为 iMiEV 充入 80%的电量;普通充电模式下充满 iMiEV 的所有电池大约需要 7h。

2011 年,由特斯拉汽车公司制造的全尺寸高性能纯电动轿车特斯拉 Model S 正式进入量产阶段,在 2013 年度全球销量达到 22300 辆的规模。Model S 采用汽车级锂离子电池技术,充电全部采用标准化设计。如果使用大电流 200V 充电,Model S 充 1h 电续驶里程可达 110km。该车的电池组由 8000 个电池单元组成,续驶里程可达到 483km。Tesla 大量使用铝合金制造车身组件,将整备质量减小到 1735kg,风阻系数仅为 0.27。它从静止加速到 96km/h 耗时 5.6s,400m 加速耗时 14s,极速为 193km/h。

2012 年,北汽 E150EV 上市。E150EV 是基于北汽 E 系列研发而来的,该车最高车速 120kn/h,单次充电续驶里程为 150km,充电时间为 6~8h。继 E150EV 纯电动汽车上市后,北汽集团在 2014 年又推出了北汽 EV200 和 ES210 两款车型。其中,北汽 EV200 采用三元锂电池组,最高车速 125km/h,60km/h 等速续航里程为 245km。而北汽 ES210 搭载了锂电池组,最高车速为 130km/h,60km/h 等速续航里程可达 200km。同时,这两款车都可以采用慢充和快充两种充电方式,但所需的充电时间有所差异。北汽 EV200 的慢充充电时间为 8~9h,快充充电时间为 30min;北汽 ES210 在 220V 家用电源可随插随充,6~8h 充满;当使用快充桩时,30min 可充满 80%,1h 达到满电状态。

此外,2015 年 11 月,北汽 EU260 乐享版在广州上市。采用三元锂离子电池组,电池容量为 41.4kW·h,最高车速为 140km/h。其续航里程为 260km 以上,等速行驶可达 350km。该车提供快充、慢充两种充电模式,其中快充 30min 可充 80%。同时,具有电池寿命管理系统,实现过充过放、高温高寒等电池寿命保护,能有效延长使用周期。

宝马电动汽车 i3 车型于 2014 年 9 月在国内正式上市,提供纯电动和混动车型供消费者选择。充电方面,使用家庭 220V 电源充电,需要 8h 充满,而在宝马专用充电装置下充电,只需 1h,充满电后可行驶 130~160km。

江淮 iEV5 电动车在 2015 年上市,是江淮的第五代纯电动车。动力系统是由一台永磁同步电动机与 23kW·h 的三元锂电池组成,续航里程最大可达 200km。该车有两种充电方式,分别为 8h 的慢充和 2.5h 的快充。同时,该车的最高时速可达 120km/h,

相比最高时速 100km/h 的 iEV4 有所提升。

　　近些年投放市场的几款典型纯电动汽车如图 6-3 所示。

（a）　　　　　　　　　　　　　　　　（b）

（c）　　　　　　　　　　　　　　　　（d）

（e）　　　　　　　　　　　　　　　　（f）

图 6-3　投放市场的几款典型纯电动汽车

（a）宝马 i3；（b）三菱 iMiEV；（c）北汽 EV200；（d）北汽 ES210；（e）腾势；（f）江淮 iEV5

　　我国基本掌握了纯电动汽车整车动力系统匹配与集成设计、整车控制技术,样车的动力性和能耗水平与国外相当,在小型纯电动汽车和大型公交客车方面实现了小规模生产和示范运行。但也存在一些主要问题,如整车产品在续驶里程、可靠性和工程化,动力电池的比能量、安全性、可靠性和使用寿命等方面在满足整车要求的前提下,动力电池隔膜、控制器基础硬件、芯片、高速信号处理部件还没有成熟的产品可用,大多依赖进口。

6.2 纯电动汽车的结构与原理

6.2.1 纯电动汽车的结构

纯电动汽车的结构与燃油汽车相比,主要增加了电力驱动控制系统,但取消了发动机,纯电动汽车的基本组成与工作原理如图 6-4 所示。

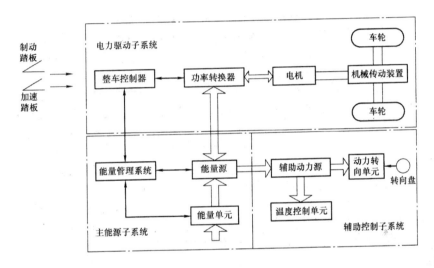

图6-4 纯电动汽车的基本组成与工作原理

图 6-4 中,双线表示机械连接,粗线表示电气连接,细线表示控制连接。每根线上的箭头表示电能或控制信息的流向。

1.电力驱动子系统

电力驱动子系统包括整车控制器、功率转换器、电机、机械传动装置。

电动机驱动系统是电动汽车的心脏,它的任务是在驾驶员的操控下,高效率地将能量源中的电能转化为车轮的动能,或者将车轮的动能反馈到能量源。从功能的角度看,电动汽车的电动机驱动系统可分为电气和机械两个子系统。电气子系统则由电动机、功率变换器和电子控制器等组成;而机械子系统主要包括机械传动装置(是可选的)和车轮。电气和机械系统的边界为电动机的气隙,通过该边界实现机电能量的转换。在驱动和能量再生反馈过程中,能量源与电动机之间的能量流动是通过电力电子功率变换器进行调节的。

电机具有双重角色,既承担电动,也用来发电,具体来说,在正常行驶时,主要作为电动机,将电能转化为机械能;在减速和下坡过程中,主要用来发电,将车轮的惯性动能转化为电能。电动汽车用驱动电机主要类型如图 6-5 所示。

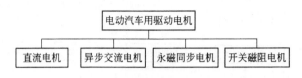

图 6-5 电动汽车用驱动电机

适用于电动汽车驱动的电动机可分为两大类,即有换向器电动机和无换向器电动机。习惯上将有换向器的直流电动机简称为直流电动机。由于技术成熟、控制简单,直流电动机曾在电力驱动领域有着突出的地位。实际上,各类直流电动机(包括串励、并励、他励和永磁直流电动机)都曾在电动汽车上得到应用。但其电刷和换向器需要经常维护,可靠性低,正在被交流无刷电动机取代。

无换向器电动机包括感应电动机、永磁同步电动机、永磁无刷直流电动机、开关磁阻电动机等。无换向器电动机在效率、功率密度、运行成本、可靠性等方面明显优于传统的直流电动机,因此,在现代电动汽车中获得广泛应用。

图 6-6 为电动汽车用电动机的常见分类,其中打阴影的电动机表示已经在近代电动汽车中得到应用。

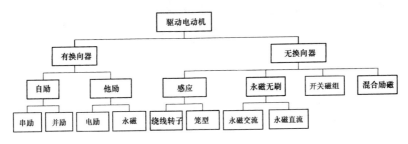

图 6-6　电动汽车用驱动电机的分类

因为汽车使用工况比较复杂,所以电动汽车对电动机的要求比较高。基本要求如下。

①转矩、功率密度大。

②宽调速范围,最高转速要达到基速的 4～5 倍。

③在很宽的转矩和转速区内保持高效率。

④过载能力强,以满足短时加速行驶和最大爬坡度的要求。

⑤快速转矩响应。

⑥高可靠性和一定的容错运行能力。

⑦低噪声。

⑧合理的价格。

与内燃机驱动的传统汽车相比,电动机驱动的电动汽车可方便地布置电动机驱动单元,既可以用一台电动机进行集中驱动,也可以用多台电动机分布于汽车的不同位置,实现分布式驱动。例如,可以用一台电动机驱动左轮,用另一台电动机驱动右轮,这就是双电动机驱动方式;如果在每个车轮上安装一台轮毂电动机,就是四电动机驱动。

不同的驱动方式各有优缺点。单电动机驱动方式的优点是仅有一台电动机,电动机驱动系统的体积、重量和成本可以最小化,另外控制简单,差速、转向等可借用传统汽车的成熟控制技术;而多电动机驱动方式可减小每一台电动机的体积和重量,省去机械传动部分,使传动系统得到简化,由于电动机与能源之间采用软电缆连接,可将电动机在汽车空间内合理分布,提高空间利用率,整车重量和成本有望降低。此外,由于有多台电动机,可提高驱动系统的冗余性。但是,多电动机驱动系统对整车牵引力控制提出了更高要求。图 6-7 为单电动机和双电动机驱动系统的功能框图。

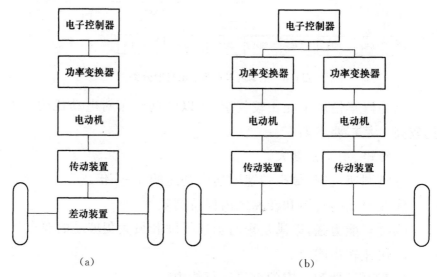

图 6-7　单电动机和双电动机驱动系统的功能框图

(a)单电动机;(b)双电动机

目前,单电动机驱动和多电动机驱动方式均有应用。例如,GM EV1 采用了单电动机驱动,NIES Luciole 则采用了双电动机驱动。

2.主能源子系统

主能源子系统包括能量源及能量管理系统,能实现能源利用监控、能量再生、协调控制等作用。

车载电源模块主要包括蓄电池电源、能量管理系统和充电控制器等。其作用是向电机提供驱动电能,监测电源使用情况以及控制充电机向蓄电池充电。纯电动汽车的能量管理主要指电池管理系统,其主要功用是对电动汽车用的电池单体及整组进行实时监控,进行充放电、巡检、温度监测等。充电控制器把交流电转化为相应电压的直流电,并按要求控制其电流。

电动汽车用动力电池主要类型如图 6-8 所示。

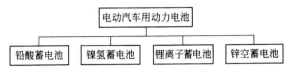

图 6-8　电动汽车用动力电池

目前纯电动汽车以锂离子蓄电池为主。

3. 辅助控制子系统

辅助控制子系统包括动力转向单元、温度控制单元和辅助动力源等,主要为电动汽车提供辅助电源,控制动力转向、电池充电等作用。

6.2.2　纯电动汽车车型实例

本节以丰田汽车公司 RAV4-EV 纯电动汽车为例介绍纯电动汽车。

RAV4-EV 是以内燃机汽车 RAV4 为基础的纯电动汽车,搭载了高性能氢镍电池与 PM 电动机(永磁同步电动机)。1996 年 9 月起三门车开始在日本国内销售,1997 年 10 月起五门车开始在日本国内以及美国销售。

下面以丰田汽车公司 RAV4-EV 为例,介绍纯电动汽车的基本结构。

1996 年 9 月,日本丰田汽车公司研制了 RAV4-EV 型纯电动汽车样车,1997 年 10 月又推出了其改型车。该车是"零污染"和低维护的实用型 EV,已在美国批量销售。该车型的技术性能参数见表 6-2。

表 6-2　RAV4-EV 型纯电动汽车的技术性能参数

尺寸参数	总长/mm	3980	电动机	类型	永磁同步电动机
	宽度/mm	1695		工作电压/V	288
	高度/mm	1675		最大功率/kW	45
	轴距/mm	2410	技术性能参数	最高车速/(km/h)	125
质量参数	乘员数/人	5		一次充电后续驶里程（日本10～15工况）/km	220
	整车质量/kg	1540			
电池组	类型	镍氢电池	充电器	类型	车载传导式
	单体电池数量/个	240			
	工作电压/V	288		充电时间/h	6.5

丰田汽车公司 RAV4-EV 纯电动汽车重要装置在车上的布置如图 6-9 所示,其中电力驱动系统构成如图 6-10 所示。

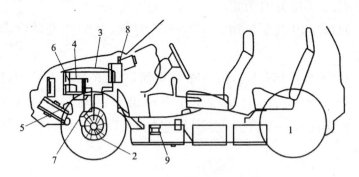

图 6-9　RAV4-EV 纯电动汽车重要装置在车上的布置

1—动力电池组;2—减速器;3—动力控制组件;4—空调压缩机;5—DC/DC 转换器;
6—制动器用电动真空泵;7—驱动电动机;8—辅助电池;9—继电器

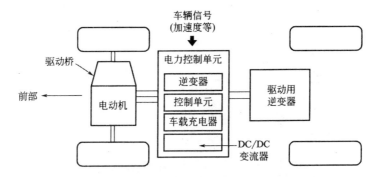

图 6-10 RAV4-EV 的电力驱动系统构成

丰田汽车公司 RAV4-EV 纯电动汽车动力驱动系统包括动力电池组、驱动系统、车载充电器、控制系统组成。

（1）动力电池组

RAV4-EV 纯电动汽车采用免维护密封型 Ni－MH 动力电池组，动力电池组装在底盘中部和座椅的地板下面，可保证车厢有宽大的乘坐空间。动力电池组由 240 节 1.2V 单体电池串联，总质量为 450kg。动力电池组采用强制性空气冷却，冷却风扇装在动力电池组的前部，对动力电池组的温度进行控制。

动力电池组通过 DC/DC 转换器向空调系统的压缩机、制动系统的电动真空泵等提供电能；动力电池组的电能还通过 DC/DC 转换器，输送到 12V 辅助电池，作为车身附件、照明和控制系统的电源。

（2）车载充电器

车载充电器可随时随地在有电源处进行充电，给用户带来很大方便。

（3）驱动系统

RAV4-EV 纯电动汽车的驱动系统如图 6-11 所示，驱动电机组合驱动桥前置。与传统多轴式驱动桥相比，小型轻量化的组合驱动桥效率更高，采用了和电动机同轴的塔式小齿轮行星齿轮方式的一级减速器。由转子产生的转矩，经过转子中心轴传到塔式小齿轮处，通过差速器传动到左右轮。

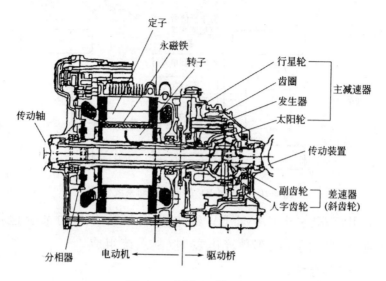

图 6-11　驱动系统的结构

　　RAV4-EV 汽车驱动电机是采用了具有高磁通密度的永久磁铁的 PM 电机（感应同步电机），最大输出功率为 50kW（转速 3100～8750r/min），最大转矩为 190N·m（转速 0～1500r/min）。车辆的最高速度可达 125km/h。

　　（4）控制系统

　　RAV4-EV 纯电动汽车控系统包括电动汽车车用 ECU、电池用 ECU、逆变器、车载充电器、DC/DC 转换器以及其他各类组件的控制 ECU。

　　控制系统中的电池管理系统模块对动力电池组的电流、电压和剩余电量进行检测与控制，并控制和调整充电时和再生制动时回收反馈电能的电压与电流，对动力电池组进行自检和报警。

　　控制器判断驾驶中的加速或制动踏板操作，进而选取与行驶状态相对应的最佳控制，控制动力电池组的高压直流电通过逆变器转换为三相交流电驱动电动机运转。

　　综合各项技术，RAV4-EV 在 10～16 工况下的一次充电续驶里程可以达到 215km。

6.2.3　纯电动汽车的工作原理

驾驶者通过加速或制动踏板发出信号,电子控制器发出相应的控制信号,以控制功率转换器的开关。功率转换器的作用是调节电动机和能量源之间的能量流动。能量的回馈是因为电动汽车制动能量的再生,通过能量转换器由能量源吸收。多数的电动汽车电池、超级电容和飞轮都能够吸收再生制动能量。能量控制单元与电子控制器一起控制可再生制动的能量,实现系统能量流的优化。能量控制单元与能量单元一起控制并监控能源的使用情况。辅助动力供给系统向电动汽车的所有辅助装置提供所需的不同电压等级的电源。

纯电动汽车的工作示意图见图 6-12。

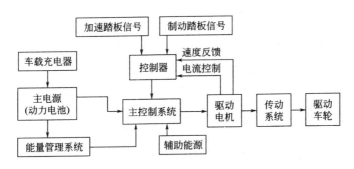

图 6-12　纯电动汽车的工作示意图

6.3　纯电动汽车的关键技术

发展纯电动汽车必须解决好相关的关键技术,主要包括:动力电池技术、电机驱动技术、电力驱动控制及能源管理系统技术、能量管理技术及整车轻量化技术。现代电动汽车的关键技术可以归纳为以下几个方面。

6.3.1 动力电池技术

目前的电动汽车能源还无法完全符合上述要求,但是采用多种能源的组合可以符合较多的要求,如选用一种能源满足能量高,另一种能源满足功率高,这样两种能源组合就可以取得较佳的效果。现在正在应用或还在开发的,具有一定前景的能量源有蓄电池、超级电容、燃料电池和超高速飞轮组合等。目前用于电动汽车的蓄电池种类有铅酸电池、镍氢电池、锂离子电池等。需要注意的是,电动汽车的电池和其他一般用途的电池在工况和运行环境方面有显著的不同,因此必须由电化学专家、汽车专家和电气专家共同开发电动汽车的电池才能满足要求。

6.3.2 电机驱动技术

电动汽车的驱动电机属于特种电机。要使纯电动汽车有良好的使用性能,驱动电机应具有较宽的调速范围及较高的转速,足够大的起动转矩,还要体积小、质量轻、效率高,且动态制动性能和能量回馈性能好。另外,还要具有可靠性强、耐高温及耐潮、结构简单、成本低、维护简单、适合大规模生产等特点。

6.3.3 电力驱动控制及能源管理系统技术

电力驱动控制系统是电动汽车的神经中枢,它将电机、电池和其他辅助系统连接在一起并加以控制。电力驱动控制系统按工作原理可划分为车载电源模块、电力驱动主模块和辅助模块三大部分。

电动汽车的驱动控制系统直接影响着车辆的行驶性能,该系统控制车辆在各类工况下的行驶速度、加速度和能源转换情况。驱动系统的关键问题是:

①电机逆变器、控制系统和电动汽车使用条件的合理匹配。

②智能化控制系统的工程应用及其减轻质量、降低造价、抗

振、抗扰和降噪的研究。

③提高控制系统在电机制动时的能量回收效率。

6.3.4　能量管理技术

能源管理系统的主要功能是在汽车行驶中进行能源分配,协调各功能部分工作的能量管理,使有限的能量源最大限度地得到利用。能源管理系统与电力驱动主模块的中央控制单元配合,一起控制发电回馈,使纯电动汽车在降速制动和下坡滑行时进行能量回收,从而提高其续驶能力。电动汽车要获得好的动力性能,必须对蓄电池组进行系统管理。设计优秀的纯电动汽车除了有良好的机械性能、电驱动性能,并装有高性能动力电池外,还应具备协调各个功能部分工作的能量管理系统,其作用是检测单个电池或电池组的荷电状态,并根据各种传感信息,合理地调配和使用有限的车载能量。

纯电动汽车实时电池监控制系统可以实时监测电池的电压、电流和温度大小,并记录下电池的充放电次数等各种影响电池工作状态的参数,比较准确地估算出电池的状态和最佳的工作参数。根据这些实时的信息,可以随时让使用者了解电池的真实情况,更加合理地使用电动汽车,并能更好地提前做好维护工作,延长电动汽车的使用寿命;同时,内置的 MCU 控制程序可以主动地对不合理的使用情况进行管理和保护,既可以最大限度地满足使用者的要求,也可以主动地避免因使用不当而对电池等主要部件造成的损害。

6.3.5　系统整体优化

电动汽车系统是综合了多个学科、多个领域技术的复杂系统,其性能也因此受到各个方面的影响。为了提高电动汽车的总体性能并降低电动汽车的成本,系统优化就显得极其重要。通过计算机仿真,可以非常有效地进行电动汽车的仿真和评估,从而使开发商可以降低开发成本和缩短开发时间。由于电动汽车整体是由各个不同的子系统连接而成,因此仿真信号包括机械、电子、电磁等复合信号。

6.4 电动汽车充电技术

6.4.1 直流充电技术

电动汽车直流充电技术主要涉及大功率整流变换技术和智能充电技术等。

1.大功率整流变换技术

大功率整流变换技术可分为相控整流技术和高频开关整流技术两类。其中,相控整流技术通过调节晶闸管触发导通角来实现充电机稳压/稳流工作。相控充电机的主要优点是单机功率大,易于实现大电流、高电压充电,相对比较成熟;其缺点主要是对电网的谐波影响大,效率低。高频开关整流技术则通过功率电子器件的高频开关以及变压器、电感和电容等相关器件实现电能的交直流变换,对应的装置可称之为充电模块。一般一台直流充电机根据充电功率不同可由多台充电模块并联组成。高频开关整流充电机根据充电模块输入整流电路是否具有功率因数校正电路可分为无源校正型和有源校正型两种。目前我国建设的电动汽车充换电设施中,直流充电机基本上都采用高频开关整流技术。

(1)无源校正型高频开关整流充电机

无源校正型高频开关整流充电机的输入 AC/DC 整流器采用三相普通二极管整流,经 LC 滤波校正后提供给后级的 DC/DC 变换器。其输入功率校正电路采用无源 LC 器件,充电机的输入功率因数可以达到 0.93 以上,谐波电流总畸变率可控制在 27% 以内。

(2)有源校正型高频开关整流充电机

有源校正型高频开关整流充电机的输入 AC/DC 整流器采用三相 PWM 整流,经电容滤波后提供给后级的 DC/DC 变换器。其输入功率校正电路采用有源控制的开关器件,充电机的输入功率因数可以达到 0.99 以上,谐波电流总畸变率可控制在 5% 以内。

2.智能充电技术

目前,电动汽车动力电池充电方法可分为恒流充电、恒压充电、恒流－恒压充电和智能充电等几种方式。智能充电系统应满足以下要求:

①充电系统应能在较短的时间内实现对动力电池的充电,使其容量达到工作要求。

②充电系统工作时,应能够对蓄电池组的状态做到实时监测,对系统参数进行实时采样和分析,并及时做出反馈调整蓄电池充电的相关参数,保证蓄电池组在其充电电流曲线近似逼近理想曲线的状态下对电池组进行充电。

③充电过程中可对蓄电池组存在的不均衡性进行调整,减小每个蓄电池之间的差异性,延长蓄电池组的使用寿命。

④充电系统在充电的整个过程中,从充电初期到最后充电结束,通过硬件和软件等手段提高电路的可靠性,不会出现意外情况造成设备严重损坏和人员伤亡。如能够对蓄电池的温度进行检测,当温度出现异常时,能够对电路采取保护措施,同时对其他电路元件(如 IGBT)也起到很好的保护,从而保证电路和蓄电池组的安全性以及人身安全。如果出现异常,能够自动转入安全状态或者停充。

(1)常规充电方式

1)恒压充电方法

恒压充电是最基本的控制方式,电池端电压和电流的关系如图 6-13 所示。恒压充电法是指在充电过程中充电电压保持不变的充电方法。刚开始充电时,由于电池电动势小,故充电电流大,对电池的使用寿命有不利影响;在充电中后期,电池电动势增加,充电电流很小,会造成电池长期充电不足,对电池寿命也造成不利影响。因此,单一的恒电压充电很少使用,通常需要做一些调整,如在恒压充电初期,为了避免过大电流,采用较低的电压充电,待电池电动势有一定上升后,再以相对较高的规定电压进行充电。

恒压充电的优点是充电时间较短,缺点是不易使电池完全充足电,充电初期的大电流对电池寿命不利。

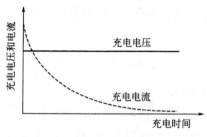

图 6-13   恒压充电方法

2)恒流充电方法

恒流充电方法的控制过程如图 6-14 所示。恒流充电法是指在充电过程中充电电流保持一个较小的恒定值的充电方法。它是通过调整充电装置输出电压或改变与蓄电池串联的电阻的方式来实现充电电流的恒定。恒流充电法控制简单,但由于电池可接受的充电电流是随着充电的进行而逐渐下降的,在充电后期,充电电能不能有效转变成化学能,有相当一部分转变成热能散发掉了。

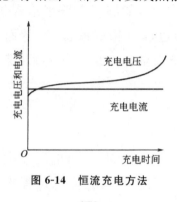

图 6-14   恒流充电方法

恒流充电的优点是电池容量可得到充分利用,充电效率高,有利于延长电池的使用寿命。缺点是充电时间较长。

3)阶段充电方法

常用的分阶段充电方法有二阶段充电法和三阶段充电法。二阶段充电法的控制过程如图 6-15 所示,三阶段充电法的控制过程如图 6-16 所示。二阶段法采用恒流方法和恒压方法相结合,首先以恒流充电至预定的电压值,然后改为恒压方法完成剩余的充电。

阶段充电法为恒流充电和恒压充电方法的组合,如先恒流后恒压充电、多段恒流充电、先恒流再恒压最后再恒流充电的方法等。常用的为先恒流再恒压的充电方法,铅酸电池和锂电池常采用这种方式。

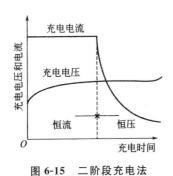

图 6-15　二阶段充电法　　　　图 6-16　三阶段充电法

(2)快速充电方式

电池充电的可接受电流是指在充电过程中电池能够接受的最大充电电流。在不超过可接受电流的前提下,充电电流越大,充电速率越快;如果超过可接受充电电流,会出现“过充”现象,电能损耗增大,不但不能提高充电速率,还会缩短电池寿命。

随着充电过程的进行,电池可接受的充电电流会发生变化。美国人麦斯提出了电池可接受充电电流的定律,即

$$i = I_0 e^{-at} \tag{6-1}$$

式中,i 为 t 时刻的可接受充电电流;I_0 为刚开始充电时的可接受电流;a 为与电池物理、化学性能相关的衰减常数。

式(6-1)表明,可接受充电电流是按指数规律而逐渐衰减的。为了避免电池的过充,充电时应避免充电电流超过当时的可接受电流。

1)脉冲充电方法

脉冲充电方法首先是用脉冲电流对动力蓄电池充电,然后让电池停充一段时间,如此循环,如图 6-17 所示。

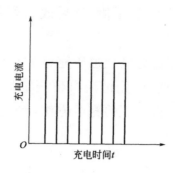

图 6-17　脉冲充电方法

脉冲充电方法遵循动力蓄电池固有的充电接受率,能够提高动力蓄电池充电接受率,从而打破了动力蓄电池充电接受曲线的限制。这种充电方法增大放电容量,减少电池发热,提高充电效率;缩短了充电时间,不产生大量气体和热量,但充电能量转化效率低,对动力蓄电池损害较大。

另外,为了进一步减小或消除极化,提高电池充电率,有的脉冲快速充电在两个正向充电脉冲之间设置一个负充电脉冲。

2)变电流间歇充电方法

变电流间歇充电法建立在恒流充电和脉冲充电的基础上,其特点是将脉冲充电中恒流充电阶段改为限制充电电压改变充电电流间歇充电,其充电过程如图 6-18 所示。

该充电方法在充电前期采用分段恒电流充电,各段电流逐次减小,并且设置了充电间歇来消除极化现象。并且,该阶段具有较大的充电电流,使电池在较短时间内获得大部分充电量。在充电后期,采用的是恒电压充电段,通过小电流充电,使电池达到完全充电。

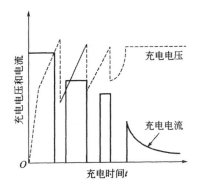

图 6-18　变电流间歇充电方法

3）变电压间歇充电方法

变电压间歇充电方法与变电流间歇充电方法不同之处在于第一阶段不是间歇恒流充电,而是间歇恒压充电,其充电过程如图 6-19 所示。该方法在初始阶段采用的是电压逐次减小的恒电压脉冲充电,在充电脉冲之间也设置了充电间歇。相对于变电流快速充电,变电压快速充电在每个恒电压子阶段,其充电电流是按指数规律下降的,更符合电池的可充电电流随充电的进行而逐渐下降的特点。如果各段充电电压设置得当,可使整个充电过程的充电电流更接近于电池的可接受充电电流,加快充电的速度。

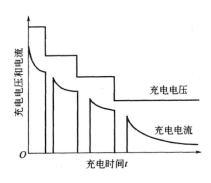

图 6-19　变电压间歇充电方法

6.4.2　电池更换技术

电池更换技术主要包括标准化动力电池箱技术和全自动电

池箱更换技术等。

1.标准化动力电池箱关键技术

标准化动力电池箱是电动汽车能量供应的有效载体,需同时满足车载使用条件和电池箱更换与集中充电等要求。要实现电动汽车电池的快速更换,电池箱必须具备统一标准的外形尺寸、电压与容量,并具备电池身份认证、SOC 估算、实时参数采集、快速定位等多项功能。

标准化动力电池箱需满足以下要求:

①应采用系列化、模块化设计技术,以适应不同车辆的使用要求。

②采用全绝缘结构设计等手段,实现单体电池和箱体之间的绝缘、电池箱体和电动汽车车体之间的绝缘,从而为电动汽车的安全可靠运行提供基础保障。

③通过配备电池监控设备和环控设备,全面监控单体电池工作状态及箱内环境状态,确保电池在不同环境条件下都能可靠工作,有效提高电池使用寿命。

④电池箱连接器应采用专门设计,以实现电池箱和车体之间的可靠浮动连接和自动对准,满足电动汽车振动、污染、频繁插拔等恶劣使用环境,实现动力可靠传输,避免瞬时断电、拉弧等问题。

⑤箱体结构设计应模块化和通用化,满足防火、防水、防尘、防振等要求。

2.全自动电池箱更换技术

全自动电池箱更换技术包括将电动汽车上的待充电池箱取出放置于电池箱暂存架,以及将满电电池箱更换到电动汽车上,从而实现电动汽车电能的快速补给。

电动汽车端可采取视觉识别和激光多点识别定位等技术,电池暂存架端可采取程序定位和超声波传感器双重定位等技术,实现电池箱的准确定位。

采用自动综合测距等技术,通过识别电动汽车和电池更换设备之间的距离以及车辆位置、空间姿态,自动完成电池箱的寻找定位、对位、解锁、取出、换向、装载等过程,确保准确可靠地取出和安装电池箱。

采用基于 Novak 高斯分布方法和 Cartesian coordinates 变换方法,使得电池更换设备具备旋转、平移、升降、倾斜、装/卸载等多个方向的动作自由度,以适应电动汽车倾斜、扭曲、悬挂高度不一致等不同工作状态和停放状态。

通过采用电池箱自动识别技术,电池更换设备自适应采用抓取和安装参数,以适应不同结构的电池箱。

6.4.3　有序充电技术

电动汽车虽然是一种个体用电设备,但是其大量的增长和广泛接入电网会对电网的运行和安全带来极大的冲击和影响。因此,如何制定电动汽车有序充电的控制策略和实施手段,成为一种面向电网的全局性的问题和挑战,也需要逐步发展出系统性的解决方法,从技术、市场、政策等多个方面全面推进。

电动汽车有序充电主要涉及以下方面:

（1）驾驶方式

驾驶方式和习惯的影响最直观地体现在电动汽车进行充电的空间和时间分布特性。每个人典型的一天生活习惯,例如何时从家里出发去工作,何时在哪里午餐,何时从工作地回家等行为模式,直接决定了一辆电动汽车在何时何地会接入充电设施和电网以及持续多久。一辆电动汽车一天平均的行驶距离以及平均接入电网的时间,都是对于其充放电进行规划的重要依据。

（2）充电特性

充电特性包括电路的类型、电流和电压的变化特性以及充电持续的时长等因素。由于电池之间存在巨大差异,其充电特性也存在不同程度的差别,且同一用户或车辆也可能使用厂家不同的电池,这些因素都会导致充电特性对电网运行造成复杂和不确切的影响。此外,使用时间和寿命对于电池充电特性的影响也不可忽略,在充放电管理中必须将电池的使用寿命和时间作为重要的因素加以考虑。

(3)充电时间

分析充电时间对于电网的影响,要从宏观和微观两个不同视角来考虑。宏观分析要考虑每一年的时间和季节差异,而微观分析注重每一天的充电趋势。宏观分析中,夏季和冬季是典型的季节,期间空调和取暖都会造成负荷高峰,而电动汽车充电负荷与这两种负荷叠加则可能造成对电网可靠性和安全性的影响。在微观分析中,有众多不同的充电模式可供参考,最简单的一种是无控制充电,电动汽车在接入电网后随时进行充电,这种方式可以进一步与引入智能控制策略和计量装置等手段后的充电模式进行对比。一般笼统地将各种充电模式分为受控充电和未受控充电两种模式,未受控充电是指在没有任何市场和调控信息的情况下进行的随机充电行为,而受控充电模式通过信息和政策的刺激引导人们选择在一天的某一特定时段进行充电。

(4)电动汽车接入规模

电动汽车接入和运行的规模对电网会产生巨大的影响,一般可以用电动汽车充电负荷占全网负荷的比例来进行衡量。但是,电动汽车的保有量的统计和预测具有相当大的难度。针对电动汽车产业发展的程度,用户群体在收入、地理位置以及教育程度等方面的差异,合理地规划和预测每个家庭电动汽车的保有数量,对于预测电动汽车群体对电网的深远影响具有重要意义。

针对以上这些因素,要实现对电动汽车充电的有序管理和引导,需要利用智能优化技术,在考虑到各种相关约束条件之下,制订有序智能的充电计划。有序充电管理示意图如图 6-20 所示。

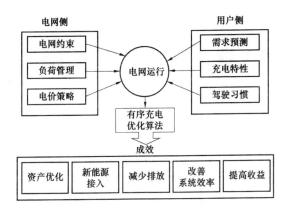

图 6-20　有序充电管理示意图

　　在电网侧与用户侧的各种不同约束条件的共同制约下,根据电网的运行情况通过优化算法生成有序充电管理方案,其成效可以体现在资产优化、改善新能源接入、减少碳排放、改善系统效率以及提高收益等多个方面。

第7章　混合动力汽车技术

随着全球汽车工业的迅猛发展、石油资源供应的日趋紧张，世界各国致力于新型环保节能汽车的开发，从而能够寻找到代用燃料，或者是使燃油的消耗量得以有效降低。因其低油耗、低排放、高性价比的优势，人们对混合动力汽车的关注度也越来越高。

7.1　混合动力汽车概述

7.1.1　混合动力汽车的基本概念

所谓的混合动力汽车是指携带不同动力源，且汽车在不同的动力源使用方面可以根据其具体行驶情况来进行选择。动力传动系统体现了传统汽车与混合动力汽车的最大差别，一般，动力源和能量储存系统至少要有两个，这是必须要满足的，如图7-1所示。

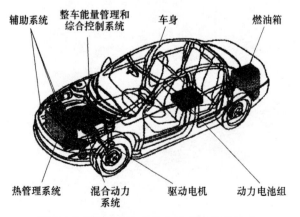

图 7-1　混合动力汽车动力传动系统的组成

混合动力汽车是一种特别的车型,介于内燃机汽车和电动汽车之间,它是一种内燃机汽车向 EV 过渡型的车辆,同时,也是一种"独立"型车辆。

混合动力汽车可分为两大类:液压蓄能式混合动力汽车 HHV(Hydraulic Hybird Vehicle)和混合动力电动汽车 HEV(Hybird Electric Vehicle)。

由液压驱动系统和热力发动机驱动系统共同组成了液压蓄能式混合动力汽车。

内燃机和电动机是混合动力电动汽车的动力源。现时生产的通常由电动机及内燃机发动,由一个或多个电动机推动车辆,内燃机则负责为电池充电,或者需要大量推力(如上斜坡或加速时)直接提供动力。

因此,在没有特殊说明的情况下,本书中出现的混合动力汽车均指混合动力电动汽车 HEV。

7.1.2　混合动力汽车的分类

1.按照动力系统结构形式划分

(1)串联式混合动力电动汽车 SHEV

在所有的混合动力电动汽车中,最简单的一种当属串联式,借助于发电机,发动机输出的机械能可以被转化为电能,转化后的电能有两个流向:①流向蓄电池,其实就是充电;②驱动车轮,具体需要借助电动机和传动装置来完成。

(2)并联式混合动力电动汽车 PHEV

就并联式混合动力电动汽车 PHEV 来说,是由电动机及发动机同时或单独为车辆行驶系统提供驱动力的。

结构特点是并联式驱动系统的动力可以是单独来源于发动机或电动机,也可以同时使用这二者,从而驱动汽车行驶。

（3）混联式混合动力电动汽车 CHEV

混联式混合动力电动汽车 CHEV 具备串联式和并联式两种混合动力系统结构，有效囊括了串联式和并联式的特点。

2.按照混合度划分

（1）微混合型混合动力电动汽车（MICRO HYBRID ELECTRIC VEHICLE）

微混合，也称为"起－停混合"。在微混合动力系统中，内燃机的启动机/发电机（BSG 系统）的"角色"是由电机来扮演的。

（2）轻度混合（弱混合）型混合动力电动汽车（MILD HYBRID ELECTRIC VEHICLE）

集成启动电机（ISG 系统）在混合动力系统中有很好的应用，车辆以发动机为主要动力来源，助动电机被安装在发动机和变速器之间。

（3）中度混合型混合动力电动汽车（MODERATE HYBRID ELECTRIC VEHICLE）

以发动机和/或电动机为动力源的混合动力电动汽车。

（4）重度混合（强混合）型混合动力电动汽车（FULL HYBRID ELECTRIC VEHICLE）

以发动机和/或电动机为动力源，且电动机可以独立驱动车辆行驶的混合动力电动汽车。它们在以纯电动模式运行时，很多时候是采用大容量电池来供给电动机的，同时为了很好地实现发动机、电动机各自动力的耦合和分离，还具有动力切换装置来满足需要。

7.1.3 混合动力汽车的主要技术指标

我国大规模商业化示范的插电式混合动力汽车主要技术指标见表 7-1。

表 7-1 大规模商业化示范的插电式混合动力汽车主要技术指标

指标		插电式混合动力轿车	插电式混合动力城市客车
动力电池	能量密度/(W·h/kg)	系统≥100	
	循环寿命/次	≥3000	
	日历寿命/年	≥10	
	目标成本/[元/(W·h)]	模块≤1.5	
车用电机	成本/[元/(W·h)]	≤200	≤300
	功率密度/(kW/kg)	≥1.8	
	最高效率/%	≥94	
电子控制		纯电动汽车电动化总成控制系统;先进的纯电动汽车分布式控制系统;纯电动汽车车载信息、智能充电和远程监控系统	
整车平台	最高车速	与传统汽车相当	
	纯电续驶里程/km	≥30	≥50
	附加成本/万元	≤5	≤20

混合动力汽车产业化研发主要技术指标见表 7-2。

表 7-2　混合动力汽车产业化研发主要技术指标

		指标	轿车	城市客车
动力电池	镍氢电池	能量密度/(W·h/kg)	系统≥30	系统≥40
		功率密度/(W·h/k)	系统≥900	系统≥700
		使用寿命	25 万公里或 10 年	
		系统目标成本/[元/(W·h)]	<3	
	功率型锂离子电池	能量密度/(W·h/kg)	≥50(系统)	
		功率密度/(W·h/k)	≥1800(系统)	
		使用寿命	20 万公里或 10 年	
		系统目标成本/[元/(W·h)]	<3	
	超级电容	能量密度/(W·h/kg)	≥5	
		功率密度/(W/kg)	≥4000	
		使用寿命	≥40 万次或 10 年	
		系统目标成本/[元/(W·h)]	<60	
车用电机	成本/[元(W·h)]		200	300
	ISG 发电机功率密度/(kW/kg)		>1.5	>2.7
	驱动电动机功率密度/(kW/kg)		>1.2	>1.8
	系统最高效率/%		≥94	
	电子控制			满足国Ⅳ和国Ⅴ排放法规的混合动力专用发动机(油电和气电)电控关键技术;研制面向多能源动力总成技术需求的 16 位或 32 位机高性能控制器
整车平台	节油率/%		≥25(中混) ≥40(深混)	≥40
	附加成本/万元		≤1.5	≤15

7.2 混合动力汽车的结构与原理

图 7-2 很好地展示了串联、并联及混联这三种混合动力电动汽车的结构。

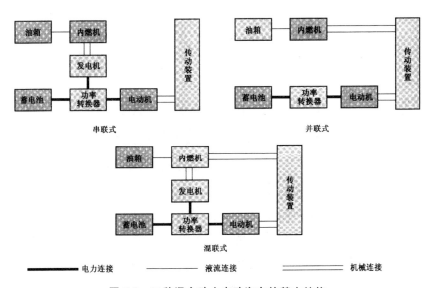

图 7-2 三种混合动力电动汽车的基本结构

7.2.1 串联式混合动力电驱动系

串联式混合动力电驱动系是一个由两个能源向单个动力机械（电动机）供电，以推进车辆的驱动系。最一般的串联式混合动力电驱动系的组成如图 7-3 所示。

其中，单向能源为燃油箱，而单向的能量变换器为发动机和发电机的组合。发动机的输出通过电子变流器（整流器）连接到电力总线。电力总线也连接到牵引电动机的控制器，牵引电动机将被控制为或是电动机，或是发电机，并以正向或反向运转。该电驱动系需要一个蓄电池的充电器，以通过墙插座由电网向蓄电池充电。

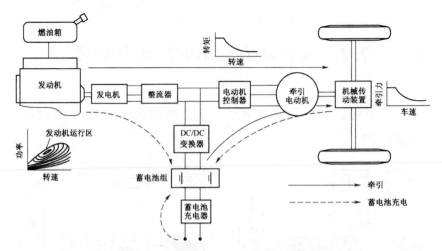

图 7-3　串联式混合动力电驱系的组成结构

串联式混合动力电驱动系蕴含以下的运行模式。

①纯粹的电模式:车辆会在关闭发动机的情况下,具体供电、驱动都是由蓄电池来完成的。

②纯粹的发动机模式:在该模式中,发动机—发电机组可以说是车辆牵引功率的唯一来源,而蓄电池组在不供电的情况下也不会从驱动系中吸收任何功率。

③混合模式:由发动机—发电机组和蓄电池组共同提供牵引功率。

④发动机牵引和蓄电池组充电模式:向蓄电池组充电和驱动车辆所需功率是由发动机—发电机组来提供的。

串联式混合动力电驱动系呈现以下几方面的优点。

①发电机的性能会因在该狭小区域内的优化而有明显的改善。此外,发动机从驱动轮上的机械解耦,使高转速发动机能够得到应用,但这将使其难以直接通过机械连接去带动车轮。例如,燃气轮机发动机或具有缓动态特性的动力机械(如斯特林发动机)。

②实际操作中,电动机是不需要多挡的传动装置的,这是因为它具备的转矩—转速特性可以说非常完美。因此,其结构在很大程度上得以简化,进而在一定程度上降低了成本。此外,在该结构下,两个车轮将是由两个电动机分别带动的,从而有效取代

了一个电动机和一个差速器的应用。这种结构就会形成两个车轮之间的转速解耦,就像是差速器一样,而且起到用于牵引控制的限制滑移的差速器作用。最终的改进将是采用四个电动机,从而可制成便宜、简单的差速器组,实现全轮式驱动的车辆,且驱动轴运转借助于车辆的大梁。

③由于由电传动系所提供的机械上的解耦,可相应采取简单的控制策略即可。

尽管串联式混合动力电驱动系有以上种种优点,但以下缺点仍然无法避免。

①由于发动机的能量的转换将会出现两次,故汽车的低效率将是发动机和牵引电动机之后,且损耗也是比较显著的。

②发动机附加了额外的重量和成本。

③因为牵引电动机是唯一的驱动车辆的动力机械,故其必须按满足最大的运行性能需求定制。

7.2.2　并联式混合动力电驱动系

如同传统内燃机车辆一样,并联式混合动力电驱动系是一个由发动机向车轮供给机械动力的驱动系,动力的提供需要借助于机械联轴器的配合,如图 7-4 所示。

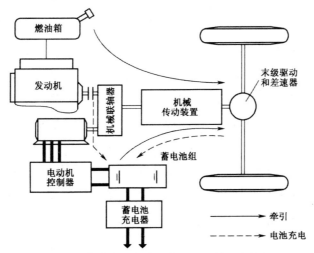

图 7-4　并联式混合动力电驱动系的组成结构

对于各种不同结构,由发动机和电动机功率的机械组合的应用将在下文详述。

1.转矩耦合的并联式混合动力电驱动系

图 7-5 中的机械耦合可以使转矩或转速耦合。发动机和电动机的转矩即为转矩耦合,至于发动机转矩,进一步划分的话,还可分为以下两部分:①驱动;②蓄电池组充电。图 7-5 概念性地表明了具有两个输入转矩的机械组件耦合方案:其输入之一来自发动机;另一输入来自于电动机。机械转矩耦合输出连接到传动装置。

图 7-5 转矩耦合配置

输出转矩和转速可以表示为

$$T_{out} = k_1 T_{in1} + k_2 T_{in2} \tag{7-1}$$

$$\omega_{out} = \frac{\omega_{in1}}{k_1} + \frac{\omega_{in2}}{k_2} \tag{7-2}$$

有多种结构存在于转矩耦合的并联式混合动力电驱动系中。比较常见的是两轴和单轴式两种设计方式。在每一种类内,最终得出的牵引特性是不一样的,这是因为,传动装置具体配置的位置不同,且其排挡数也要设计得有些差别。优化设计下注意取决于牵引需求、发动机尺寸及其特性、电动机尺寸及其特性等。

图 7-6 为一两轴式的设计,可以看出,在该设计中有两个传动装置。显然,众多的牵引力—转速特性曲线可通过两个多挡传动装置来进行设置。其他任何类型的设计无论是性能还是整体效率方面都无法与此电驱动系相提并论。这一设计也在发电机和电动机特性的设计中提供了很大的灵活性。但是,电驱动系会因有两个多挡传动装置而变得更加复杂。

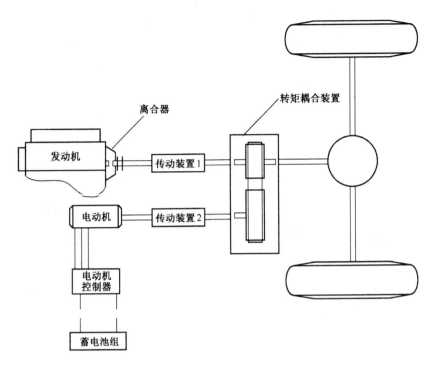

图 7-6　混合动力电驱动系的概念图示

在图 7-7 中,可应用单挡传动装置 1 和多挡传动装置 2,其牵引力—转速特性曲线如图 7-7(b)所示。在实际混合动力电驱动系设计中,与传动装置配置相联系的最大牵引力可足以满足车辆爬坡性能的要求,由于轮胎与地面接触的附着力的限制,并不需要更大的牵引力。单挡传动装置应用时,利用了低速时电动机高转矩特性的内在优点。采用多挡传动装置 2 可用以克服内燃机转速—转矩特性的缺陷(随转速变化无明显变动的转矩输出)。多挡的传动装置 2 也有助于改进发动机的效率,并减小车速范围(此时,电动机必须单独驱动车辆),从而也就减少了蓄电池放电的能量。

与上述设计相对照,图 7-7(c)所示为电驱动系的牵引力—转速特性曲线,其中,对发动机应用了单挡传动装置 1,对电动机应用了多挡传动装置 2。因在该结构中没有发挥动力装置的优点,故为一个不合宜的设计。

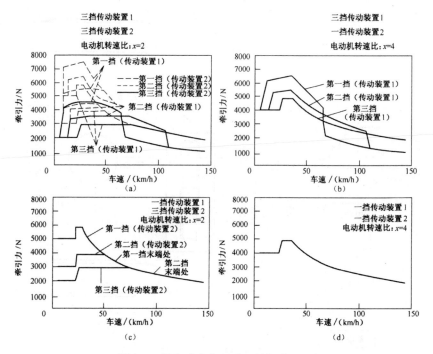

图 7-7　混合动力电驱动系的概念图示

　　图 7-7(d)所表明的电驱动系的牵引力—转速特性曲线对应于乐观单挡传动装置,这一配置导致简单的结构和控制。该电驱动系的限制在于其最大的牵引力。当发动机、电动机和蓄电池组的功率,以及传动装置的参数均准确地设计时,该电驱动系将以令人满意的性能和效率适用于车辆。

　　理想两轴式的并联式混合动力电驱动系的结构如图 7-8 所示。

　　对于转矩耦合的并联式混合动力电驱动系,其简单且紧凑的构造是单轴结构,其中,电动机转子起着转矩耦合装置的作用,如图 7-9 和图 7-10 所示。

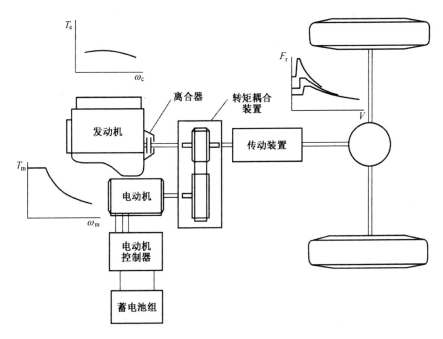

图 7-8　两轴式的结构

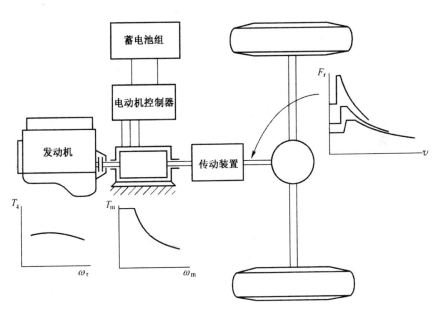

图 7-9　前传动装置单轴转矩组合的并联式混合动力电驱动系

传动装置可安置在电动机的后端,该电动机通过离合器与发动机相连,或也可安置在发电机和电动机之间。前者的结构称为

"前传动装置"(电动机在传动装置之前,如图7-9所示),而后者的
结构称为"后传动装置"(电动机在传动装置之后,如图 7-10 所
示)。

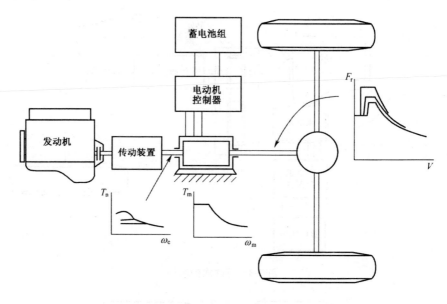

图 7-10　后传动装置

　　分离轴是另一种转矩耦合的并联式混合动力在进行构造时
选择的结构,其中,一个轴由发动机给以动力,而另一轴则由电动
机给以动力(图 7-11)。

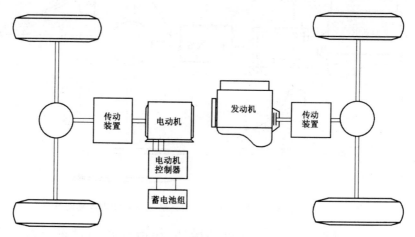

图 7-11　分离轴转矩组合的并联式混合动力电驱动系

　　位于发动机和电动机的两个传动装置可采用单挡传动装置，或也可采用多挡传动装置。这一结构具有如图 7-11 所示相似的牵引力特性。分离轴的构造提供了某些传统车辆的优点。它保持了原始发动机和传动装置不变，并在另一轴上附加了一个电牵引系统。它也有四轮驱动形式，由此可优化在光滑路面上的牵引力，且减小了作用于单个轮胎上的牵引力。然而，乘客和行李装载空间会因电设备和末端差速齿轮系占有空间较大而得以减小。但若电动机传动装置是单挡的。并以这种在两驱动车轮内的两个小尺寸的电动机代替该电动机，则可以解决这一问题。应该注意，当车辆处于停止状态时，蓄电池组不可能由发动机予以充电。

　　2. 转速耦合的并联式混合动力电驱动系

　　源于两个动力装置的动力可通过它们的转速耦合相互关联，如图 7-12 所示。转速耦合的特性可描述为

$$\omega_{\text{out}} = k_1 \omega_{\text{in1}} + k_2 \omega_{\text{in2}} \tag{7-3}$$

$$T_{\text{out}} = \frac{T_{\text{in1}}}{k_1} = \frac{T_{\text{in2}}}{k_2} \tag{7-4}$$

式中：k_1 和 k_2 是与实际设计相关联的常数。

图 7-12　转速耦合

图 7-13 显示了两种典型的转速耦合器件。

　　其一是行星齿轮机构。

　　另一是为传动电动机，其实就是具有浮动定子的电动机。行星齿轮机构的一个三端口组件，由分别标记为 1、2 和 3 的中心齿轮、齿圈和行星齿轮支架构成。

　　其三端口之间的转速和转矩关系表明该组件是一个转速耦合的器件，其中。转速、中心齿轮和齿圈相关联并通过行星齿轮支架输出。常数 k_1 和 k_2 仅取决于每一个齿轮的半径，或每一个

齿轮的齿数。

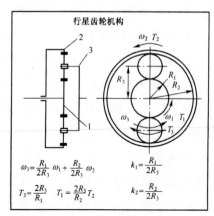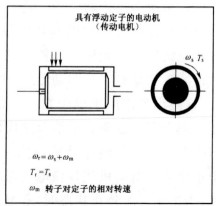

图 7-13　典型的转速耦合器件

　　另一有意义的转速耦合器件是一电动机(本书称为传动电机),其定子通常固定在不动的车梁上,被用作一个大的输入端口,其余两个端口为转子和气隙,通过气隙电能被转换为机械能。按通用术语而言,电动机转速即是其转子对于定子的相对转速。由于作用与反作用的效应,在定子和转子上的转矩作用是相同的,导致常数 $k_1=1$ 和 $k_2=1$。

　　正如转矩耦合器件一样,可应用转速耦合器件构成各种混合动力电驱动系。

　　图 7-14 和图 7-15 分别给出了以行星齿轮机构和传动电机两转速耦合器件构造的混合动力电驱动系的实例。

　　在图 7-14 中,发动机向中心齿轮供给动力是借助离合器和传动装置完成的,传动装置用以调整发动机的转速—转矩特性,从而与牵引的要求保持较高的契合度,电动机在供给动力时需要借助于一对齿轮才可以。为了使不同运行模式的需求得到满足,中心齿轮和齿圈会被锁定器 1 和 2 锁定在静止的车梁上,该转速耦合的并联式混合动力电驱动系可满足的运行模式如下。

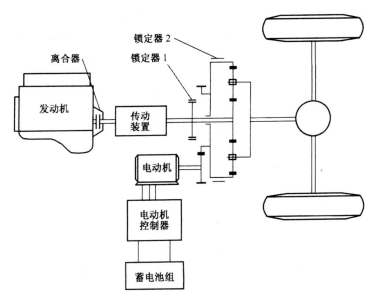

图 7-14　由行星齿轮机构转速耦合器件组成的混合动力电驱动系

①混合牵引：当锁定器 1 和 2 被释放时，中心齿轮和齿圈可以旋转，发动机和电动机两者都向驱动轮供给正向转速和转矩（正向动力）。

②发动机单独牵引：当锁定器 2 将齿圈锁定在车梁上，而锁定器 1 被释放时，仅发动机向驱动轮供给动力。

③电动机单独牵引：当锁定器 1 将中心齿轮锁定在车梁上（防腐剂关闭或离合器脱开），而锁定器 2 被释放时，仅电动机向驱动轮供给动力。

④再生制动：锁定器 1 置于锁定状态，发动机关闭或离合器脱开，且操纵电动机处于再生运行状态（负转矩），车辆的动能或位能可由电系统吸收。

⑤蓄电池由发动机充电：当控制器对电动机设定负向转速时，电动机由发动机吸收能量。

由传动电机组成的混合动力电驱动系如图 7-15 所示。

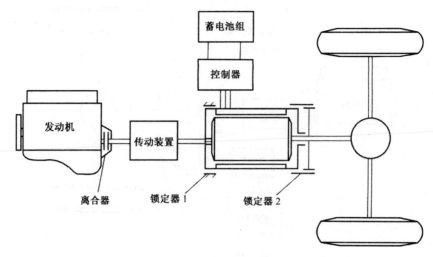

图 7-15　转矩组合的并联式混合动力电驱动系

3.转矩耦合与转速耦合的并联式混合动力电驱动系

将转矩耦合与转速耦合相结合,一种混合动力电驱动系即可构造出来,其中,可交替地从转矩耦合和转速耦合状态中来进行选择。图 7-16 展示了这样的一个实例:当转矩耦合运行模式选为当前模式时,锁定器 2 将行星齿轮机构的齿圈锁定在车梁上,同时离合器 1 和 3 啮合,而离合器 2 脱开。于是,通过转矩相加[见式(7-1)],发动机和电动机的动力一起相加,并传递到驱动轮。在这样的情况下,发动机转矩和电动机是解耦的,但它们的转速之间存在一个固定不变的关系,如式(7-2)所列。当耦合运行模式选为当前模式时,离合器 1 啮合,而离合器 2 和 3 脱开,同时,锁定器 1 和 2 释放中心齿轮和齿圈。此时,连接到驱动车轮的行星齿轮支架的转速是发动机转速和电动机转速的组合。但是,发动机转矩、电动机转矩,以及作用于驱动轮上的转矩保持为一固定不变的关系,如式(7-4)所列。

在图 7-16 中,配置行星齿轮机构的牵引电动机可由传动电机所构成的类似的电驱动系(图 7-17)予以替代。

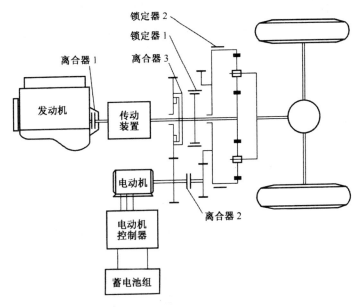

图 7-16 配置行星齿轮机构的交替转矩与转速耦合的混合动力电驱动系

当离合器 1 啮合,将发动机轴与传动电机的转子轴相耦合时,离合器 2 脱开,并且开启锁定器将传动电机的定子定位于车梁上,于是,该电驱动系工作在转矩耦合模式。另一方面,当离合器 1 脱开,而离合器 2 啮合时,同时开启锁定器,则该电驱动系工作在转速耦合模式。

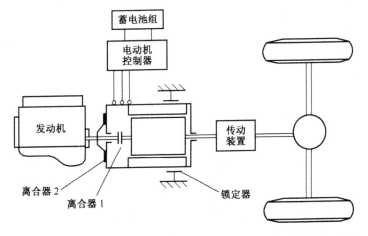

图 7-17 配置传动电机的交替转矩与转速耦合的混合动力电驱动系

在电驱动系中,另一既应用转矩耦合又应用转速耦合的令人满意的实例,是由丰田汽车公司开发实现的,具体应用到了 Prius 混合动力电动轿车中,该电驱动系示意图如图 7-18 所示。

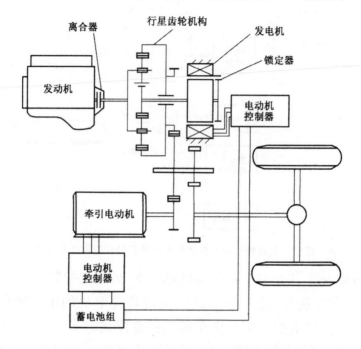

图 7-18　转矩组合的并联式混合动力电驱动系

借助于行星齿轮的帮助,一个小型电动机或发电机(几千瓦)实现有效连接(转速耦合)。行星齿轮机构将发动机转速分解为两个转速[见式(7-3)],其中,一个转速通过中心齿轮传递输出到小型电动机;同时,另一转速是通过齿圈和固定轴中的齿轮组件传递到驱动轮(转矩耦合)。当车速增加而发动机转速固定在一个给定值时,该电动机转速下降为零,此时称为同步转速状态。在这一转速下,锁定器将开启以同时锁定转子和定子,于是,电驱动系即呈现为平行驱动系。当车辆行驶在高车速时,为了使发动机转速维持在一定水平内,使油耗不致太高,小型电动机的运行将是负向转速,这样一来,驱动系就会收到传递而来的功率。为了使发动机能运行在其最佳转速范围,当采用行星齿轮机构和小型电动机调节发动机转速时,即可望获得燃油的高经济性。

图 7-18 中的小型电动机和行星齿轮机构可由单一的传动电机予以替代,如图 7-19 所示。这一驱动系具有类似于图 9-17 中驱动系的特性。

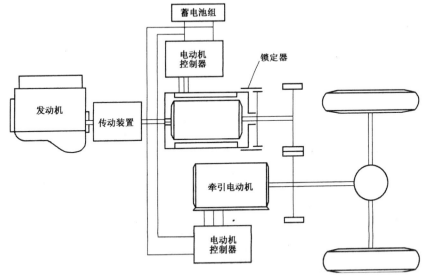

图 7-19　转矩组合的并联式混合动力电驱动系

7.2.3　混联式混合动力电驱动系

图 7-20 显示了混联混合型动力所采用的一套行星齿轮机构。

以行星齿轮机构为转速耦合装置的混联式混合动力电驱动系的组成,可有如图 7-21 所示的多种选择方案。

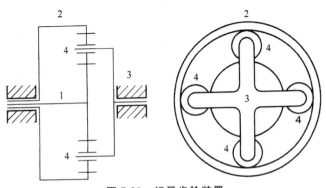

图 7-20　行星齿轮装置

1—太阳轮;2—齿圈;3—行星架;4—行星齿轮

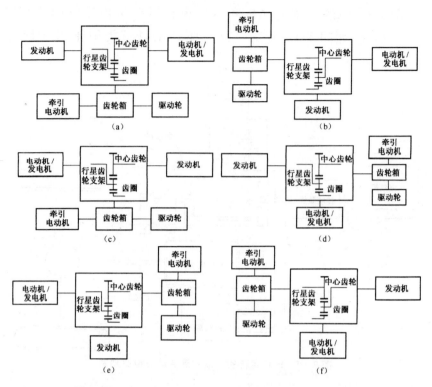

图 7-21　对于各种连接方式的混合动力电驱动系的构造

图 7-22 描述了混联式(转矩/转速耦合)混合动力电驱动系的详细构造。行星齿轮机构组成转速耦合装置,它将发动机和电动机/发电机连接在一起。发动机和电动机/发电机分别与行星齿轮支架和中心齿轮相连接;齿圈则通过齿轮 Z_1、Z_2、Z_4、Z_5 和差速器与驱动轮相连接。牵引电动机通过齿轮 Z_3、Z_2、Z_4、Z_5 和差速器与驱动轮相连接,于是差速器把齿圈的输出转矩和牵引电动机耦合在一起。在这一构造中,应用了一个离合器和两个锁定器。

通过控制离合器、锁定器、发动机、电动机/发电机和牵引电动机,该转速耦合的混联式混合动力电驱动系可满足的运行模式有转速耦合模式、转矩耦合模式和再生制动。

图 7-23 所示为丰田普锐斯混联混合动力汽车几种典型的工作模式。

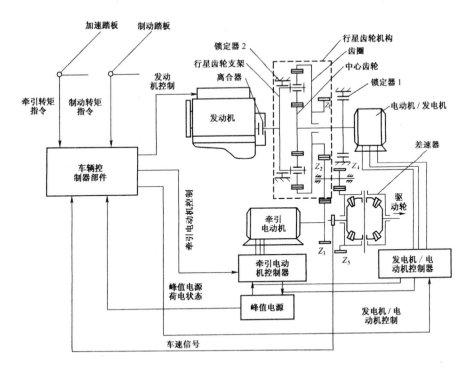

图 7-22 驱动系构造

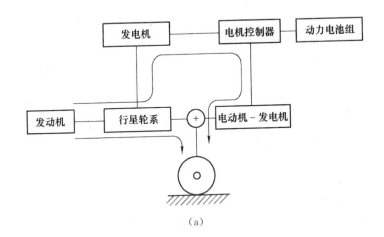

（a）

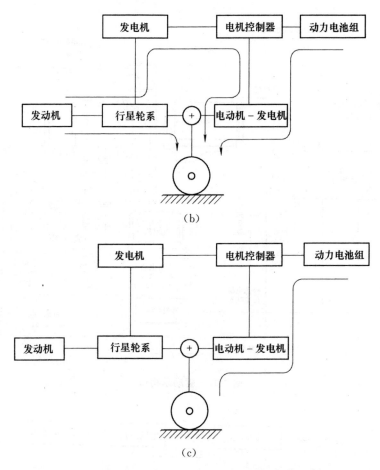

图 7-23　丰田普锐斯混联混合动力汽车几种典型的工作模式

(a)纯发动机驱动模式；(b)混合动力驱动模式；(c)再生制动充电模式

7.2.4　插电式(Plug-in)混合动力驱动系

插电式混合动力驱动系统是在以上三种混合动力系统的基础上发展起来的一种混合动力系统,它配备了较大容量的动力电池,可以通过接入电网为系统中配备的动力电池充电,充电后可仅凭动力电池和电动机驱动汽车以纯电动模式行驶。

图 7-24 所示为插电式混合动力系统的结构示意图。

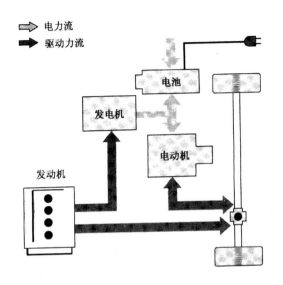

图 7-24　插电式的混合动力系的结构示意图

7.3　混合动力汽车动力系统设计

下面以某汽车为例,在重新设计其动力系统的同时,不对原车的外形参数做任何修改,混联式结构是动力系统所采用的。

7.3.1　发动机

发动机真实模型的复杂度很高,这是因为其自身特性有非常明显的非线性,通常情况下,对该模型进行描述时,更多采用的是高阶多项式近似方程,但在进行模拟计算时,又因多项式的阶数过高而增加了难度,因此这些数学模型的直接引用是不合理的。

为了达到降低油耗和尾气排放的目的,一个能满足原车动力性能要求的小功率发动机得以设计出来,特定区域的选择需要考虑两个问题,即要使发动机燃油消耗最小和尾气污染物排放最少,即在该区域中,发动机燃油消耗率比较小。考虑发动机单独驱动的情况,汽车行驶时的功率平衡方程式为

$$P_e = \frac{1}{\eta_T}\left(\frac{Gfu_a}{3600} + \frac{Giu_a}{3600} + \frac{C_DAu_a^3}{76140} + \frac{\delta mu_s}{3600}\frac{du}{dt}\right) \qquad (7\text{-}5)$$

式中，P_e 为发动机输出功率；η_T 为传动系统效率；G 为汽车重量；i 为汽车行驶路面的坡度；u_a 为汽车行驶速度；C_D 为空气阻力系数；A 为迎风面积；δ 为旋转质量换算系数；m 为汽车质量。

　　汽车在匀速行驶时，各种坡度下的行驶车速与所需功率的关系曲线可借助于式(7-5)而得出，如图7-25所示。

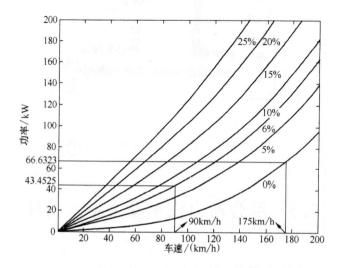

图 7-25　各种坡度下行驶车速与所需功率的关系曲线

7.3.2　电动机

　　电动机在混联式混合动力电动车中，电动机扮演着多种"角色"，具体如图7-26所示。

　　直流电动机、永磁无刷电动机、感应电动机和开关磁阻电动机等，都在混合动力汽车上用得到。

　　1.逆变器/电动机控制策略

　　首先要说明，在牵引驱动系统中，逆变器/电动机的控制策略可以说是涉及电动机选型和设计在内的大多数因素的基本依据，同时有了该策略才可对电动机工作特性和设计参数之间的关系做进一步的分析。图 7-27 给出了电动机在最大输出时的逆变器/电动机控制策略。

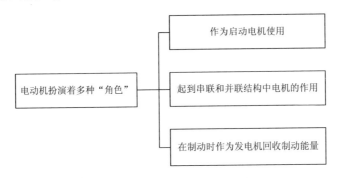

图 7-26　电动机扮演着多种"角色"

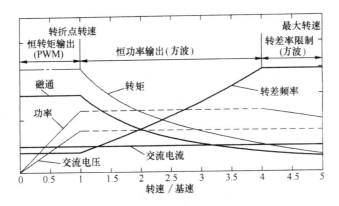

图 7-27　逆变器/电动机控制策略

牵引驱动期望的宽调速范围轮廓是由电动机的转矩—速度曲线给出的,该轮廓具有恒转矩、恒功率和有限转差这 3 个特征工作区。

2. 电动机功率设计

依据控制策略,无论是汽车的最大爬坡度还是加速时间要求,均是电动机启动功率需要满足的。由于因发动机按照最小油耗线工作而需增加的功率裕量这是在确定发动机功率时已经考虑在内的,为了说明的方便,可设汽车在混合驱动工况时,原地起步加速或爬坡是以最大速比开始的,节气门全开,当发动机转速达到最高功率对应的转速时,发动机就会被控制在该点进行工作,且电动机也会在该转速下工作且会一直持续下去,调整发电机转速及速比来提高车速。

由最大爬坡度要求,得

$$F_{tmax} - mgf\cos\alpha_{max} - ma\sin\alpha_{max} - \frac{C_d A u_f^2}{21.15} = 0 \qquad (7-6)$$

由原地起步加速时间要求,得

$$t - \frac{1}{3.6}\int_0^u \frac{\delta m}{(F_t - F_f - F_w)}du = 0 \qquad (7-7)$$

式中,F_{tmax} 为最大驱动力;α_{max} 为最大爬坡度;u_f 为最大驱动力所对应的车速;t 为 $0\sim u$ 的加速时间;u 为车速;δ 为旋转质量换算系数;驱动力、滚动阻力和空气阻力分别由 F_t、F_f、F_w 表示出来。

7.3.3 储能装置

目前,电化学蓄电池仍然能够无论是串联、并联还是在混联的联合传动结构中,均可见其身影,可以说仍是多源混合驱动的一个基本组成元素,其具体是被用作辅助能源。

1. 蓄电池通用模型

蓄电池的等效电路图是建立蓄电池能量模型的基础,其等效电路图如图 7-28 所示。图中 R_{el} 为电解液电阻;R_e 为电极电阻;U_a 为蓄电池电压;i_a 为蓄电池负载电流;E 为电池端电压。

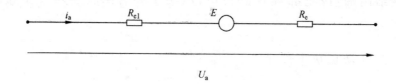

图 7-28 蓄电池的等效电路图

由蓄电池等效电路图,可计算出蓄电池两端的电压降 U_a。电压与电池的工作状态有关,计算如下:

放电时：

$$U_a = E - i_a R'_w \tag{7-8}$$

充电时：

$$U_a = E - i_a R''_w \tag{7-9}$$

根据图 9-25 给出的蓄电池等效电路图，可得蓄电池的通用模型如下：

蓄电池放电时：

$$Q_u(i_a, t, \tau) = c_\tau(\tau)\eta_A(i_a, t)Q_{\tau n} - \int_0^{t_i} i_a(t)\,\mathrm{d}t \tag{7-10}$$

$$Q'_u(i_a, t, \tau) = Q_u(i_a, t, \tau) - \int_i^{t_{i+m}} \eta_A(i_a, t)^{-1} i_a(t)\,\mathrm{d}t \tag{7-11}$$

$$k = c_\tau(\tau)\eta_A(i_a, \tau) - Q_{\tau n}^{-1}\int_i^{t_i} i_a(t)\,\mathrm{d}t \tag{7-12}$$

$$k' = k - Q_{\tau n}^{-1}\int_i^{t_{i+m}} \eta_A(i_a, t)^{-1} i_a(t)\,\mathrm{d}t \tag{7-13}$$

$$\eta_A(i_a, \tau) = \left[\frac{i_a(t)}{I_n}\right]^{-\beta(\tau)} \tag{7-14}$$

$$R'_w(i_a, t, \tau, k') = b\frac{E(k')}{i_a(t)} + l\left[k - Q_{\tau m}^{-1}\int_i^{t_{i+m}} \eta_A(i_a, \tau)^{-1} i_a(t)\,\mathrm{d}t\right]^{-1} \tag{7-15}$$

$$u(t, k') = E(k') - i_a(t)R'_w(i_a, t, \tau, k') \tag{7-16}$$

$$\eta_{Ad}(t) = \left[\sum_{i=1}^m \frac{E(k')_i}{u(t, k')_i}\right]^{-1} \tag{7-17}$$

蓄电池充电时：

$$k'' = k' + Q_{\tau n}^{-1}\int_i^{t_{i+m}} i_a(t)\,\mathrm{d}t \tag{7-18}$$

$$\eta_A(i_a, \tau) = 0 \tag{7-19}$$

$$R''_w(i_a, t, \tau, k'') = b\frac{E(k'')}{i_a(t)} + l\left[k' + Q_{\tau m}^{-1}\int_i^{t_{i+m}} i_a(t)\,\mathrm{d}t\right]^{-1} \tag{7-20}$$

$$u(t, k'') = E(k'') - i_a(t)R''_w(i_a, t, \tau, k'') \tag{7-21}$$

$$\eta_{Ac}(t) = \left[\sum_{i=1}^m \frac{E(k'')_i}{u(t, k'')_i}\right]^{-1} \tag{7-22}$$

蓄电池不工作时：

$$i_a = 0 \qquad (7\text{-}23)$$

$$\eta_A(i_a, \tau) = 0 \qquad (7\text{-}24)$$

$$\eta_{A_w}(t) = 0 \qquad (7\text{-}25)$$

$$\eta_{A1}(t) = 0 \qquad (7\text{-}26)$$

$$u(t,k) = E_{min} + \Delta U_k \qquad (7\text{-}27)$$

式中，i_a 为蓄电池负载电流；t 为时间；τ 为温度；c_τ 为与温度有关的额定容量变化系数；Q_{rn} 为额定放电时间时的电池容量；Q_u 为蓄电池瞬时可用容量；η_A 为蓄电池功率可利用系数；k 为蓄电池荷电状态值；β 为 Peukert 常数（铅酸电池为 0.325）；I_n 为额定放电电流；R'_w 为蓄电池放电内阻；R''_w 为蓄电池充电内阻；$E(k)$ 为蓄电池电动势；$u(t,k)$ 为蓄电池端点压；η_{Ad} 为蓄电池瞬时放电效率；η_{Ac} 为蓄电池瞬时充电效率；l 为内阻计算系数；b 为电池以电流 i_a 充、放电时，电池端电压相对于在额定容量条件下的电池端电压 E 的变化系数。

2. 蓄电池功率设计

对于给定类型的电池，使用其通用模型可计算出各种蓄电池荷电状态下的指标值。

内阻为

$$R_w(t,k) = b(k)\frac{E(k)}{i_a(t)} + \frac{l(k)}{k(t)} \quad k(t) \in [0,1] \qquad (7\text{-}28)$$

电动势为

$$E(t) = E(k) \qquad (7\text{-}29)$$

在求解式(7-28)或式(7-29)所组成的方程组之前，要首先确定下列函数，即

$$b(t) = b(k) \qquad (7\text{-}30)$$

$$l(t) = l(k) \qquad (7\text{-}31)$$

确定蓄电池动态的荷电状态值（k 值），对于混合电动车的设计和保养来说是必要的。

在区间 $k \in \sum\limits_{n=1}^{m} [k_{n-1}, k_n] \Rightarrow k \in (0,1)$ 里，$k_n = k_{n-1} + \Delta k$，则按照迭代的方法获得的 $E(k_n)$，$b(k_n)$，$l(k_n)$ 就是一系列的离散点。对不同的 Δk 值，经过一系列的仿真分析，得到结论：$\Delta k = 0.01$ 就可以足够准确地反映出电池内阻的变化趋势。

采用迭代近似法进行计算，可以得到的蓄电池电动势 E、系数 b 和 l 的特性曲线。在满足一定精度的情况下，可以用多项式来拟合蓄电池的特性。

为了保证蓄电池的寿命，通常要求蓄电池放电时的放电深度不大于 0.75。在蓄电池的放电过程中，希望蓄电池的放电电压保持恒定，为电动机提供一个稳定的工作条件。而蓄电池的电压是荷电状态的函数，混合动力汽车上蓄电池理想的工作区是 SOC 为 0.4～0.8。

蓄电池的容量及功率的大小会影响整车的燃油经济性，增大蓄电池的功率会使发动机的负担降低，改善经济性和排放性能，但是增大蓄电池功率的同时也会使整车的质量大大增加，又会降低动力性、经济性和排放性。在混联式驱动系统中，蓄电池和发电机可以同时供给电动机能量，暂时忽略能量流动中的损失，理论上使得蓄电池组功率与发电机功率之和等于电动机功率。因此，设计蓄电池组的功率为 25kW。

3.蓄电池仿真模型

蓄电池能量模型可以通过蓄电池的等效电路图来描述。

(1)蓄电池开路电压和内阻计算模块

为了计算出单个电池的开路电压和内阻，该模块需要借助给定的当前的 SOC 值和蓄电池的功率需求来实现。

(2)功率限制模块

这个模块可以用来防止计算蓄电池负载电流的功率超出 SOC 值、等效电路的参数值和电动机控制器允许最小电压等的限制。

（3）蓄电池负载电流计算模块

借助于电功率的定义和基尔霍夫电压定律，可以用蓄电池负载电流计算模块可以实现关于负载电流的二次方程的计算，即 $R_{int} I^2 - (V_{oc} \times I) + P_{bus} = 0$。

（4）SOC 计算模块

仿真开始时，通过计算所有放电电流和充电电流的总和，确定蓄电池总电量的变化，初始 SOC 被置为非零状态，蓄电池变化的电量与初始的电量求和得到剩余电量，剩余电量与蓄电池最大容量的比值即为电池的 SOC 值。

（5）蓄电池散热模型

无论车辆是在行驶过程中还是在蓄电池充电期间，该散热模型都可以预报蓄电池的平均温度和表面温，其可以借助蓄电池散热模型来进行得出。

蓄电池采用自然风冷却方式。该散热方式有辐射和传导两种形式。由蓄电池内阻产生的热量和蓄电池表面热量计算出蓄电池的温度，将其反馈到自动调温器中，如果蓄电池温度超过设定温度就使冷却风开启，由此又可以得到蓄电池表面的热量和空气的温度，由蓄电池表面热量可以得到空气的热量。蓄电池的冷却需要借助反馈控制来实现。

（6）蓄电池总成模型

蓄电池的总成模块图可基于以上模块得以生成，如图 7-29 所示。

等效电路将蓄电池电动势和内阻当作串联电路上两个电路元件的电路参数。蓄电池所能够容纳的充电量被看作常数，并受到蓄电池最小开路电压的限制。蓄电池放电之后需要重新补充的电量受到库仑定律的影响，最大充电量受到蓄电池最大开路电压限制。

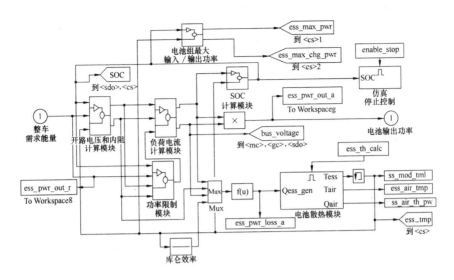

图 7-29　蓄电池总成模型

7.3.4　动力分配装置

动力分配装置如图 7-30 所示。

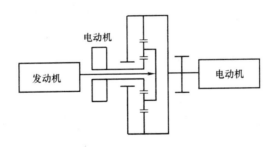

图 7-30　动力分配装置

通过对行星机构的变速比和受力分析可以得到如下方程组：

$$\omega_1 + k_P \omega_2 - (1+k_P)\omega_3 = 0 \tag{7-32}$$

$$T_4 = \frac{(1+k_P)}{\eta_S} T_1 = \frac{(1+k_P)}{\eta_R k_P} T_2 \tag{7-33}$$

式中，k_P 为齿数比，$k_P = \dfrac{z_2}{z_1}$；z_1 为太阳轮齿数；z_2 为齿圈齿数；η_S 为由太阳轮到行星架的效率；η_R 为由齿圈到行星架的效率；T_1、

T_2、T_3分别为太阳轮、齿圈和行星架的转矩；ω_1、ω_2、ω_3分别为太阳轮、齿圈和行星架的角速度。

作用在驱动轮上的转矩 T_t 是由发动机产生的转矩经过动力分配装置后传至车轮上的，因此驱动力为

$$F_t = \frac{T_{tq} i_0 \eta_T}{r} V_{model} \qquad (7\text{-}34)$$

式中，T_{tq} 为作用在齿圈上的总转矩；i_0 为主减速器速比；η_T 为传动系效率；r 为车轮半径。

由式(7-33)和式(7-34)可知，k_P 和 i_0 的取值对整车的动力性有很大的影响，与原车的动力性进行比较，改型后的汽车最高车速不小于 165km/h，0～100km/h 的加速时间不大于 13.5s，此处的动力分配机构作为变速器使用，与原车的变速箱传动比进行比较，根据前面动力源的设计与此处动力性的约束设计，可设计 $k_P = 108 : 30$，$i_0 = 5.94$。

7.3.5　整车仿真模型

分别对混联式混合动力电动车的各个重要模块进行数学建模与仿真建模，把各个仿真模块封装起来，加入到混联式混合动力电动车的整车模型中，并进行连接，得到其总体框架如图 7-31 所示。

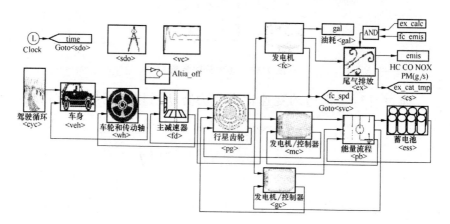

图 7-31　整车仿真模型

7.3.6　控制策略

通过如图 7-32 所示的几种控制方法,混联式混合动力汽车实现了有效控制。

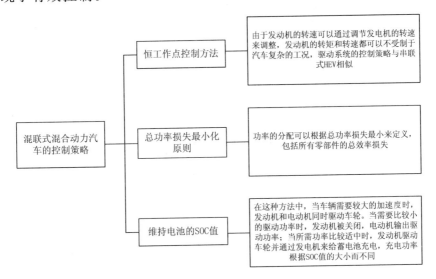

图 7-32　控制策略

为了使控制方法的可操作性得以实现,混联式混合动力系统借助了行星齿轮装置结构。在该控制方法中,所谓的控制信号为设定车速 V_{model} 和电池荷电状态 SOC。为了使最优的能量流通途径得以被灵活地选用,就需要执行动力分配装置,其工作模式及能量流动如图 7-33 所示。

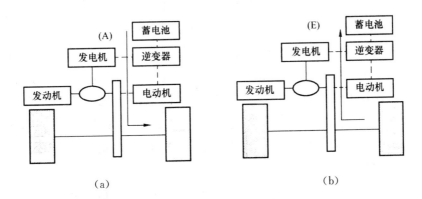

（a）　　　　　　　　　　　　　　　　（b）

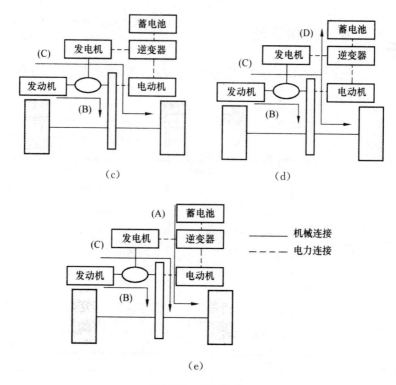

图 7-33　工作模式

（a）起步或在低速下运行；（b）减速或制动；（c）正常行驶；
（d）蓄电池放电；（e）全油门加速

7.3.7　仿真实例

如前所述,很多时候,汽车被看作是一个非常复杂的非线性动态系统,如此一来,若对设计变量借助于单纯的建立数学模型来进行优化是没有多大意义的,很多时候,都是将动力性指标作为约束简单来计算出所谓的优化匹配的,鉴于仅仅是在理论分析基础上得到的数据,故真正意义上的优化并未实现。为了得到优化效果比简单的计算选取高的效果,可以借助于仿真软件 ADVI-SOR 与数值计算的结合。在前面合理设计的数据基础上,为了使优化速度得以加快,可通过将所需测试的数据在很大程度上得以减小来实现。

由理论分析可知,会有以下函数关系存在于整车的动力性和燃油经济性之间,前提条件是在其他条件不变,只有三大动力元件功率变化(相应质量随着变化)的情况下,对于整车的动力性和燃油经济性有如下的函数关系:

$0\sim100km$ 加速时间 t_{100} 为

$$t_{100}=F_1(P_e,P_m,P_b) \tag{7-35}$$

最大爬坡度 i_{max} 为

$$i_{max}=F_2(P_e,P_m,P_b) \tag{7-36}$$

燃油消耗量 g 为

$$g=F_2(P_e,P_m,P_b) \tag{7-37}$$

HC 排放量 g_H 为

$$g_H=G_H(P_e,P_m,P_b) \tag{7-38}$$

CO 排放量 g_C 为

$$g_C=G_C(P_e,P_m,P_b) \tag{7-39}$$

NO_x 排放量 g_N 为

$$g_N=G_N(P_e,P_m,P_b) \tag{7-40}$$

式中, P_e 为发动机功率; P_m 为电动机功率; P_b 为电池组功率。

上面的函数是复杂的多变量非线性函数,其具体表达式的得出难度非常大。

借助于仿真软件,基于动力源优化分配的结果,来仿真分析整车的性能,在 UDDS 循环工况下,对汽车的仿真分析分别是对使用传统设计方法和优化设计方法实现的。性能数据见表 7-3。

表 7-3　混合动力汽车性能数据

性　能		原车性能	传统设计车性能	优化设计车性能
动力性	最高车速/(km/h)	>170	>170	>170
	0~100km/h 加速时间/s	13.5	12.4	13
	60~120km/h 加速时间/s	<12	10.6	11.4
	最大爬坡能力/%	25	>25	>25
经济性	多工况油耗 /(L/100km)	7.5	5.1	4.4

续表

性 能		原车性能	传统设计车性能	优化设计车性能
排放性	NO_x(g/km)	0.53	0.138	0.124
	CO/(g/km)	3.16	1.069	0.825
	HC/(g/km)	0.6	0.236	0.18

7.4 混合动力汽车的能量管理

下面以长安混合动力汽车的系统结构为例,如图 7-34 所示,说明能量管理系统与车辆其他系统的关系。

该车的动力源(能量)传递路径有:①由传统的四缸电喷发动机到轮胎;②由动力电池到轮胎;③由轮胎到动力电池组,在汽车下坡或刹车制动工况时,由集成的发电机/电动机 ISG(Integrated Starter and Generator)将汽车的再生或制动的能量存储在动力电池中;④由发电装置 ISG 到动力电池组。ISG 通过控制器和驱动器进行控制,电池能量管理系统对电池组的荷电状态进行控制。发动机由电控单元(ECU)和电子油门进行控制。

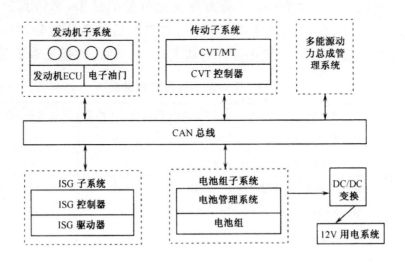

图 7-34　长安混合动力汽车的系统结构

　　混合动力汽车的能量管理系统并不简单,并且随系统组成的不同而呈现出很大的差异。下面分别对串联型混合动力汽车和并联式混合动力汽车的能量管理系统进行分析。

7.4.1　串联式混合动力汽车的能量管理系统

　　串联式混合动力汽车的发电机与汽车行驶工况没有直接关系,系统从外界获取能量的途径主要有三条:①由燃料化学能转换来的能量;②由电网充入蓄电池的能量;③回收的制动及减速能量。系统消耗的能量除了驱动车轮的动力能量外,还有电动机自身的损耗、电池充放电过程中的损耗、发电机的损耗等。能量管理系统的目标是使发动机在最佳效率区和排放区工作,并尽量减少系统本身损耗,从而使最高的能量转换效率得以顺利实现。有多种控制策略可供串联型混合动力汽车的发动机能量管理系统来选择,如"恒温器型"控制策略和"功率跟踪型"控制策略等。

　　其中,"恒温器型"控制策略系统控制流程如图 7-35 所示。

　　"功率跟踪型"混合动力汽车的能量管理系统如图 7-36 所示。

　　该系统用于 WG6120HD 式混合动力城市公交车。在能量管理系统中,在公交线路数据库得以建立的同时,其相应的营运控制模式也得以设定。汽车运行中,对图中所示的各种信号进行实时采集,并对采集的数据进行分析处理,根据汽车的行驶状况,将会有控制指令传达到各动力部件上。系统中,用功率跟踪的方式来实现对发动机的控制,使发动机的输出功率响应跟车辆需求功率的波动相契合,进行自适应调节。为了使车辆的动力性和发动机的负荷率得到保证,发动机会自适应功率跟踪预先设置的上、下限。

　　"综合控制策略系统"控制模式是上述两种控制模式的一个折中方案。纯电动模式会启用于电池的 SOC 较高的情况下。发电机将会在电池的 SOC 降低到设定的范围内时被发动机带动进行工作,发动机的输出功率将会被严格限定在一定的变化范围内,这是在考虑前期排放和功率的情况下。如果能预测到车辆行程内的总能量需求,则一旦有足够的能量存储于电池中的话,车辆将会在剩余的行程中自动转换为纯电动模式,电池所允许放出的电能将会在到了行程终点时正好耗尽。这种控制模式也称为最佳串联混合动力模式。

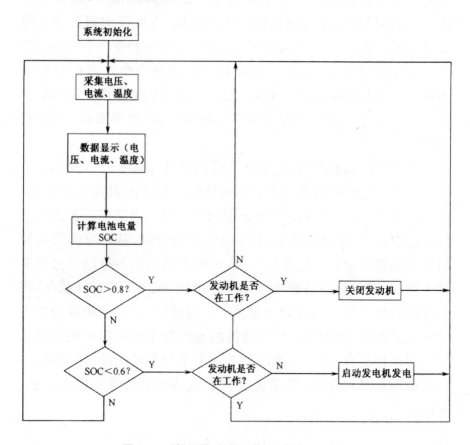

图 7-35 "恒温器型"控制策略系统控制流程

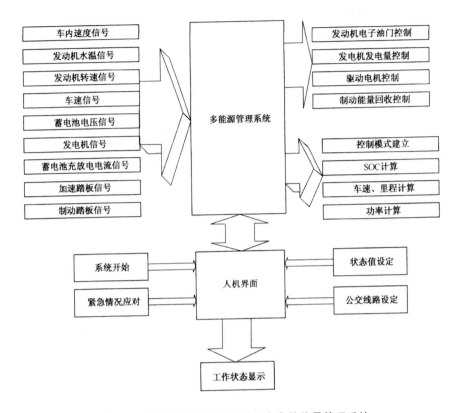

图 7-36　"功率跟踪型"混合动力汽车的能量管理系统

7.4.2　并联式混合动力汽车的能量管理系统

有以下两种基本工作模式,可供并联式混合动力汽车来进行使用。

1. 内燃机辅助混合动力模式

该模式主要利用电池—电动机系统来驱动车辆,仅当以较高的巡航速度行驶、爬坡和急加速时才能使内燃机开机。这种控制模式的优点是:大多数情况下车辆都是用电池的电能来工作的,车辆的排放和燃油的消耗减少,同时启动电动机可以取消而利用车辆的运动来启动内燃机。这种策略的缺点是:由于内燃机每次关机后重新启动时,内燃机和催化转换装置的温度达到正常温度需要一定的时间,这段时间内发动机的效率降低,尾气排放增加。

2.电动机辅助混合动力模式

在该模式中,车辆的驱动主要是利用内燃机来实现的,具体仅在以下两种状态使用电动机:一是当峰值功率在利用瞬间加速和爬坡被需要时,可使内燃机工作在最高效率区间,以减少排放和燃油消耗;二是在车辆减速制动时电机被用来回收车辆的动能(再生制动)对电池进行充电。该模式的主要缺点是:车辆不具备纯电动模式,以及在行驶过程中若经常加速,则"电机辅助"能力会因电池的电能消耗到最低而失去,驾驶员会感到车辆性能有所降低,如图 7-37 所示。

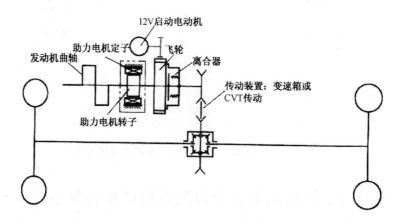

图 7-37 并联式混合动力系统结构示意图

第8章　燃料电池及代用燃料汽车技术

与传统内燃机汽车相比,燃料电池汽车不通过热机过程,不受卡诺循环的限制,具有能量转化效率高、环境友好等内燃机汽车不可比拟的优点,而且还同时可以保持传统内燃机汽车高速度、长距离行驶和安全、舒适等性能。

8.1　燃料电池电动汽车概述

燃料电池电动汽车以燃料电池作为动力源,通过氢氧反应产生电能驱动电机来驱动车辆行驶。该车型的排放物为水,氢氧利用率比其他车型高很多。燃料电池电动车被普遍认为是一种新型、高效、清洁的环保车型。

8.1.1　燃料电池电动汽车标准体系

随着各国对燃料电池电动汽车产业的不断投入,燃料电池电动汽车技术逐渐成熟,全球各大汽车集团均有燃料电池电动汽车商业化的计划。各国及各区域燃料电池电动汽车相关标准也在不断制定和完善中。目前的燃料电池电动汽车新标准制定主要集中于燃料电池系统及车载储氢系统两大方面。其中车载储氢系统的标准主要侧重于储氢系统的测试及加注方面。我国燃料电池电动汽车主要标准见表8-1。

表 8-1　我国燃料电池电动汽车主要标准

标准代号	标准名称	标准内容及适用范围
GB/T 24548—2009	燃料电池汽车整车术语	规定了与燃料电池电动汽车相关的术语及其定义;适用于使用气态氢的燃料电池电动汽车整车及部件
GB/T 24549—2009	燃料电池汽车安全要求	规定了燃料电池电动汽车特有的燃料系统、燃料电池系统、动力电路系统、功能、故障防护和碰撞等方面的安全要求;适用于使用气态氢的燃料电池电动汽车
GB/T 24554—2009	燃料电池发动机性能试验方法	规定了燃料电池发动机启动特性、稳态特性、动态响应特性、气密性检测、绝缘电阻检测等试验方法;适用于车用质子交换膜燃料电池发动机
QC/T 816—2009	加氢车技术条件	规定了用于装运和加注高压氢气的车辆的术语和定义、要求、标志和运输、停放及随车文件;适用于定型汽车底盘改装的装运和加注高压氢气的加氢车
GB/T 26990—2011	燃料电池电动汽车车载氢系统技术要求	规定了燃料电池电动汽车的车载氢系统的技术条件;适用于使用压缩氢作为燃料,在环境温度为15℃时,工作压力不超过35MPa的燃料电池电动汽车
GB/T 26991—2011	燃料电池电动汽车最高车速试验方法	规定了燃料电池混合动力电动汽车最高车速的试验方法;适用于使用压缩氢气的燃料电池混合动力电动汽车
GB/T 26779—2011	燃料电池电动汽车加氢口	规定了燃料电池电动汽车加氢口的定义、型式、要求、试验方法、检验规则;适用于使用压缩氢气为工作介质,工作压力不超过35MPa,工作环境温度为40~60℃的燃料电池电动汽车

续表

标准代号	标准名称	标准内容及适用范围
GB/T 29123—2012	示范运行氢燃料电池电动汽车技术规范	规定了进行示范运行的压缩氢燃料电池电动汽车的术语和定义、实施示范运行的基本条件、运行中危害的预防、汽车的启动、停放与存放、氢燃料的加注、意外事故的处理预案与培训、行驶等;适用于在指定道路上进行示范运行的压缩氢燃料电池电动汽车,其氢系统的额定工作压力大于 35MPa
GB/T 29124—2012	氢燃料电池电动汽车示范运行配套设施规范	规定了压缩氢燃料电池电动汽车示范运行配套设施的术语和定义、实施示范运行的基本条件、基本要求、加氢站(车)及氢燃料的加注、停车场所与维修车间的相关规范等;适用于压缩氢系统的额定工作压力大于 35MPa 的氢燃料电动汽车示范运行相配套的加氢站、停车场所和维修车间
GB/T 29126—2012	燃料电池电动汽车车载氢系统试验方法	规定了燃料电池电动汽车的车载氢系统的试验方法;适用于使用压缩氢作为燃料,在环境温度为 15℃ 时,工作压力不超过 35MPa 的燃料电池电动汽车

8.1.2　燃料电池电动汽车的优缺点

1.优点

燃料电池是一种将氢和氧的化学能通过电极反应直接转换成电能的装置。燃料电池电动汽车具有以下优点:

①能量转换效率高。传统的内燃机汽车经常工作在负荷较低的工况下,燃油效率差,而燃料电池在低负荷时的系统效率较高。传统内燃机和燃料电池的效率曲线如图 8-1 所示。

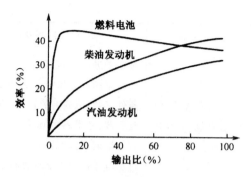

图 8-1　传统内燃机和燃料电池的效率曲线

②运行平稳、低噪声。燃料电池属于静态能量转换装置,除了空气压缩机和冷却系统以外无其他运动部件,因此与内燃机汽车相比,摆脱了马达的轰鸣,运行过程中噪声和振动都较小。

③续驶里程长,性能优于其他电池的电动汽车。

④零排放或近似零排放,绿色环保。燃料电池电动汽车在本质上是一种零排放汽车,燃料电池没有燃烧过程,若以纯氢作燃料,通过电化学的方法,将氢和氧结合,生成物是清洁的水,生成物除水之外还可能有少量的 CO_2。

⑤燃料多样化,优化了能源消耗结构。燃料电池所使用的氢燃料来源广泛,自然界中,氢能大量存储在水中,可采用水分解制氢,也可以从可再生能源获得。燃料电池不依赖石油燃料,各种可再生能源可以转化为氢能加以有效利用,减少了对石油资源的依赖,优化了交通能源的构成。

⑥过载能力强。燃料电池的短时过载能力可达 200% 的额定功率。

2. 缺点

燃料电池电动汽车具有以下缺点:

①燃料电池汽车的制造成本和使用成本过高。

②供应燃料辅助设备复杂且质量和体积较大。

③经济且无污染的获取纯氢燃料还存在技术难点。

④氢燃料电池汽车燃料的供应还有大量的技术问题有待

解决。

⑤启动时间长。

⑥稀有金属铂金 Pt 被大量应用也制约着燃料电池电动汽车的推广应用。稀有金属铂金作为燃料电池必不可少的反应催化剂,按照现有燃料电池对铂金的消耗量,地球上所有的铂金储量都用来制作车用燃料电池,也只能满足几百万辆车的需求。

8.2　燃料电池电动汽车的结构与原理

如图 8-2 所示是燃料电池汽车混合动力系统的一般结构示意图。

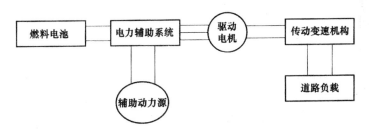

图 8-2　燃料电池汽车混合动力系统的一般结构示意图

8.2.1　直接燃料电池混合动力系统

该系统的结构特点为燃料电池系统与系统总线直接相连,无 DC/DC 变换器过渡,如图 8-3 所示。

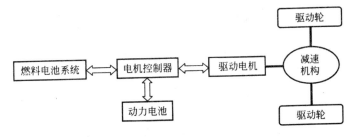

图 8-3　直接燃料电池汽车混合动力系统结构示意图(无 DC/DC 变换器)

与图 8-3 相比较,图 8-4 给出的动力系统结构中,辅助动力源通过一个双向 DC/DC 变换器并入总线。

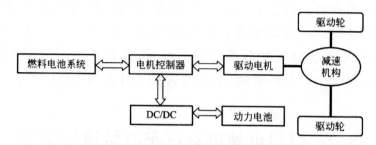

图 8-4　直接燃料电池汽车混合动力系统结构示意图(有 DC/DC 变换器)

8.2.2　间接燃料电池混合动力系统

其结构特点为燃料电池系统与系统总线通过 DC/DC 变换器间接相连,如图 8-5 所示。

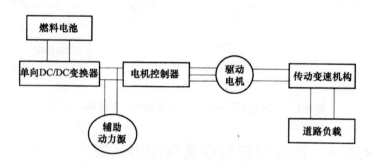

图 8-5　间接燃料电池汽车混合动力系统结构

8.3　燃料电池电动汽车的氢安全

8.3.1　燃料电池汽车氢气监测系统

燃料电池汽车氢气监测系统通常由氢传感器、控制器、报警及安全处理装置等组成,如图 8-6 所示。氢传感器将周围氢气含量参数转换为电信号,并输送给控制器,然后控制器根据氢传感器的信号判断是否有氢气泄漏及泄漏的严重程度,并输出相应的控制信号,使危险报警装置发出危险警报,或使安全保险电路工作(切断高压电路或关闭氢气源),及时排除安全隐患。

图 8-6　燃料电池汽车氢气监测系统

8.3.2　燃料电池汽车氢安全措施

由于目前的燃料电池汽车大部分采用氢气作为燃料,而氢气的泄漏将会造成危险,因此,燃料电池汽车必须考虑针对氢气的安全措施。通常采用两种措施:一是储氢装置和输送管路选用不易造成泄漏的材料和结构;二是实时监测燃料电池系统中氢的泄漏情况。

1. 供氢系统的氢安全

为保证燃料电池汽车的安全可靠运行,需要有一套安全有效的供氢系统。供氢系统的基本功能是为燃料电池系统提供稳定压力的氢气。如图 8-7 所示为某燃料电池客车的供氢系统,包括电磁阀、气罐安全阀、溢流阀、气罐手动截止阀、温度传感器和压力传感器等装置。

2. 氢泄漏安全

燃料电池汽车在起动、行车、停车及关闭等操作中可能有少量氢气泄漏,这样既浪费能源又会带来危险,因此在设计燃料电池汽车时就必须考虑氢气的泄漏问题。如图 8-8 所示为某燃料电池轿车的氢泄漏传感器的分布图。在燃料电池汽车的前舱、乘员舱、后舱和排气管上各有一个氢气泄漏检测传感器,分别是 HL1、

HL2、HL3 和 HL4。

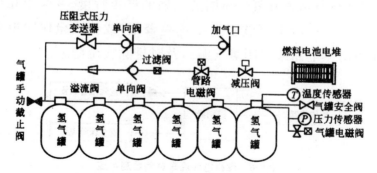

图 8-7　某燃料电池客车供氢系统

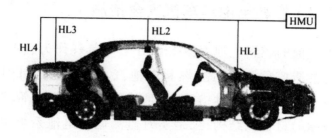

图 8-8　某燃料电池轿车的氢泄漏传感器分布

3.燃料电池系统的安全保护措施

(1)氢气源切断保护装置

当汽车发生碰撞时,氢气的泄漏将会引发严重的安全事故。为此,一些燃料电池汽车设置了相应的保护装置。当汽车发生碰撞事故时,保护装置会根据碰撞传感器所发出的信号及时切断电源和气源,以避免因氢气泄漏而造成更为严重的事故。

(2)用吸能车架保护燃料电池系统

一些燃料电池汽车的车身、车架采取了特殊的结构措施,以保护燃料电池系统在汽车发生碰撞时不易受损。本田燃料电池汽车 FCX 的纵梁结构如图 8-9 所示。

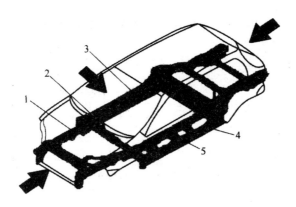

图 8-9　本田燃料电池汽车 FCX 的纵梁结构

1—前纵梁；2—横梁；3—地板梁；4—侧门框；5—横悬梁

该车架的结构特点是：当从前面碰撞时，前纵梁可吸收冲击能量，可减少驾驶室的变形；如果侧面发生了碰撞，则地板梁可吸收能量，也可减少驾驶室的变形和对燃料电池系统的影响。

（3）储氢气瓶的安全措施

储氢气瓶压力高达 25～35MPa。当汽车发生碰撞时，如果高压储氢气瓶受损破裂，后果将不堪设想。为此，除了选用高强度的储氢气瓶外，在汽车的结构上还要考虑尽可能减小汽车碰撞时对储氢气瓶的冲击。

8.4　天然气汽车

8.4.1　车用天然气

天然气与汽油和柴油相比较，它们的特性有很大差异，天然气与汽油的理化特性值的比较见表 8-2。

表 8-2 天然气与汽油的理化特性值的比较

特性值	天然气	汽油
密度/(气态,kg/m³)	0.718	5.093
低热值/(MJ/kg)	49.54	44.52
理论空燃比(重量)	17.2	14.7
理论混合气热值/(MJ/m³)	3.36	3.82
沸点/(常压,℃)	−162	100
气化潜热/(kJ/kg)	510	297
自燃温度/(大气中,℃)	650	500
点火界限燃料体积比/%	5.3~15	1.2~6
点火界限当量比	0.65~1.6	0.7~3.5

供应汽车使用的燃气必须进行加工处理。一般供应民用的天然气由于含有不少杂质,若直接用作汽车燃料,会对车辆造成损害,或使发动机燃烧不正常,影响车辆的寿命和排放效果。为此,天然气在用作汽车燃料前,应进行脱水、脱硫等处理。

根据天然气的燃烧特性,按照国际上最常用的判别天然气互换性的华白数,将天然气分为 10T、12T、13T 三类(见表 8-3),使发动机能够通过选择不同的类型的天然气,来满足不同条件的要求,获得最优的燃烧效果。

表 8-3 压缩天然气的燃气类型

类型	华白数/(MJ/m³)	
	标称值	范围
10T	40.7	38.3~44.0
12T	49.7	44.7~53.7
13T	52.5	50.5~54.7

注:气体体积的参比条件为 101.32kPa,20℃状态。

8.4.2　天然气汽车的类型及特点

1.天然气汽车的类型

(1)按照压缩压力及形态分类

按照压缩压力及形态分类,天然气汽车可分为以下几种形式:

①低压天然气汽车。低压天然气汽车指天然气以常压方式充装于汽车顶部的储气囊内,直接供给发动机燃烧的天然气汽车。

②压缩天然气汽车(CNG)。压缩天然气是比较理想的车用替代能源,其应用技术已经比较成熟,很多城市都有压缩天然气的加气站和一定数量的压缩天然气汽车。它具有成本低、效益高、污染小、使用相对安全便捷等优点。

③液化天然气汽车(LNG)。液化天然气是天然气经过深度冷冻(−162℃)后变成液体,然后装入保温容器内,在液化过程中杂质会变成固体被滤除掉,所以具有更高的纯净度。液化天然气具有辛烷值高,抗爆性好、燃烧完全、降低运输成本等优点,但液化天然气在使用中存在难以保温和难以均匀汽化使用两个问题。

(2)按使用方式分类

按使用方式,天然气汽车又可以分为下面三种形式:

①单燃料燃气汽车。

②两用燃料燃气汽车。

③双燃料天然气汽车。

2.天然气汽车的特点

目前世界上使用较多的是压缩天然气汽车。天然气汽车主要有以下几个特点:

①工作性能好。冬天发动机起动性好,车辆的加速性能比汽油车稍差。

②污染少。天然气汽车可以减少多达 93% 的 CO、33% 的 NO$_x$ 和 50% 的 HC 排放量。

③运行安全。天然气是高燃点的轻气体,天然气相对密度(空气为 1)小,为 0.58~0.62,比空气轻,一旦有泄漏就会向上方挥发,不会聚集,比汽油更加安全。

④维护成本较低。对机动车润滑油的稀释作用小,燃烧性能好,汽缸积炭少,不需要经常更换火花塞,降低维护成本。

8.4.3 天然气汽车的结构与原理

目前由于压缩天然气供应网络不健全和压缩天然气续驶里程较小的缘故,大多数天然气汽车具备同时压缩天然气和汽油两个燃料系统。

1. 预混合点燃式压缩天然气汽车的基本组成

如图 8-10 所示是国产天然气-汽油两用燃料汽车改装系统示意图。

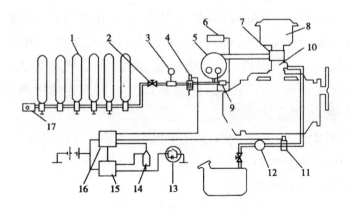

图 8-10　CNG-汽油两用燃料汽车改装系统

1—高压气瓶;2—截止阀(高压);3—压力表(高压);4—电磁阀;5—减压阀(总成);

6—显示灯;7—混合器;8—空滤器;9—压力传感器;10—化油器;11—汽油电磁阀;

12—汽油泵;13—断电器;14—点火线圈;15—点火时间转换器;16—油气转换开关;

17—充气阀

天然气供气系统主要由压缩天然气储气瓶、高压电磁阀、减压阀和混合器等组成,其中关键组件就是压缩天然气储气瓶、减压阀和混合器。

(1)压缩天然气储气瓶

天然气高压气瓶是 CNG 汽车的重要组件之一。目前世界上通用额定压力 20MPa 的天然气瓶。

CNG 气瓶需要严格的安全认证。对于每个新设计的气瓶要求进行内容广泛的试验过程和试验项目,包括水爆试验、室温循环试验、环境循环试验、阻燃试验、裂纹容限试验、坠落试验、穿透试验、渗透试验、天然气循环试验、加速应力破裂试验等。

(2)减压阀

天然气减压阀是 CNG 汽车供气系统中的重要组成部分,目前国内使用的进口减压阀有三级也有四级,其工作原理基本上是一致的。图 8-11 是减压阀的结构原理图。

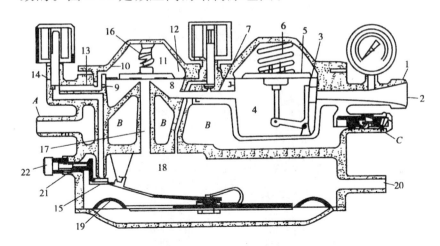

图 8-11　国产天然气汽车减压阀工作原理

1—进气口接头;2—进气过滤器;3—阀门;4—阀腔;5—橡胶膜片;6—弹簧;7—进气孔;8—腔体;9—标定孔;10—孔;11—腔体;12—膜体;13—封闭孔;14—电磁阀;15—阀门;16—弹簧;17—通道;18—腔体;19—膜片;20—出气口;21—调整弹簧;22—调整旋钮;A—热水进口;B—加热腔体;C—冷水出口

(3)混合器

天然气的混合器同汽油机的化油器作用类似。在定量配气时,空气和天然气处于同一聚集状态,其流量规律是相近似的,可以比气液更容易混合成所需比例。因此,混合器最简单流程如图

8-12 所示。但是,实际的减压阀不能提供这样的理想条件。减压阀出口气压变化很大,这是由于混合器的流量特征以及气体总能量的下降所致。气体总能量下降在其流量小时对压力影响很大。也就是说,在压差较小情况下,气体的准确定量是不可能的。

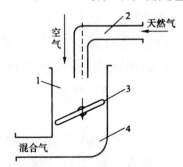

图 8-12 气体混合器的最简单流程

1—空气道;2—天然气道;3—节气阀;4—发动机进气道

如图 8-13 所示为美国 IMPCO 混合器的示意图。

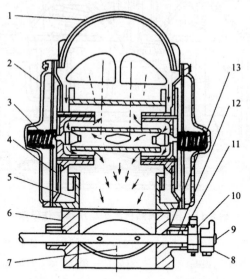

图 8-13 美国 IMPCO 气体燃料混合器

1—空气管;2—盖;3—弹簧;4—膜片总成;5—混合器体总成;6—节流阀总成;
7—节流阀板;8—拉杆总成;9—节流阀轴;10—限位杆;11—轴封;12—轴承;13—支座

2.预混合压燃式压缩天然气-柴油双燃料汽车

天然气-柴油双燃料发动机的优点是大多数柴油机都可以较容

易地改装成用双燃料工作。只需增加一套供气系统,如图 8-14 所示。

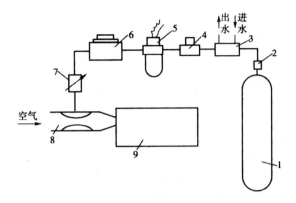

图 8-14　预混合压燃式双燃料供气系统简图

1—天然气储罐;2—气阀;3—预热器;4—高压减压阀;5—过滤器及开关阀;

6—低压减压阀;7—天然气供气量控制阀;8—混合气;9—发动机

如图 8-15 所示为采用预混合压燃式机械控制式的双燃料发动机。

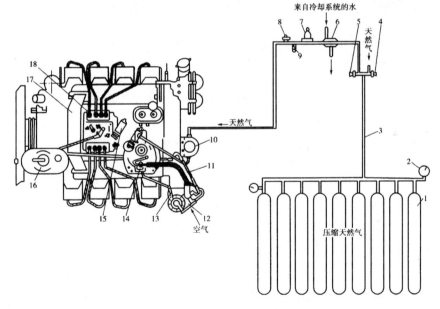

图 8-15　双燃料发动机的构造原理图

1—压缩天然气气瓶组;2—气瓶压力表;3—高压输气管;4—气瓶充气阀;5—储气瓶供气阀;

6—天然气加热器;7—高压减压阀;8—天然气中压管路报警装置;9—中压管段限压器;

10—天然气过滤器及开关阀;11—天然气低压供气管;12—供气量控制阀;13—混合器;

14—低压减压阀;15—高压油泵供油量限位器;16—燃料转换开关;17—发动机;18—高压油泵

3.电控 CNG-汽油两用燃料发动机燃料供给系统

(1)开环控制系统

电控汽油喷射发动机改装的 CNG-汽油两用燃料发动机开环控制燃料供给系统的组成如图 8-16 所示。

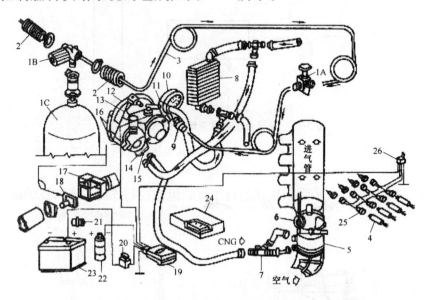

图 8-16　CNG-汽油两用燃料发动机开环控制燃料供给系统

1A—充气阀;1B—供气阀;1C—高压气瓶;2—外套管;3—高压输气管;4—喷油器;

5—混合器;6—进气总管;7—供气三通插头;8—散热器;9—进气管插头;10—压力表;

11—恒温器;12—减压调节器;13—燃气电磁阀;14—冷却液管插头;15—出气管插头;

16—怠速调节螺钉;17—空气流量计;18—空气测量叶片强制开启器;

19—燃料转换开关;20—熔断器;21—点火开关;22—高压线圈;23—蓄电池;

24—点火提前调节器;25—喷油器线束插接器;26—模拟器

电控汽油喷射发动机改装的 CNG-汽油两用燃料发动机开环控制燃料供给系统工作原理框图如图 8-17 所示。在进入进气管前,该系统的燃气供给和汽油供给两个燃料供给系统是并列的。

(2)闭环控制系统

电控汽油喷射发动机改装的 CNG-汽油两用燃料发动机闭环控制燃料供给系统如图 8-18 所示。

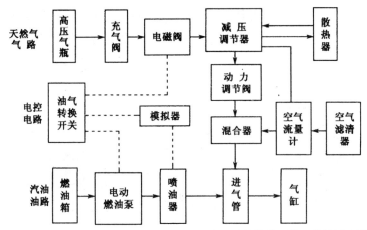

图 8-17 CNG-汽油两用燃料发动机开环控制燃料供给系统工作原理框图

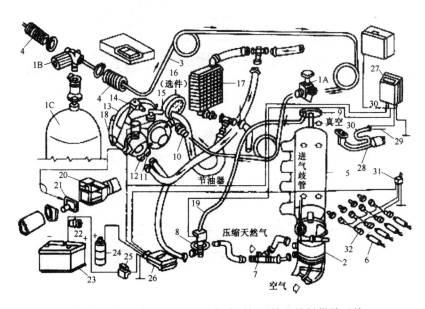

图 8-18 CNG-汽油两用燃料发动机闭环控制燃料供给系统

1A—充气阀;1B—供气阀;1C—高压气瓶;2—配合器;3—高压输气管;4—外套管;5—进气总管;6—喷油器;7—供气三通插头;8—电控调节器;9—真空稳定器;10—进气管插头;11—出气管插头;12—冷却水管插头;13—燃气电磁阀;14—减压器;15—恒温器;16—压力表;17—散热器;18—怠速调节螺钉;19—真空管;20—流量计;21—空气测量叶片强制开启器;22—点火开关;23—蓄电池;24—高压线圈;25—熔断器;26—燃料转换开关;27—燃气 ECU;28—氧传感器;29—传感器加热器电源线;30—氧传感器信号线;31—模拟器;32—喷油器线束插接器;

CNG-汽油两用燃料发动机闭环控制燃料供给系统工作原理

框图如图 8-19 所示,与开环控制系统的区别主要是,燃料转换开关只设"油""气"两个挡,由燃气 ECU 根据发动机工况等自动控制燃料停供和转换;同时由燃气 ECU、氧传感器、电控调节阀共同实现空燃比闭环控制。

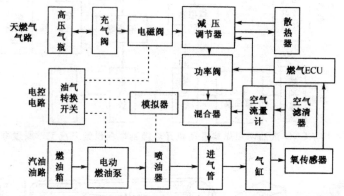

图 8-19　CNG-汽油两用燃料发动机闭环控制燃料供给系统工作原理框图

4.电控 CNG-柴油双燃料发动机供气系统

CNG-柴油双燃料非增压发动机供气电控系统如图 8-20 所示,该系统主要由天然气供气系统、引燃柴油供给系统、电子控制单元(ECU)三部分组成。

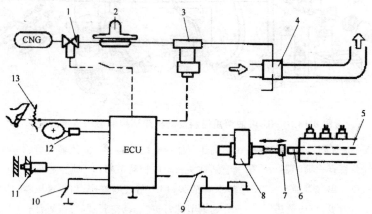

图 8-20　CNG-柴油双燃料非增压发动机供气电控系统图

1—电磁阀;2—调节器;3—功率阀;4—混合器;5—喷油泵;6—供油齿条;
7—滑动挡板;8—齿条控制器;9—点火开关;10—燃料转换开关;
11—冷却液温度传感器;12—转速传感器;13—加速踏板位置传感器

8.5　液化石油气汽车

液化石油气是在石油、天然气开采和炼制过程中，作为副产品而取得到的以丙烷（C_3H_8）、丙烯（C_3H_6）、丁烷（C_4H_{10}）、丁烯（C_4H_8）为主要成分的碳氢化合物。车用液化石油气与汽油、柴油，以及天然气的理化特性的比较见表 8-4。

表 8-4　液化石油气与汽油、柴油，以及天然气的理化特性的比较

项目	液化石油气	汽油	柴油	天然气
物理状态	气态	液态	液态	气态
汽车上的储存状态	液态	液态	液态	气态或液态
在常压下的沸点/℃	−0.5	30～220	180～370	−161.5
低热值/（MJ/kg）	45.31	44.52	43	49.54
气化潜热（kJ/kg）	丙烷：−41 丁烷：0～2	297	—	510
辛烷值（ROM）	94	91		120
十六烷值	—	27	40～60	—
自燃点/℃	丙烷：358.2 丁烷：373.2	260	—	700
最低点火能量/MJ	—	0.25～0.3		
相对分子质量	丙烷：41 丁烷：58	100～115	226	16
在空气中的可燃范围比/%	—	1.3～7.6	—	5～15

液化石油气兼有气体和液体燃料的优点，气态时，液化石油具有如下特点：

①比重比空气大 1.5～2.0 倍，在大气中扩散较慢，但易向低注地区流动，如果室内通风不好，不易发挥扩散，就会积存起来，很容易达到爆炸浓度，遇到明火或火花，就会发生爆炸。

②着火温度约为 430～460℃，比其他燃气低。

③热值高，约为 45200～46100kJ/kg。

8.5.1 车用液化石油气

液化石油气本身无色无味,其生产来源主要有以下三种:

①油田、气田开采的伴生气。

②炼油厂的副产品。提炼 1t 原油一般可产生 3%～5% 的液化石油气。

③由乙烯工厂生产。

液化石油气理化特性见表 8-5。

表 8-5 液化石油气理化特性

特性	数值
在常压下的沸点/℃	−42～0.5
自燃温度/℃	462～537
低热值/(MJ/kg)	45.3
混合气热值/(MJ/m³)	3.59
理论空燃比	15.8
辛烷值(RON)	100～110
爆炸浓度/%	1.5～9.5

国家标准 GB 19159—2012《车用液化石油气》对车用液化石油气做出了有关规定,该标准对车用液化石油气的蒸气压、腐蚀、含硫量、游离水、烯烃含量等作了严格技术要求,见表 8-6。

表 8-6 车用液化石油气技术要求(GB 19159—2012)

项目		质量指标		
		1 号	2 号	3 号
蒸气压(37.8℃,表压)/kPa		≤1430	890,～1430	660,～1430
组分的质量分数/(%)	丙烷	>85	>65～85	40～65
	丁烷及以上组分	≤2.5	—	—
	戊烷及以上组分	—	≤2.0	≤2.0
	总烯烃	≤10	≤10	≤10
	丁二烯(1,3-丁二烯)	≤0.5	≤0.5	≤0.5

续表

项目		质量指标		
		1 号	2 号	3 号
残留物	蒸发残留物/ (mL/100mL)	≤0.05	≤0.05	≤0.05
	油渍观察	通过	通过	通过
密度(20℃)/(kg/m³)		实测	实测	实测
铜片腐蚀/级		≤1	≤1	≤1
总硫含量/(mg/m³)		<270	<270	<270
硫化氢		无	无	无
游离水		无	无	无

注:1.总硫含量为 0℃、101.35kPa 条件下的气态含量。

2.可在测量密度的同时用目测法测定试样是否存在游离水。

8.5.2　液化石油气汽车的类型与特点

1.液化石油气汽车的类型

可以使用液化石油气燃料的汽车称为液化石油气汽车。按照使用的燃料,液化石油气汽车可分为如下几种。

(1)单燃料液化石油气汽车

发动机仅使用 LPG 的燃料,燃料供给系统专为燃用 LPG 燃料而设计,其结构可保证气体燃料能有效利用,充分发挥 LPG 辛烷值高的优势。

因为液化石油气的辛烷值比压缩天然气低,所以单燃料液化石油气汽车发动机的压缩比比单燃料压缩天然气汽车稍低,燃料经济性略差。但液化石油气挤占空气容积较少,故液化石油气汽车动力性更好。

(2)两用燃料液化石油气汽车

两用燃料液化石油气汽车是可以视情况交替燃用液化石油气或汽油,而不能同时使用两种燃料的汽车。一般汽油车发动机不改动,只是加装一套液化石油气燃料供给装置,就成为 LPG/汽油两用燃料汽车。

（3）双燃料液化石油气汽车

系统同时有两种供给汽车燃料的装备,配备两个供给系统及两个独立的燃料储存系统。发动机工作于双燃料状态时,用压燃的柴油引燃 LPG 与空气的混合气而实现燃烧。发动机也可使用纯柴油工作。在低负荷及怠速时自动转换到纯柴油工作方式。

2.液化石油气汽车的优缺点

液化石油气汽车具有以下优点:

①发动机运行性能好。液化石油气有较好的抗爆性,适当提高压缩比和点火提前角,可以提高发动机性能;发动机低温起动性好。试验证明,在环境温度为 -30℃时,液化石油气汽车不需要采取特别措施就可以顺利起动。

②运行和维修成本低。使用液化石油气的费用要大大低于汽油车和柴油车;液化石油气以气态进入汽缸,燃烧完全,积炭少,这使发动机的大修期和润滑油更换周期延长,降低了车辆维护费用和运行成本。

③安全性高。车用液化石油气系统设有专门设计的安全保护装置,不易泄漏。

④排放降低。液化石油气热值高,燃烧完全,CO、HC 和微粒的排放极低,大大减小了汽车的尾气污染。

液化石油气汽车与燃油汽车相比,目前还具有以下缺点:

①改装后的液化石油气汽车动力性有所下降。

②一次加满气的续驶里程不如燃油汽车,充气次数较多。液化石油气充气站目前还不够普遍,使用受限。

③汽车以双燃料方式并存,需要在原车的基础上加装供气系统,整车成本较高。

④储气瓶占用空间大,不利于在车上布置。

8.5.3 液化石油气汽车的结构与原理

与天然气汽车类似,液化石油气汽车必须装备一套燃气供给装置,两用燃料和双燃料车辆还保留了原有的燃油供给系统。液化石油气供给系统可分为机械式混合器供气系统(开环)、电控式混合器供气系统(闭环)和电控燃气喷射系统三类。它们不同之处体现在混合气的形成方式和混合气浓度控制方式的不同,而其他多数装置(如气瓶、组合阀、蒸发调压器等)基本相同。

LPG 储气钢瓶由瓶体、组合阀、防护盒和支架组成。

组合阀是指与瓶体用螺纹或螺栓法兰连接的、集成为一体的元件组合,包括限充阀、安全阀、单向阀、手动关闭阀、流量控制阀及气量表,有些还装有电磁控制阀,如图 8-21 所示为某组合阀结构。限充阀具有限量充装功能;安全阀用于保证钢瓶压力维持在安全范围内,当气瓶内部压力大于限值或温度高于 100℃时,安全阀将自动开启,降低瓶内压力,保持系统安全。

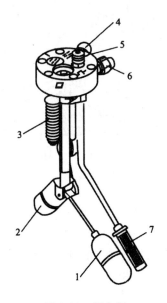

图 8-21 组合阀

1—LPG 容量传感器浮子;2—限充阀浮子;3—安全阀;
4—单向阀;5—手动关闭阀;6—出液口;7—滤网

　　某蒸发调压器的结构如图 8-22 所示。它主要由燃料管路、水道管路、一级减压室和二级减压室组成。

　　图 8-23 是液化石油气轿车的燃料管路布置图。图 8-24 为燃料供给系统图。液态的液化石油气靠其自身的蒸汽压力被压出容器,通过高压管路,在流经滤清器时将杂质滤掉,然后经电磁阀流入调节器,在调节器内被降压、气化、调压,从而变成气态,最后通过混合器与空气混合,进入发动机。

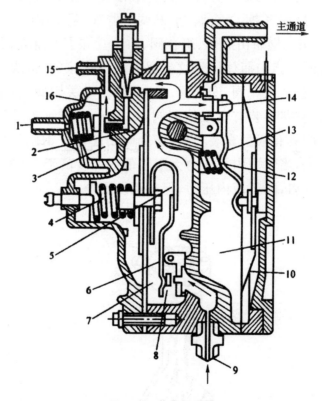

图 8-22　蒸发调压器

1—负压通道;2——级膜片;3—低速同步室;4——级弹簧;
5——级膜片拉钩;6——级杠杆;7——级减压室;8——级阀;
9—LPG 入口;10—二级膜片;11—二级减压室;12—二级弹簧;
13—二级杠杆;14—二级阀;15—低速通道;16—低速同步膜片

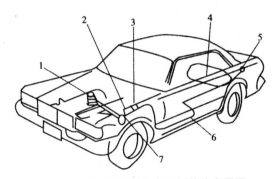

图 8-23　液化石油气轿车燃料管路布置图

1—混合气；2—电磁阀；3—滤清器；4—液化石油气气瓶；
5—液化石油气充气入口；6—高压管路；7—蒸发调压器

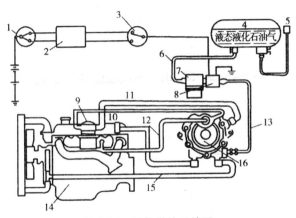

图 8-24　燃料供给系统图

1—点火开关；2—电磁阀继电器；3—液化石油气开关；4—液化石油气气瓶；
5—液化石油气充气入口；6—高压管路；7—滤清器；8—电磁阀；9—混合器；10—低速通道；
11—主通道；12—负压通道；13—高压通道；14—发动机；15—冷却水路；16—调节器

1.单燃料液化石油气汽车燃料供给系统

单燃料液化石油气供给系统如图 8-25 所示，主要由气瓶 1、燃气控制电磁阀 2、调节器 3、混合器 4 等组成。

2.LPG-汽油两用燃料汽车燃料供给系统

当前改装的液化石油气汽车大多为两用燃料（LPG 和汽油）汽车，且已全面达到商品化阶段。汽车发动机供气系统流程图如

图 8-26 所示,它由气体燃料主要供应线路和液态备用燃料系统组成。该系统的特点是将调压器和蒸发器放在一个组件内,成为蒸发调压器,从而减少了连接点数,即减少可能的漏气点。

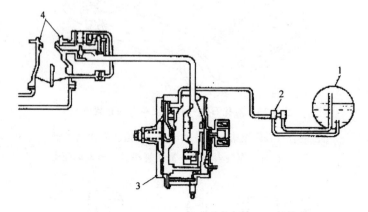

图 8-25　单燃料液化石油气供给系统

1—气瓶;2—燃气控制电磁阀;3—调节器;4—混合器

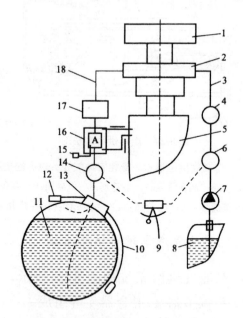

图 8-26　液化石油气供应系统流程图

1—空气滤清器;2—混合器;3—汽油管;4—滤清器;5—发动机;6—电磁开关阀;
7—汽油泵;8—汽油箱;9—燃料转换开关;10—通气管;11—气瓶;12—加气管;13—密封盖;
14—电磁开关阀;15—凝析油排出开关;16—蒸发调节器;17—计量器;18—气管线

目前,LPG-汽油两用燃料汽车按燃气混合供给控制装置的不同,可分为开环混合器供气系统、闭环带电控动力阀的混合器供气系统和电控燃气喷射供气系统三大类。

(1)开环控制系统

原车为电控燃油喷射系统发动机的汽车改装为开环控制系统的 LPG-汽油两用燃料汽车的供气系统示意图如图 8-27 所示。

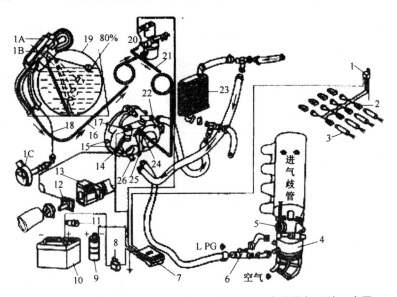

图 8-27　开环控制系统的 LPG-汽油两用燃料汽车的供气系统示意图

1A—防泄漏密封盒;1B—组合阀;1C—充气阀;1—模拟器;

2—喷油器转换插座;3—喷油器,4—混合器;5—进气歧管;

6—功率调节阀;7—电控燃料选择开关;8—熔断器;9—高压线圈;

10—蓄电池;11—点火开关;12—空气测量叶片强制开启器;

13—空气流量计;14—减压器;15—怠速调整螺钉;

17—减压器电磁阀;18—充气管;19—LPG 气瓶;20—LPG 截止阀;

16、21—高压管;22—加热水出口;23—散热器、喷油器线束插接器;

24—LPG 进气口;25—LPG 输出口;26—加热水入口

(2)闭环控制系统

国产 CYTZ—100 型 LPG 比例调节型混合器电控闭环系统原理图如图 8-28 所示。

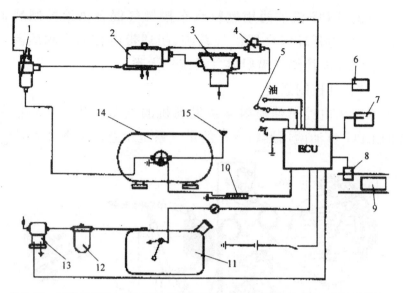

图 8-28　国产 CYTZ－100 型 LPG 比例调节型混合器电控闭环系统原理图

1—1PG 电磁阀;2—减压器;3—混合器;4—真空电磁阀;

5—油/气转换开关;6—节气门传感器;7—发动机转速传感器;

8—氧传感器;9—三元催化器;10—辅助液面显示器;11—油箱;

12—燃油滤清器;13—电动油泵;14—LPG 气瓶;15—充气阀

(3)电控 LPG 喷射系统

按燃料状态可以将电控 LPG 喷射系统分为两大类:一类是气态喷射,另一类是液态喷射。其中气态 LPG 喷射系统按其计算机管理系统不同又可分为两种(图 8-29)。一种是 LPG 电控单元直接采集各种传感器信号,经过分析计算,确定喷入各缸的 LPG 的量,如图 8-29(a)所示。另一种 LPG 气态喷射系统则采用了完全不同的电控方式,其 LPG 电控单元相当于一个翻译器,采集原车汽油喷嘴的信号并将其转换为 LPG 的喷射信号,直接控制喷嘴的动作,如图 8-29(b)所示。

3.液化石油气-柴油双燃料汽车

液化石油气-柴油双燃料发动机的液化石油气供气系统也是由液化气气瓶、蒸发器、减压阀、调节阀、混合器和节流阀等组成。液化石油气-柴油双燃料发动机和柴油机一样,用纯柴油起动。

待发动机冷却液温度达到正常范围后,打开液化气气瓶阀门,液化气在瓶内气体压力作用下流入蒸发器。

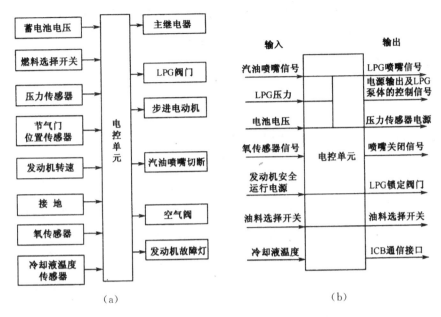

(a)　　　　　　　　　　　(b)

图 8-29　气态 LPG 喷射系统 ECU 原理图

8.6　醇类燃料汽车

8.6.1　醇类燃料的来源及分类

在众多的清洁代用燃料中,醇类燃料来源广泛、丰富,抗爆性好,与石油燃料的理化性能相近,因而受到更多的重视。

1. 醇类燃料的来源

甲醇(木醇或木酒精)可以由一氧化碳和氢气合成,为无色透明的液体,略带乙醇香气,具有高挥发性,易燃烧,其蒸气与空气在一定范围内可形成爆炸性化合物。它主要从天然气(占 78%)、重油(占 10%)、石脑油(占 7%)、液化石油气(占 3%)、煤炭(占

2%)、油页岩、木材和垃圾等物质中提炼。

乙醇(C_2H_5OH)俗称酒精,它的工业生产主要有化学合成法和生物发酵法两种。化学合成是以乙烯加水合成乙醇,该方法产生的杂质较多,且乙烯是石油的工业副产品,在石油日益短缺的情况下,该方法应用受到限制。

2.醇类燃料的分类

(1)按组成成分和性质分类

按组成成分和性质的不同,醇类燃料主要有甲醇和乙醇,它们都是相对分子质量较小的单质。醇类燃料汽车是指以甲醇汽油、乙醇汽油、甲醇、乙醇作为燃料的汽车。醇类燃料汽车与电动汽车、天然气汽车一样,都是新能源和清洁代用燃料汽车。

(2)按在汽车上的应用分类

按在汽车上应用的不同,醇类燃料主要有三种类型:掺烧、纯烧和改质。

①掺烧类型是醇类燃料在汽车上的主要应用方式。为使内燃机燃用甲醇时能有良好的效果,可采用不同的掺烧方式,调整混合燃料的性质,改进内燃机结构及设计良好的掺烧及控制装置。掺烧主要是指醇类燃料(甲醇或乙醇)以不同的体积比例掺入汽油(柴油)中。

掺烧的主要方法有三种:混合燃料法、熏蒸法和双供油系统法,前两种方法既可用在柴油机上,又可用在汽油机上,而双供油系统法仅用在柴油机上。

②纯烧类型是指单纯燃烧甲醇或乙醇燃料,主要方式有六种:裂解法、蒸气法、火花塞法、电热塞法、炽热表面法、加入着火改善剂法。其中,后三种方法仅用在柴油机上,其他方法既可用在柴油机上,又可用在汽油机上。

③改质类型现在主要是指醇类燃料的改质。甲醇利用发动机的余热将甲醇生成为 H_2 和 CO,然后输送到发动机内燃烧。采用甲醇改质需要对发动机进行较大的改造,最好重新设计发动

机。变性燃料乙醇是指乙醇脱水后再添加变性剂而生成的以乙醇为主的燃料。

8.6.2　醇类燃料发动机

1.采用掺烧的醇类燃料发动机

采用掺烧的醇类燃料发动机分为混合燃料式、熏蒸式、双供油系统式三种。

(1)混合燃料式

①在点燃式内燃机上掺烧甲醇。在点燃式内燃机中掺烧甲醇不仅可以以醇代油,而且与燃用纯汽油相比,还具有如下优点:辛烷值提高,可以在无铅汽油中加甲醇,达到含铅汽油所具备的抗爆能力;可以扩大混合气的着火界限,燃用稀混合气,提高燃油经济性;可以提高压缩比,从而提高内燃机的动力性和燃油经济性;减少燃烧室表面的燃烧沉积物;改善排放性能等。

②在压燃式发动机中掺烧甲醇。醇类易吸水,密度小于柴油,与柴油的互溶性差,着火性能差,加上受点火促进剂和发动机制造成本较高等因素的影响,使得醇类燃料用作压燃式发动机燃料比用作点燃式发动机燃料困难,不是醇类燃料应用的主渠道。现在发动机主要采用的改进方法有:加入点火促进剂,改善点火性能;高压缩比及废气再循环;电热塞法;柴油引燃法;高能电火塞法;乳化甲醇柴油。

③车用掺烧乙醇汽油发动机结构。掺烧是乙醇燃料在汽车上的主要应用方式。掺烧后的乙醇汽油的辛烷值比汽油高,燃用乙醇汽油发动机的压缩比可以提高。我国主要应用的掺烧比例比较小时(小于 10%),发动机的结构基本不变。

(2)熏蒸式

熏蒸法是利用醇燃料表面张力及黏度低的特点,通过不同方式将醇类燃料雾化、汽化后从进气管送入燃烧室。可利用流动的空气流、机械部件等使醇类燃料雾化,或者利用冷却水或排气的热量加热醇类燃料,使其汽化。采用熏蒸法掺烧醇类燃料都要在发动机上增加一些零部件。尽管目前在汽车上实际应用得并不多,但在将含水醇类燃料用作内燃机燃料又不采用价格贵的助溶剂时,掺烧方法更有参考的价值,主要方法有两种:低压喷嘴法和甲醇蒸气法。

①低压喷嘴法的醇类燃料汽车发动机结构改进。在汽缸盖进气道上安装喷油器。如图 8-30 所示,在进气行程将甲醇喷入进气道,与空气雾化混合后进入汽缸。也可对着气流的方向喷入甲醇,增加甲醇油束与空气流动的相对速度,促进甲醇颗粒的细微化及雾化。这种方法可掺烧 70% 的甲醇,每缸要安装一个喷油器,而且需要有控制喷甲醇的时间及喷醇量的装置。

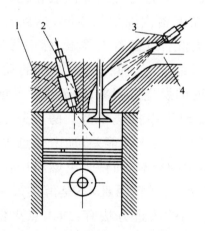

图 8-30　用喷嘴向进气管中喷甲醇

1—排气道;2—柴油喷油器;3—甲醇喷油器;4—进气道

②甲醇蒸气法的醇类燃料汽车发动机结构改进。利用内燃机排气或冷却循环水的热量,将醇类燃料变成气体后送入燃烧室,这种方法可以掺烧不同比例以及 100% 的醇类燃料。甲醇蒸气可用于汽油机及柴油机,可以掺烧甲醇或者纯醇燃料燃烧。

利用废气热量使甲醇变成蒸气的装置如图 8-31 所示。其工作原理是:电动泵将甲醇送到加热器,使甲醇温度升高,而后送入蒸发器,使甲醇变成稍微过热的气体,送入与空气混合的混合器,形成混合气进入汽缸。通过阀门调节流入蒸发器的废气量,从而改变甲醇的蒸发量。当蒸发器离发动机进气管较远时,布置中间加热器,使甲醇蒸气不会在与空气混合流入汽缸前部分冷凝成液态。

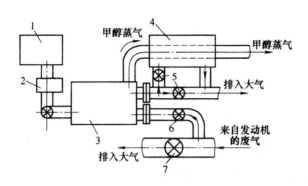

图 8-31　利用废气热量使甲醇变成蒸气的装置

1—甲醇油箱;2—电动油泵;3—蒸发器;4、5、6、7—阀

利用循环水热量的甲醇蒸发器示意图如图 8-32 所示。其工作原理是:甲醇的沸点为 65℃,而冷却水的温度一般都在 70～90℃,因此可以用冷却水的热量使甲醇变成气态。蒸发器中蒸气表压达到两个大气压,乙醇也可使用。当真空压力管处的真空度较大时,膜片在弹簧作用下向上移动,从而通过压力调节杆的移动使阀门关闭。这样通过甲醇蒸气出口处输出的醇蒸气量减少。当真空压力管处的真空度小时,则通过压力调节杆的移动使阀门打开,于是输出的甲醇蒸气量增加。这样可以改变混合气中的甲醇蒸气量,即改变混合气的空燃比,实现了质的调节。如有需要,还可以向进气管中喷入液态甲醇。当蒸发器中输出甲醇蒸气的阀门开度一定时,则通过发动机进气总管中的阀门,调节进入发动机燃烧室中的混合气数量,实现量的调节。在高负荷时,通过与点火提前调节机构一起的真空度控制机构减少膜片上的真空度,从而向进气管提供浓混合气。在低负荷时,则增加膜片上的真空度,向发动机提供稀混合气。

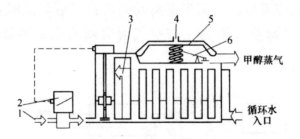

图 8-32　利用循环水热量的甲醇蒸发器示意图

1—甲醇燃料入口;2—控制甲醇液面阀门;3—循环水出口;4—真空压力管;

5—膜片;6—压力调节杆

(3)双供油系统式

①两套喷油泵-喷油器系统。其中一套喷射醇类燃料,而另一套则喷射引燃柴油。在 U 形和 ω 形两种燃烧室上,喷油器布置方案之一如图 8-33 所示。全负荷时甲醇喷射量(体积比)达到 90%,而引燃柴油为 10%。

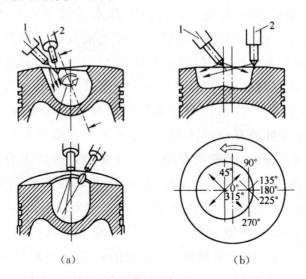

(a)　　　　　　(b)

图 8-33　双喷油布置示意图

(a)U 形;(b)ω 形

1—甲醇喷油器;2—柴油喷油器

影响双燃料喷射系统柴油机性能的主要因素有引燃油束的喷射角度、喷射定时和引燃油量。

②供油管及喷油器的结构。此类柴油机的供油管及喷油器

也要作一些结构的变动。如图 8-34 所示,将现有的喷油器 9 的高压油管 12 稍加改装,利用高压喷油泵 1 的出油阀 7 回位时,在出油阀上部至喷油器之间的高压油管内产生负压,醇或其他代用燃料在此负压作用下,通过单向阀 8 被吸入喷油器,被吸入的代用燃料在高压柴油紊流作用下形成乳化液 11 后喷入燃烧室。

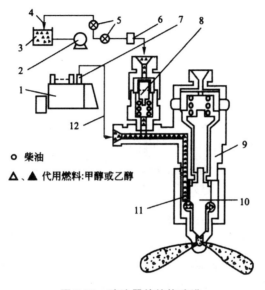

图 8-34　喷油器的结构改进

1—高压喷油泵;2—输油泵;3—代用燃油箱;4—回油管;

5—电磁阀;6—压力调节器;7—出油阀;8—单向阀;

9—喷油器;10—喷油器针阀;11—浮化液;12—高压油管

　　③双燃料汽车用新型供油系统。日本丰田公司在原来柴油机用的喷油泵、喷油器的基础上开发了单一的喷油泵、喷油器供应双燃料的新型供油设备,如图 8-35 所示。

　　甲醇喷油泵中 1 缸柱塞将甲醇通过油管压送到 1 缸的喷油器时,油管分支管路将一部分有压力的甲醇送到下一个发火的 3 缸柴油加油器中,推动其中小柱塞。将一定量的引燃柴油压送到 3 缸喷油器的喷油器针阀中心孔道中,等待下一次 3 缸喷油器喷甲醇时,和甲醇一起喷入汽缸中。而 1 缸喷油器针阀中心孔道中已有上一次发火的 2 缸喷油泵的高压甲醇,通过对应的柴油加油器送来的柴油和甲醇一起喷入汽缸。甲醇油束处于中心部位,而柴油油束包围在外面,二者并不混合,周围的柴油形成的混合气首先被压燃,然后引燃甲醇混合气。

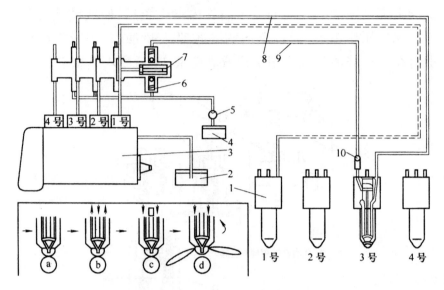

图 8-35 双燃料汽车用新型供油系统

1—喷油器;2—甲醇油箱;3—喷油泵;4—柴油油箱;5—电动输油泵;
6、10—止回阀;7—加油器;8—甲醇油管;9—柴油油管

柴油集聚及甲醇柴油喷射的情况如图 8-35 中左下角的小图所示。柴油是通过喷油器针阀中间孔道流入的,中间孔道上方设有一个单向的球形止回阀。图 8-35 中左下角 a 表示紧接着刚喷过油后的情况,此时在剩余压力作用下柴油与甲醇处于压力平衡状态,中间孔道中的柴油被周围油路中剩余的甲醇包围着;图中 b 表示由柴油加油器送来的柴油将周围油路中的甲醇稍许向上压去;图中 c 表示由喷油泵送来的甲醇,将柴油向上压,使单向球形止回阀关闭,使柴油留在止回阀与针阀座空腔之间;图中 d 表示喷油泵供应甲醇,针阀抬起,甲醇及柴油一起喷入汽缸,形成了外面是柴油、中间是甲醇的油束喷雾。

2.车用高比例和纯醇类燃料发动机

(1)甲醇点燃式发动机结构

这种发动机主要指甲醇(M85～M100)点燃式内燃机。当燃用甲醇含量超过容积的 85％时，内燃机需进行一系列设计修改。

①提高电动汽油泵的供油压力，以避免产生气阻、影响供油。例如，有的汽油泵采用大于 3.0MPa 的压力。

②混合气的形成装置必须与甲醇较低的热值以及较少的空气需要量相适应。

③为了充分利用甲醇高辛烷值的特性，需采用高压缩比。

④采用更合适的混合气形成装置，对混合气形成装置进行改进设计。

⑤选择合适的火花塞和火花塞间隙。

⑥解决冷起动不利的因素。例如辅助汽油喷射、电加热、火焰起动装置、热分解燃油、催化分解燃油、增加点火能量、燃油雾化、燃油中添加低沸点的添加剂。

⑦改善有关零件的抗腐蚀性和抗溶胀性等，尤其是提高供油管路的金属件、橡胶件和塑料的性能，如油压调节器的膜片。

⑧加大燃料箱，以保证必要续驶里程；或采用双油箱结构。

⑨提高发动机的压缩比，为充分利用醇类燃料高辛烷值的特点，应加大点火提前角调整 $2°\sim5°$。

（2）车用纯醇类燃料柴油机结构

在柴油机中燃烧纯醇类燃料，首先要解决能稳定着火及实现较好工作过程的问题。应用和研究的方案有：火花塞法、电热塞法、高温表面着火法、裂解甲醇法、醇燃料蒸气法、醇燃料加着火改善剂法、大幅度提高压缩比。

①火花塞法。在汽油机上本来就有火花塞，因此实现纯醇燃料奥托循环较方便。在柴油机上安装火花塞及点火系统，用火花能量点燃纯醇燃料主要考虑燃料喷射时间及点火时间、火花塞的位置及电极长度两方面。

燃料喷射时间及点火时间。由于醇的热值低，在相同的功率条件下，喷入汽缸内的甲醇在数量上比传统燃料多一倍多，因此要改变喷射速率及喷射时间，否则喷射结束得过迟就会降低燃烧效率。燃料喷射及点火时间不当，火花塞可能受到过多的燃料喷注的浸湿,从而使燃料不能着火,产生丢火现象,因此要注意改变喷射速率,寻找最佳的喷射时间、点火时间及其相互配合。

火花塞的位置及电极长度。火花塞的位置要慎重选择,同时要采用较长的电极,使火花塞的电极接触到较多的油雾,而又不受到过多的液体燃料的冲洗和污染。加长电极既可以使火花塞伸入燃烧室内,又因一部分凸出在壳体之外,使得受热面积加大,从而提高了低速、低负荷时的电极温度,而在高速、高负荷时,空气流动增加,凸出部分受到较好的冷却。

在国产 195 涡流燃烧室柴油机上,保持喷油器位置不变,在汽缸盖水平方向布置火花塞,采用较长的火花塞使其电极达到 B 或 C 位置,可使该发动机燃用甲醇时能连续、稳定地运转。当火花塞电极跳火缝隙处于 A 或 D 位置时,则起动困难,着火也不稳定,如图 8-36 所示。

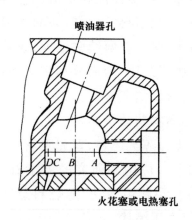

喷油器孔

DC B A

火花塞或电热塞孔

图 8-36　在涡流燃烧室汽缸盖上布置火花塞的位置示意图

②电热塞法。在传统的石油燃料发动机中,电热塞是用于改善冷起动性能的。醇类燃料的自燃温度高,着火性能差,但容易受高温炽热表面的作用而着火。在燃烧室中安装电热塞是使醇类燃料着火并实现较为稳定燃烧的有效措施。这对中等负荷及部分负荷是更为必要的。电热塞在统一燃烧室和分隔燃烧室中安装位置的比较如图 8-37 所示。

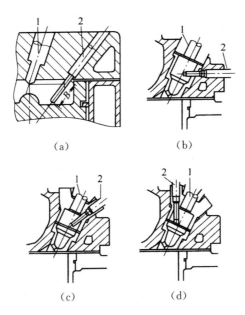

（a）　　　　　　　　　（b）

（c）　　　　　　　　　（d）

图 8-37　电热塞在统一燃烧室和分隔燃烧室中安装位置的比较

（a）统一燃烧室；（b）分隔燃烧室（一）；

（c）分隔燃烧室（二）；（d）分隔燃烧室（三）

1—喷油器；2—电热塞

③表面着火法。在汽油机中，由于高温点火引起的可燃混合气的早燃是一种不希望有的异常燃烧现象。甲醇的抗爆燃性虽较高，但相比于汽油，它在较低的表面温度下更容易着火。而甲醇在柴油机中又难以着火，于是便产生了在柴油机燃烧室中用外源能量形成高温表面使甲醇着火的方案。

甲醇表面着火柴油机燃烧室部分的方案如图 8-38 所示。电热带所产生的热量使不锈钢套燃烧室内表面的温度高于甲醇的着火温度，由喷油器喷出的甲醇油雾接触到高温表面后便自行着火。发动机起动运转一段时间后，便不再消耗电能加热表面。

④裂解甲醇法。将无水或含水很少的甲醇分解成 H_2 及 CO 称为裂解甲醇。裂解甲醇燃料发动机的基本组成如图 8-39 所示。其工作原理是：甲醇先在蒸发器中变成气体，然后在裂解反应器中被分解为 H_2 及 CO，再经过冷却与空气混合进入发动机。蒸发器可以采用管式换热器，用 90％～100％ 的循环冷却水或废气余

热加热。裂解后气体可用水冷却。裂解反应器通常用废气加热。催化剂可用铂、铑、铜、锌、铝或铬等。

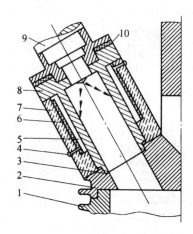

图 8-38　甲醇表面着火柴油机燃烧室部分的方案

1—汽缸；2—汽缸盖；3—铜密封热；4—电极；
5—空气间隙；6—电热带；7—陶瓷套管；8—不锈钢套燃烧室；
9—轴针式喷油器；10—绝缘材料制的垫片

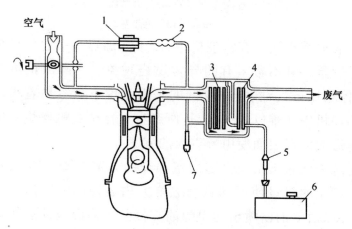

图 8-39　裂解甲醇燃料发动机的基本组成

1—压力调节器；2—裂解气冷却器；3—裂解反应器；4—蒸发器；5—燃料泵；
6—燃料箱；7—安全放气阀

⑤采用着火改善剂。在柴油机中使用加了着火改善剂的纯醇燃料，就无须对柴油机作大的变动，并且随时可以改用柴油，是一种较简便、理想的方法。其关键是要研究出优良的添加剂，如

环己基硝酸盐、三乙基铵硝酸酯、异丙基硝酸酯等。

⑥高压缩比压燃法。从理论上分析,要使醇类燃料在原柴油机的基础上不用任何助燃措施,只用压燃方式组织燃烧过程,压缩比要达到 26 以上。这种方法适用于分负荷工况下工作的时间较多的公共汽车的醇类燃料发动机,主要的技术是高压缩比加助燃剂。

(3)车用甲醇改质发动机结构

将分解为 H_2 及 CO_2 的含水甲醇称为改质甲醇。甲醇/汽油混合气易分层,纯甲醇燃料冷起动困难,而且它们的热效率也不是很理想。人们试图寻求一种新的应用方式,以期达到更好的效果。

车用甲醇改质发动机结构改进主要有:甲醇改质气的着火界限很宽,下限为过量空气系数 $a=7$,提高热效率,改进控气装置;其辛烷值高,发动机的压缩比提高。其优点是很容易实施稀混合气燃烧,由于采用稀混合气 $a=1.7$,燃烧温度低,CO 和 HC 排放少,NO_x 的排放浓度也较低。

(4)醇类灵活燃料发动机

甲醇灵活燃料是指甲醇在混合燃料中的比例为 3%～60%的甲醇混合燃料,甲醇、汽油在 M3～M60 范围可任意比例混合使用,不经预混配过程,保持原车动力性、加速性、安全性,适用于捷达、桑塔纳、富康等轿车。

灵活燃料汽车的商业前景很好,已在福特汽车厂生产线上大批生产,但由于近年来汽油车的性能不断改进,汽油价格回落,影响了市场的发展。

8.6.3　醇类燃料汽车实例

1. M85 甲醇燃料汽车

上海通用别克 M85 甲醇燃料汽车的燃料系统如图 8-40 所示。

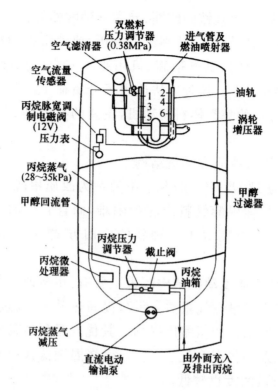

图 8-40　上海通用别克 M85 甲醇燃料汽车的燃料系统

（1）燃料系统及汽车底盘

发动机采用博世公司的多点燃油喷射装置。向 6 个喷油器提供足够的燃油；调节喷油器的压力；使喷油器能安装到进气管上。油轨用不锈钢制造，直径由原来汽油机用的 19mm 加大到 25.4mm。燃料箱用不锈钢制造，容积为 106L。燃料箱内有一些隔板，以减少燃料的晃动。

（2）发动机

汽车采用排量为 3.8L 的 6 缸发动机。原汽油机的压缩比为 8，通过改变活塞结构将压缩比提高到 10.6，将原来使用的 ACR44TS 型火花塞改为 AC436TS 较冷型火花塞，以防止甲醇燃料早燃现象的发生。

（3）汽车性能

别克汽油汽车改用 M85 后，性能有了明显的提高。

①动力性。与原来汽油汽车相比,功率及转矩增加,如图 8-41 和图 8-42 所示。甲醇发动机的最大功率为 182kW,发生在发动机转速为 4000r/min 时,比使用汽油时的功率增加了 22%,而最大转矩发生在转速为 3000r/min 时,比汽油机增加了 11%。

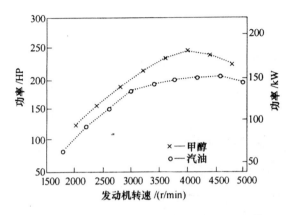

图 8-41　甲醇燃料汽车与汽油汽车的功率比较

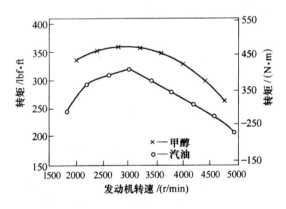

图 8-42　甲醇燃料汽车与汽油汽车的转矩比较

②燃料经济性。按每单位热值汽车行驶的里程数计算,根据市区燃料经济性(FTP)及高速公路燃料经济性(HWFET)试验程序,甲醇燃料汽车比汽油车的行驶里程数分别增加了 11% 和 13%,这表明 FTP 及 HWFET 都得到了改善。汽车在道路上实际使用的燃料经济性也表明,甲醇汽车比汽油汽车的行驶里程增加了 21%。

③汽车加速性及驾驶驱动性能。由四辆甲醇车及两辆汽油

车进行由零加速到 96.6km/h 的加速性比较,甲醇汽车比汽油汽车平均快 1.8s。

2.灵活燃料甲醇(FFV)汽车

德国大众公司在装用排量为 2L、功率为 85kW 汽油机的 GolfⅢ/JettaⅢ汽车的基础上,开发了新型的灵活燃料汽车,其布置图如图 8-43 所示。灵活燃料电控系统原理图如图 8-44 所示。

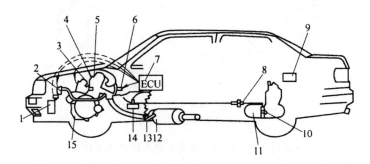

图 8-43　在 JettaⅢ型汽车基础上开发的灵活燃料汽车布置图

1—活性炭罐过滤器;2—空气泵;3—敲缸传感器;4—火花塞;5—喷油器;

6—废气再循环阀;7—电控单元(ECU);8—燃料过滤器;9—灵活燃料;

10—燃料泵及油面传感器;11—氟化高密度聚乙烯燃料箱;12—三元催化反应器;

13—氧传感器;14—甲醇传感器;15—甲醇发动机用润滑油

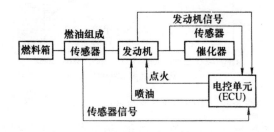

图 8-44　灵活燃料电控系统原理图

甲醇的热值不到汽油热值的一半,使用甲醇的喷油量比使用汽油时约增大一倍。DIGIFANT 电控系统以汽油供油量为基准,根据混合燃料成分的变化相应地增加供油量,用一个多项式函数可以准确地表示该增量。发动机点火提前角的调整,也基于同样原则进行处理。DIGIFANT 系统可以存储多达 8 组不同燃料配比的发动机特性曲线,可根据燃料成分的变化对发动机进行更细的调整。

灵活燃料汽车在压缩比的选择上,可使用原汽油机压缩比,或者再高一些。同时,安装敲缸传感器,当发生敲缸现象时,推迟点火时间,以避免敲缸。

3.车用乙醇汽油的汽车

中国汽车技术研究中心对乙醇汽油进行了大量的试验研究,选用两种车型(分别采用1.8L电喷发动机和1.6L电喷发动机)对三种乙醇汽油进行实验,其掺烧比例分别为:7.7%(E7.7)、10%(E10)和15%(E15),并与燃用93号汽油的结果进行比较。

(1)动力性

以车速从40km/h加速到120km/h所用时间作为加速性的评价参数,E7.7、E10、E15与93号汽油的加速性对比见表8-7。

表8-7 E7.7、E10、E15与93号汽油的加速性对比

车型		加速时间/s		变化率	加速时间/s		变化率	加速时间/s		变化率
		汽油	E7.7		汽油	E10		汽油	E15	
1.8L	4挡	22.3	22.7	1.8	23.2	23.1	−0.4	22.8	23.9	4.8
	5挡	30.0	29.3	−3.3	31.5	31.4	−0.3	30.0	30.5	1.7
1.6L	4挡	26.0	26.5	1.9	27.5	25.2	−8.4	27.1	24.7	−8.8
	5挡	37.3	38.5	3.2	37.3	37.7	1.1	38.0	36.4	−4.2

试验表明,当乙醇的掺烧比例小于15%时,加速性没有明显的变化。乙醇的混合气热值等于3.66MJ/m³,比汽油低4.2%,其动力性应比汽油低,不过15%以下的掺烧比例带来的影响最大只有0.63%;乙醇含氧高达34.8%,有利于燃烧完全,效率较高,乙醇潜热比汽油多,进气温度较低,有利于增加进气量和提高动力性;乙醇的分子变更系数也较大,有利于提高动力性。当然,由于掺烧比例小,这些有利于提高动力性的因素的影响同样很小。如果不作任何调整,乙醇汽油的动力性与基础汽油变化不大。

（2）燃料经济性

由于乙醇的混合气热值比汽油的低，因此以体积计的燃料消耗大于汽油，三种方案的平均增幅达 5.3%、7.8% 和 9.3%，考虑到以容积计量的乙醇售价比汽油高，燃料费用会有所增加，如果充分发挥乙醇辛烷值高的优势，合理地调整点火提前角，则效果会好一些。仅仅从燃料经济性考虑，掺烧乙醇的比例也不宜太大。

（3）排放

试验表明，燃用乙醇汽油与燃用汽油相比，由于含碳比例减少以及含氧燃烧较为完全，怠速排放的 CO 和 HC 有所下降。三种方案的 NO_x 排放与燃用汽油相比，大体相近，有高有低。这是由于：一方面乙醇的热值低，燃烧温度低，使 NO_x 排放减少；另一方面，乙醇含氧有利于 NO_x 的生成，又使 NO_x 排放增多。

8.7 氢燃料汽车

氢气作为车用能源，有两种应用方式，一种是氢气的化学能转变为电能，再转变为机械能，即燃料电池；另一种是燃烧氢气将其化学能转变为热能，再转变为机械能，即将氢气作为发动机燃料。

这里讨论的氢气燃料汽车，与用氢气作燃料的燃料电池汽车有本质的区别。这里指的是以氢气作为内燃机的燃料使用，通过氢气的燃烧做功，产生动力的汽车。

8.7.1 氢气的理化性质

氢气的理化性能与汽油、柴油的比较见表 8-8。

表 8-8　氢气与汽油、柴油的理化性能比较

项目	氢气	汽油	柴油
分子式	H_2	$C_4 \sim C_{12}$ 烃化合物类	$C_{16} \sim C_{23}$ 烃化合物类
相对分子质量	2.02	100～115	226
物理状态	气态	液态	液态
车上的储存状态	—	液态	液态
液态的相对密度 20℃/(g/cm³)	0.0708	0.72～0.75	0.82～0.88
沸点(常压)下/℃	−252.8	30～220	18～370
低热值/(MJ/kg)	119.9	44.52	43
混合气热值/(kJ/m³)	3180	3750	3750
汽化潜热/(kJ/kg)	447	297	270
最低点火能量/MJ	0.018	0.25～0.30	40～60
着火温度(常压下)/℃	400	260——370	250
火焰传播速度/(m/s)	2.91	0.35～0.47	—
理论空燃比	34.5	14.9	14.5
着火极限/%	4～75(a=0.14～9.85)	1.3～7.6	1～8.25
气腋体积比(15℃)	845	150	150

　　氢的资源丰富,在自然界大量存在。目前主要从水中通过裂解制取,或者来源于各种工业副产品。氢不具毒性及放射性,是一种清洁环保能源,它可存储、可循环再生。氢的燃烧热值高,高于所有化石燃料和生物质燃料,并且燃烧稳定性好,燃烧充分。由于具有上述优点,故氢在未来能源体系中,将成为各种能量形式之间转化的优良载体。

　　氢气的分子式是 H_2,它在常温、常压下是无色、无味的气体。氢气作为车用发动机燃料,具有以下特点:

　　①氢是最轻的元素。氢气的相对分子质量约等于 2。其密度

仅为空气的 1/14.5。其他燃料的密度由小到大依次为,天然气 16、甲醇 32、液化石油气(丙烷)44、乙醇和二甲醚 46、汽油 114、柴油 170。

②氢气是不含碳的燃料,H_2O 是燃烧主要的生成物,废气中不含传统燃油发动机排放的 CO、HC 以及微粒、铅、硫等有害物质,也没有 CO_2,只有高温下生成的 NO_x。

③分子变更系数最小。氢气是上列燃料中,燃烧后的分子数比燃烧前少的唯一燃料,故分子变更系数最小,等于 0.8521。其他燃料的分子变更系数由小到大依次为,天然气 1、液化石油气(丙烷)1.037、汽油 1.049、甲醇 1.056、乙醇 1.060、柴油 1.062、二甲醚 1.035。

④容积系数最小。氢气相对于汽油的容积系数为 3210。其他燃料相对于汽油的容积系数由大到小依次为天然气 927、甲醇 2.04、二甲醚 1.74、乙醇 1.54、液化石油(丙烷)1.34、柴油 0.917。

⑤沸点最低。氢气的沸点为 −252.8℃,属于超低温。其他燃料的沸点由低到高依次为:天然气 −161.5℃,液化石油气(丙烷)−42℃、二甲醚 −24.8℃、甲醇 64.8℃、乙醇 78.3℃、汽油 30～220℃、柴油 180～370℃。

⑥点火能量较低,最小可以低到 0.018MJ,汽油掺氢燃烧后,点火能量可以降低,低温下容易起动。

⑦质量低热值最大。氢气的质量低热值为 119.9MJ/kg。其他燃料的低热值由大到小依次为,天然气 49.54MJ/kg、液化石油气(丙烷)45.31MJ/kg、汽油 44.52MJ/kg、柴油 43MJ/kg、二甲醚 27.6MJ/kg、乙醇 27.2MJ/kg、甲醇 20.26MJ/kg。

由于氢气的低热值遥遥领先,尽管它的理论混合比大,以质量计的理论混合气仍保持为最大,等于 3.38MJ/kg。其他燃料以质量计的理论混合气的热值由大到小依次为,汽油 2.82MJ/kg、柴油 2.81MJ/kg、二甲醚 2.77MJ/kg、液化石油气(丙烷)2.73MJ/kg、乙醇 2.73MJ/kg、天然气 2.72MJ/kg、甲醇 2.71MJ/kg。

⑧以容积计的理论混合气热值最小。虽然氢气的质量低热

值和以质量计的理论混合气的热值最大,但因其密度太小,故以容积计的理论混合气热值反而最小,其值为 3.17MJ/m³。其他燃料的以容积计的理论混合气热值由小到大依次为,天然气 3.36MJ/m³、甲醇 3.56MJ/m³、液化石油气(丙烷)3.59MJ/m³、乙醇 3.66MJ/m³、二甲醚 3.71MJ/m³、汽油 3.82MJ/m³、柴油 3.83MJ/m³。

⑨理论混合比最大。氢气的理论混合比为 34.48。其他燃料的理论混合比由大到小依次为,天然气 17.2、液化石油气(丙烷)15.6、汽油 14.8、柴油 14.3、二甲醚和乙醇 8.98、甲醇 6.47。

⑩自燃点高。氢气的自燃点为 400℃,比汽油、柴油和二甲醚的高。

氢的优点和缺点都十分明显,氢的突出优点是使人们一直坚持不懈地对氢气发动机进行研究,而突出缺点也实实在在地制约了它实际应用的进度。

8.7.2　氢燃料在汽车上的应用方式

1. 氢气的携带方式

氢气携带方式主要有高压缩氢储存、低温液氢储存和吸附氢气储存三种形式。氢气汽车按照相应的氢气携带方式主要有压缩氢气汽车、液化氢气汽车和吸附氢气汽车三种。

(1)压缩氢气汽车

压缩氢气汽车是指以高压气态形式携带氢的氢燃料汽车,一般 1L 汽油的热量相当于 16.2L 的装在高压瓶里压缩氢气的热量。即使用氢气,燃料箱的容积要是汽油箱的 16.2 倍,将会占去汽车的大部分容积。这样大的高压容器,重量也不言而喻,显然,汽车上装用这样的燃料箱是不可能的。所以,实际中很少采用这种形式制造汽车。

(2)液化氢气汽车

液化氢气汽车是指以液态形式携带氢的氢燃料汽车。把气态氢变成液态氢也相当困难,因为氢气要在非常低温条件下(−252.8℃)才可液化成为液态氢。液态氢的相对密度约0.0708,3.9L液态氢的低热值相当于1L汽油,重量只有汽油的1/2.7,这与汽油的情况相差不多。但是,氢气的液化工艺复杂,要求的条件较高,成本也高。液体氢是很难密封的,各接头处还必须非常密封。1990年,日本用尼桑车改装的液态氢轿车使用容积为100L、总重60kg的液氢罐,车速达100km/h,一次加气可连续行驶300km。

(3)吸附氢气汽车

吸附氢气汽车是指用金属氢化物或碳纳米管携带氢气的氢燃料汽车,目前使用最多的是金属氢化合物,在一定的压力和较低的温度条件下,将氢储入金属内,在降压和升温时,氢被释放,用做发动机的燃料。用这种方法可以将氢的体积缩小到千分之一左右,金属氢化合物的能量密度可达0.6~2kWh/kg。金属氢化合物类似蓄电池,氢释放完以后可再次充氢,多次使用。充气时,氢与金属化合物放出一定的热量,释放时吸收一定的热量。在充氢气站,金属氢化合物容器的冷却可用水管通水冷却。使用中需加热时,可用发动机的排气热量或冷却系统的热量。美国、德国、法国等国家采用金属氢化物储氢。我国已研制成功一种氢能汽车,使用储氢材料90kg就可以连续行驶40km,车速达50km/h。

氢气作为汽车的新能源是很理想的,但氢的制取、储存和使用还有许多技术难题尚待解决。目前氢气汽车还处于研究探索阶段,真正应用的很少。

2.氢喷射方式

在进气阀关闭后将氢喷入缸内,即在汽缸内部形成混合气,能有效地提高发动机功率。内部形成混合气的热值比汽缸外部形成混合气的氢发动机高41%。内部混合气形成的氢发动机的氢喷射有低压喷射型和高压喷射型两种。

8.8 太阳能汽车

太阳能汽车是以太阳能作为动力源的汽车,它利用太阳能电池,将太阳能转换为电能,由电能带动电动机运转,再由电动机驱动汽车行驶。

8.8.1 太阳能汽车的结构与原理

太阳能电动汽车的车体的基本结构主要包括车身外罩、车架、车轮、转向系、制动系统、悬架系统等要素。太阳能电池和电动机是太阳能电动汽车的动力源;蓄电池是它的储能装置。对于概念型太阳能电动汽车,其车体构造、底盘布置与纯电动汽车没有什么太大区别,在构造组成上两者最大的区别就在于太阳能概念车在车身外面贴有太阳能电池板,以及多了太阳能电池充放电控制、管理的电子控制系统。

对于现有的太阳能竞赛汽车,大都是单人驾驶,无论是从外形、内部结构还是总体布局方面,与纯电动汽车相比都有很大不同。例如,太阳能汽车为了吸收更大面积的太阳能,车身的上平面都比较宽大,为了给驾驶员提供驾驶所需的足够视野,通常驾驶员座舱是从上平面上凸出的,基本不注重乘坐和驾驶的舒适性,而仅仅考虑驾驶员的生理需求和操纵方便性。目前太阳能电动汽车还是以竞赛用车占多数,下面将对竞赛用太阳能电动汽车的车身、车架及车轮布局进行介绍。

1. 车身结构的特点

太阳能电动汽车的车身结构一般具有以下三个特点。

①由于受太阳能利用技术的限制,同时为了确保太阳能电动汽车的性能,太阳能电动汽车必须具有小的空气阻力和迎风面积,所以,首先太阳能汽车的车身外形一般很宽而且是扁平状的。

②太阳能电动汽车车身结构一般是采用轻量化、刚性强度高的单壳式车身结构，又称为罩式车身。单壳式车身是没有骨架，只靠外壳支撑，用"结构式外壁"构造而形成的车身。

③因要在车身外表面贴太阳能电池，而太阳能电池又为脆硬性材料，不能承受太大的弯曲度，故太阳能汽车车身的曲度不能很大。车身外罩的制作一般采用 FRP 材料（Fiber Reinforced Plastics，纤维增强复合塑料）成型技术。车全长一般为 4～5m，宽度一般为 1500～1800mm。

2. 车架结构

太阳能电动汽车多数是由底盘与罩式车身组合而成。虽然罩式车身无一例外地全部是由 FRP 制的单壳车身，但是底盘车架部分还是具有空间架结构和整体式车架两种形式。

作为车身基本骨架的车架，要求必须满足以下三个要求：

①拥有在行驶过程中不被破坏的强度。

②轻量化以获得良好的行驶性能。

③足够的刚性以提高行驶稳定性。

下面分别介绍空间架车架和整体式车架的结构和特点。

（1）空间架车架（桁架结构）

很多太阳能车辆的车架（图 8-45）材料大都采用铝（或者钢）质的薄壁管件，连接工艺采用焊接工艺。车架强度刚性最弱的部位处在车架材料不能通过的驾驶员周边的开口部分。在设计这种车架时，必须重点考虑上侧管件由于支撑载荷而出现的压缩变形的问题，特别是对刚性强度要求比较高的太阳能电动汽车，上侧纵向的主管件最好比其他部位的管件大一个尺寸。避免部件受到过大的弯曲应力是空间架车架设计的基本原则。

（2）整体式车架

整体式车架形状的自由度高、重量轻且能够抵受冲击，制作材料一般选用环氧树脂系胶水加固的 CFRP 碳纤维增强复合塑料，虽然材料费有点高，但是在制作上，因为用剪刀、钳子和胶水之类的工具和材料就可以制作,与需要用到焊接器件和焊接技巧的金属管式空间架车架相比,比较容易制作。

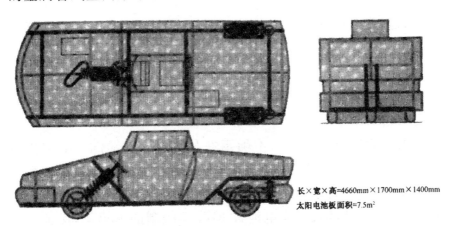

长×宽×高=4660mm×1700mm×1400mm
太阳电池板面积=7.5m²

图 8-45　太阳能电动汽车车架结构示意图

3.车轮及其布局

汽车一般都是四轮车,但是对于太阳能电动汽车而言,三轮车是其主流。为了把滚动阻力降到最低,最基本的要求就是使全部轮胎都必须朝正确的方向行走。对于具有三个车轮的太阳能电动汽车而言,只要把左、右前轮前束角设为零度,就可以达到这一基本要求。

①太阳能电动汽车大都采用前两轮、后一轮的三轮车结构布局,而且前面两车轮要作为转向轮应用,后面一个车轮作为驱动轮应用。这种布局在弯道前减速时,转弯的稳定性容易得到保证,是最标准的布局。

②前一轮、后两轮的三轮车布局与上述的布局相反,制动与转弯性能较差,特别是在减速同时需要转弯的时候,因为其具有向前扑倒的形状,侧翻的危险性高,一般不被采用。但是,因为转向轮只有一个,全部轮胎的转弯中心都一致,这种结构布局能有效减小转弯阻力。

8.8.2 太阳能电动汽车的能量管理系统

太阳能电动汽车的能量管理系统主要是用来控制太阳能电池工作的最大功率点,管理光伏发电的能量在充电控制器和电动机之间的分配,使得太阳能能量得以合理使用,并对太阳能电动汽车蓄电池的充放电进行管理和保护,控制蓄电池的充放电和管理电动机的用电。

太阳能电池受天气的不确定性和太阳能电动汽车电动机运行不确定性的影响比较大,所以,太阳能电动汽车能量管理系统比较复杂,能源管理方案可以有多种,很难找到最佳方案。但首要原则是,在满足太阳能电池板 MPPT 控制的前提下,保证蓄电池充电功率与电动机驱动功率的合理分配,以及对蓄电池充放电电量的合理管理。

对于太阳能电池最大功率点的追踪,能量管理系统通过最大功率点跟踪系统控制器寻找到太阳能电池的最大功率点,给出控制信号,通过 PWM 驱动电路调节系统中斩波器的占空比,调节斩波器的输入电压,使输入电压与太阳能电池最大功率点对应的电压相匹配,从而使太阳能电池输出功率最大。

蓄电池作为太阳能电池发电能量的储能器件,其本身应该有较强的调节能力。蓄电池在太阳能电动汽车的每次行驶中都处于能量循环中,对于太阳能电动汽车,蓄电池的放电意味着电动机的驱动运转,其放电管理依据三个数据进行控制:

①蓄电池的端电压。

②蓄电池的剩余电量。

③程序中设定的太阳能电动汽车每日行驶里程。

8.8.3 太阳能汽车实例

下面以俄罗斯里姆施塔特高等技术学校研制的太阳能汽车和美国密歇根(Michigan)大学设计的 Sun runner 太阳能汽车为例,介绍太阳能汽车的构造。两种太阳能汽车的基本性能参数见

表 8-9。

表 8-9　两种太阳能汽车的基本性能参数

参数	密歇根大学设计的 Sun runner 太阳能汽车	里姆施塔特高等技术学校研制的太阳能汽车
长×宽×高（mm×mm×mm）	6000×2000×1270	4700×1800×1000
轴距/mm	2430	2500
满载质量（不计驾驶人）/kg	229	309（电池组质量 125）
电动机形式	带有三相脉冲宽度调制换流器的特制电动机	异步电动机
最大功率/kw	16	12
最大功率/kw	4.47	3
太阳能电池组	单晶硅	单晶硅
面积/m²	8.3	5.6
最大功率/kw	0.6	0.54
蓄电池	银锌蓄电池	铅酸蓄电池
蓄电池组比能量	10 个 20.5V 电池为一组，2.8kW·h/kg	10 个 12V 电池为一组，4.8kW·h/kg

1. 太阳能汽车的典型结构

在太阳能汽车上,太阳能电池组收集太阳能,并通过光电转换器把它转换成电能。功率跟踪器监视太阳能采集格板和负荷之间的阻抗,使得在不同的天气或不同的负荷等各种工况下,汽车的驱动系统始终能工作在最佳效率状态。能量从功率跟踪器输入电动机,电动机通过直接减速驱动后轮把那些剩余的能量储存在蓄电池中。蓄电池在这里起到极其重要的作用,它可以保证太阳能汽车加速或坡道行驶以及达到负荷峰值时所需要的补充能量,可以保证太阳能汽车在不利的天气条件(如多云、深夜、雨天)下正常行驶,可以使用制动系统储存能量,还可以在停车时补充太阳能。考虑到简化传动机构、减小质量和增大传动效率的需要,一般太阳能汽车都不配备离合器、手动变速器等装置。

为了充分利用太阳能,太阳能汽车应有尽可能大的车身表面,以便安装更多的太阳能电池板来采集太阳能;而从另一方面看,为了减小行驶阻力中的主要成分——空气阻力,太阳能汽车又应有最小的迎风面积,所以太阳能汽车的车身外形应该是宽而扁平的。不得不凸出的驾驶人座舱,仅考虑驾驶人的生理需求,并不强调乘坐和驾驶时如同轿车一样的舒适性。

减轻重量对于太阳能汽车动力性的提高是至关重要的,轻量化的要求使得一些太阳能汽车的座椅被设计成吊床式,采用具有足够强度的抗拉网状织物制成。座椅安装在车架上,根据驾驶人的生理条件设计座舱盖。为了进一步减小空气阻力,还舍弃了传统的后视镜,而采用水管粗细的光学纤维束。

仪表板上有速度表、转速表、电流容量显示器、太阳能电池电流强度表、定速巡航键、转向灯键、前进/倒车转换键、风扇按钮、喇叭等。显示器由驾驶人手动控制,加速和制动是由操纵踏板控制的。所有的控制件都严格按照手伸及界面原则,经多次试验后进行合理布置。

座舱的通风口是经风洞试验后设置在车身正压力最高处的,以保证座舱的新鲜空气量符合国际标准。另外,在座舱前安装风扇,对电动机和电动机控制器进行强制通风。图8-46所示为里姆施塔特高等技术学校研制的太阳能汽车的装备平面示意图。

为了最大限度地减少太阳能汽车对能量的需求,太阳能汽车没有考虑更多改善驾驶人舒适性的措施。为了提高传动效率,还要尽可能简单地将电动机的转矩直接传递给驱动桥。许多比赛用的太阳能汽车采用三轮驱动链传动布置形式。表8-10列出了太阳能汽车几种布置方案的优缺点。

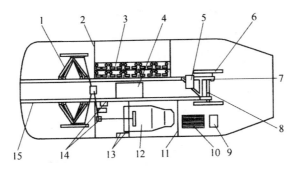

图 8-46　里姆施塔特高等技术学校研制的太阳能汽车的装备平面示意图

1—前桥与车身的横向连接支条；2、11—隔板；3—蓄电池；4—动力系统转换装置；
5—异步电动机；6—从动带传力轮；7—盘式制动器；8—后桥；9—太阳能电池组转换装置；
10—充电器；12—驾驶人座椅；13—微处理控制装置（ECU）；14—操纵踏板；15—车架

表 8-10　太阳能汽车几种布置方案的优缺点

项目	三轮	四轮（前、后轮距相同）	四轮（前轮距大于后轮距）
侧倾稳定性	0	++	+
行驶性能	−	+	+
调整方便性	−	++	++
传动损耗	++		+
驱动装置	0	−、+ *	++

注：* 差速器处于工作状态/锁止状态；++ 表示很好；+ 表示较好；0 表示一般；−
表示较差。

2.太阳能汽车的关键技术

(1)太阳能采集格板

热塑料制成的太阳能采集格板如图 8-47 所示，太阳能电池就布置在格板中。目前，在太阳能汽车上使用的太阳能电池一般有非晶态电池、地面硅电池、太空级硅电池和砷化锡电池等。由于太阳能汽车对能量的采集是有限的，必须严格控制能量的损失，因此在选择太阳能电池时应该考虑的是效率最大的那种。然而，太阳能电池的效率是与它的造价成正比的，上述四种电池的效率由 10%、12%、16%到 19%递增，它们的价格也从 100 美元、1000

美元、100000 美元到 1000000 美元（覆盖 $8m^2$ 面积的价格）递涨。因此，在太阳能电池的选择上不仅要考虑效率，也要考虑成本，这样才能使太阳能汽车具有实用性。

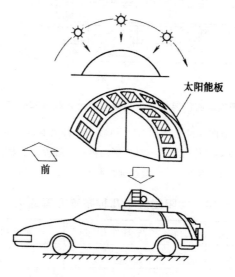

图 8-47　太阳能采集格板

太阳能采集格板只有让其倾斜一定的角度，经常保持有一部分表面能与太阳光线的垂直，才能采集到更多的能量。不过这样的车身造型，其空气气动力学性能很差，而流线型的车身造型又会使得格板的布置非常复杂。设计时只能是协调这一矛盾，二者兼顾。图 8-48 所示为 Sun runner 汽车所采用的倒 U 形布置的太阳能采集格板，应该说它是最为合理的。电池被布置在 5 个狭长的平面内，平面可以防止坚硬的电池断裂，而且倒 U 形有利于全天候地采集太阳能。

（2）蓄电池

由俄罗斯里姆施塔特高等技术学校研制的太阳能汽车，蓄电池组采用 10 个串联的 12V 铅酸蓄电池，容量为 40A·h，能量储备为 4.8kW·h，质量为 125kg。由于比能量大的电池即便是隔热措施好，也会释放出较多的热量，所以一般在太阳能汽车上不予采用。

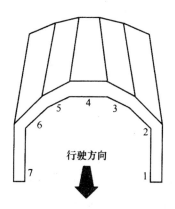

行驶方向

图 8-48　Sun runner 汽车所采用的倒 U 形布置的太阳能采集格板

（3）电动机

为了实现所需的牵引功率以及保证太阳能汽车能够在 25％ 的坡道上行驶，要求电动机的最大功率不低于 2kW。电动机的效率取决于所采用异步牵引电动机的功率和转速。当转速低于 3000r/min 时，相应的功率低于 2kW。在功率范围为 2～6kW、转速大于 3000r/min 的情况下，电动机的效率高于 80％。在回收制动能量的再生工况下，异步电动机是作为发电机使用的。

（4）车身轻量化

太阳能汽车车身材料的选择原则是轻量并能吸收碰撞能量。如 Sun runner 汽车的车架用铝合金制成，车身外覆盖件使用碳纤维玻璃钢，它的相对密度为 $0.93kg/m^2$，表面覆盖层是光滑的精细织物；采用结实的织物用作内饰；在外覆盖件和内饰之间是厚度为 9.5～12.7mm 的蜂窝状夹层，其相对密度为 $28.9kg/m^2$。

俄罗斯里姆施塔特高等技术学校研制的太阳能汽车的车身蒙皮是用碳素纤维制成的，厚度为 8mm，带有驾驶人座椅和增加结构强度的横向隔板，车身质量只有 30kg。

若按年平均太阳照射能量密度为 $1kW/m^2$ 计算，太阳能汽车在一年中可累计获得 540kW·h 的能量。如果按每 100km 平均消耗 4kW·h 的能量计算，太阳能汽车仅依靠太阳能一年就能够行驶 1350km。所以说，太阳能汽车的动力性是可以达到实用的要求的。

参考文献

[1]张代胜.汽车理论[M].合肥:合肥工业大学出版社,2011.

[2]曹红兵.汽车理论[M].北京:机械工业出版社,2007.

[3]姜顺明.新能源汽车基础[M].北京:北京大学出版社,2015.

[4]李瑞明.新能源汽车技术[M].北京:电子工业出版社,2014.

[5]崔胜民.新能源汽车技术解析[M].北京:化学工业出版社,2016.

[6]许洪国.汽车理论[M].北京:人民交通出版社,2009.

[7]洪水,郭玲.汽车理论[M].北京:北京交通大学出版社,2009.

[8]余志生.汽车理论[M].5版.北京:机械工业出版社,2009.

[9]张西振,吴良胜.发动机原理与汽车理论[M].2版.北京:人民交通出版社,2008.

[10]吴光强.汽车理论[M].2版.北京:人民交通出版社股份有限公司,2014.

[11]陈浩,王岩松.汽车理论[M].北京:清华大学出版社,2015.

[12]张文春.汽车理论[M].北京:机械工业出版社,2014.

[13]陈全世.先进电动汽车技术[M].2版.北京:化学工业出版社,2013.

[14]张金柱.新能源汽车技术[M].北京:机械工业出版社,2014.

[15]崔胜民.新能源汽车技术[M].2版.北京:北京大学出版社,2014.

[16]李涵武.电动汽车技术[M].北京:化学工业出版社,2014.

[17]张凯.电动汽车应用技术[M].北京:清华大学出版社,2016.

[18]邹政耀,王若平.新能源汽车技术[M].北京:国防工业出版社,2014.

[19]徐艳民.电动汽车动力电池及电源管理[M].北京:机械工业出版社,2014.

[20]许崇良,张传发.电动汽车与混合动力[M].济南:山东大学出版社,2013.

[21]丁孝华.智能电网与电动汽车[M].北京:中国电力出版社,2014.

[22]姜久春.电动汽车动力电池应用技术[M].北京:北京交通大学出版社,2016.

[23]王震坡,孙逢春.电动车辆动力电池系统及应用技术[M].北京:机械工业出版社,2012.

[24]王震坡,孙逢春,刘鹏.电动汽车原理与应用技术[M].2版.北京:机械工业出版社,2016.

[25]付主木.电动汽车运用技术[M].北京:机械工业出版社,2014.

[26]邹国棠,程明.电动汽车的新型驱动技术[M].2版.北京:机械工业出版社,2015.

[27]王庆年.新能源汽车关键技术[M].北京:化学工业出版社,2016.

[28]陈新,潘天堂.新能源汽车[M].北京:化学工业出版社,2014.

[29]付铁军.新能源汽车[M].北京:机械工业出版社,2014.

[30]段敏.电动汽车技术[M].北京:北京理工大学出版

社,2015.

[31]徐斌.新能源汽车[M].北京:人民交通出版社股份有限公司,2015.

[32]吴兴敏,于运涛,刘映凯.新能源汽车[M].北京:北京理工大学出版社,2015.

[33]余卫平,李明高.现代车辆新能源与节能减排技术[M].北京:机械工业出版社,2013.